OIL FEAR
오일의 공포

오일의 공포

초판 1쇄 | 2015년 11월 2일
10쇄 | 2020년 10월 10일

지 은 이 | 손지우, 이종헌
발 행 인 | 김영희

발 행 처 | (주)와이에치미디어 (**프리이코노미북스**)
등록번호 | 2017-000071호
주 소 | (08054) 서울특별시 양천구 신정로 11길 20
전 화 | 02-3771-0245
홈페이지 | www.yhmedia.co.kr
팩 스 | 0502-377-0138
E - mail | fkimedia@naver.com
I S B N | 978-89-6374-142-0 03320
정 가 | 1만 6,000원

이 도서의 국립중앙도서관 출판예정도서목록(CIP)은 서지정보유통지원시스템 홈페이지(http://seoji.nl.go.kr)와
국가자료공동목록시스템(http://www.nl.go.kr/kolisnet)에서 이용하실 수 있습니다. (CIP제어번호 : CIP2015028013)

OIL FEAR

환율전쟁보다 더 무서운 오일의 공포가 다가온다

오일의 공포

손지우·이종헌 지음

프리이코노미북스

에너지와 대한민국의 미래

에너지는 우리에게 가슴 아픈 존재다. 기름 한 방울 나지 않는 우리나라로서는 필요한 에너지의 거의 대부분을 수입에 의존해야 하기 때문이다. 1970년대 오일쇼크^{oil} shock의 트라우마가 아직 생생하다. 1990년 걸프전, 2003년 미국·이라크 전쟁 등으로 국제유가가 급등할 때마다 시민들은 자동차 운행마저 자제하는 등 대대적인 소비절약 운동을 펼쳐야 했다. 에너지의 안정적 공급은 늘 국가의 최대 과제였고 나라 경제의 사활이 걸린 문제였다. 그 결과 우리나라는 현재 세계 5위의 원유 수입국이자 2위의 액화천연가스(LNG: Liquefied Natural Gas) 수입국으로 올라와 있다. 한국가스공사는 세계에서 LNG를 가장 많이 구매하는 회사로 '당당히' 이름을 올리고 있다.

그럼에도 불구하고 우리는 국제 에너지 시장에서 늘 '을'의 신세다. 필요한 물량을 받기 위해서는 '웃돈'을 얹어줘야 한다. 우리의 아픈 구석을 잘 아는 산유국들이 '바가지'를 씌우는 것이다. 억울하지만 방법이 없다. 우리나라는 자체 에너지 자원이 거의 없는 데다가 에너지를 갖다 부어야만 돌아가는 산업구조를 가지고 있기 때문이다. 우리의 주력산업인 정유, 석유화학, 철강, 조선, 전자, 건설 등은 모두 에너지를 먹고 자랐다. 거기서 나온 제품을 수출해 오늘의 대한민국을 만들었다.

우리나라가 오늘날의 수출 강국이 된 배경에는 잘 알려져 있지 않은 사실이 하나 있다. 대한민국의 최대 수출 품목은 반도체도, 자동차도, 전자제품도 아닌 바로 석유 관련 제품이라는 것이다. 2014년 석유제품과 석유화학제품은 전체 수출의 17.4퍼센트를 차지해 10.9퍼센트의 반도체와 8.5퍼센트의 자동차를 압도했다. 유가가 떨어지기 전인 2013년에는 18퍼센트, 2012년엔 18.6퍼센트에 달했다. 석유 한 방울 나지 않는 나라에서 도저히 있을 수 없는 일이 일어나고 있는 것이다.

우리 정유회사들은 수입한 원유를 정제해 휘발유, 경유, 항공유 등 석유제품을 만들어 수출하고 있다. 아스팔트 같은 원유 찌꺼기도 우리 정유회사의 첨단설비에 들어갔다 나오면 값비싼 석유제품이 되어 나온다. 우리나라는 원유를 수입한 나라에도 석유제품을 되팔아 많은 외화를 획득하고 있다. 가령 호주에서 매월 160만 배럴 정도의 원유를 수입하지만 그보다 훨씬 더 많은 460만 배럴의 석유제품을 수출하고 있다. 심지어 최대 원유 수출국인 사우디아라비아에도 석유제품을 팔고 있다.

또한 우리 석유화학회사들은 수입한 원유에서 원료를 추출하여 다양한 화학제품을 만들어 수출하고 있다. 조선사는 유조선과 시추선을 만들어 팔고, 건설사들은 중동 산유국에 석유 플랜트를 지었다. 많은 기업들이 석유 덕택에 많은 돈을 벌었던 것이다. 에너지는 우리에게 아픔을 안겨줌과 동시에 오늘의 대한민국을 있게 한 원동력이다.

그런데 문제가 생겼다. 유가가 갑자기 폭락한 것이다. 고공비행을 거듭하던 국제유가의 추락은 충격적이었다. 그러나 우리는 그 충격과 그것이 낳을 결과에 대해 아직 제대로 인지하지 못하고 있다. 저유가는 당연히 우리에게 도움이 된다고 생각하기 때문이다. 유가가 조만간 반등할 것이라는 막연한 추측 때문이기도 하다. 하지만 과연 그럴까?

2014년 겨울 어느 날, 청계천이 내려다보이는 한 높은 건물에서 에너지 문제를 오랫동안 다뤄온 기자와 연구원이 만났다. 보기 드물게 국제유가의 폭락을 정확히 예측한 이들이었기에 대화 주제는 자연스럽게 유가 예측의 오류였다. 왜 내로라하는 전문가들마저 번번이 유가 예측에 실패하는 걸까? 석유 시장의 본질은 무엇이고, 그 현상은 무엇인가? 석유 시장에 대한 오해와 그 진실은 무엇인가?

저유가가 상당 기간 이어질 것으로 예측한 이들의 대화는 곧 전망에서 우려로 넘어갔다. 그렇다면 저유가는 우리에게 축복일까 재앙일까? 저유가는 우리의 아픈 곳을 낫게 해주는 묘약일까, 아니면 아픈 데를 더 쓰리게 하는 세균과 같은 존재일까? 만약 저유가가 우리에게 고통이라면 우리는 어떻게 대처해야 할까? 기업과 소비자, 정책 결정자들은 어떻게 준비해야 할까? 아직 어느 누구도 속 시원히 대답해주지 않는, 어쩌면 생각조차 못하고 있을 이 물음들에 대해 이들은 조심스럽게 해답을 주고자 했다.

『오일의 공포』는 이러한 과정 속에서 탄생됐다. 기자의 풍부한 현장 경험과 연구원의 날카로운 분석력을 동원하여 이 물음에 대한 답을 찾기로 한 것이다. 기존의 데이터뿐만 아니라 역사적 고찰을 통해 다른 사람들이 놓친 부분을 찾고자 했다. 눈에 보이는 현상이 아닌 석유의 본질에 접근하고자 했으며, 이로써 경종을 울리고자 했다. 언뜻 축복처럼 보이는 저유가가 큰 고통이 될 수 있음을, 아무도 모르는 사이 '오일의 공포'가 서서히 우리에게 다가오고 있음을…….

그리고 화두를 던지고자 한다. 지금 우리는 거대한 변화의 한 가운데 서 있다. 태초의 인류는 나무로 불을 피워 에너지를 얻다가, 석탄을 사용하여 증기기관차로 대변되는 산업혁명을 이루어냈다. 이후 지난 100여 년간 석유의 시대, 자동차의 시대로 최고의 번영을 만들었다. 그리고 바로 지금, 우리는 석유와 이별하고 인류의 새로운 황금시대를 열 가스의 시대, 전기차의 시대로 들어서고 있다. 고체와 액체를 거쳐 이제는 기체 에너지가 인류를 이끌 차례다. 그리고 마차, 증기기관차, 내연 자동차에 이어 머지않아 전기차가 도로를 가득 채울 것이다. 이것은 또 하나의 산업혁명이며 우리의 생활양식을 근본적으로 바꿀 패러다임의 변화 그 이상이다.

이 책을 통해 마지막으로 하고자 하는 말은 '도둑'처럼 다가올 오일의 공포와 패러다임의 변화를 가만히 앉아서 맞지 말자는 것이다. 모르면 당하게 되어 있다. 잘 준비하면 위기를 기회로 만들 수 있다. 전쟁의 폐허에서 세상의 중심으로 우뚝 선 대한민국이다. 수출할 것이 없어 시골 여인의 머리카락을 잘라 가발을 만들고, 쥐라는 쥐는 깡그리 잡아 그 털로 '코리안 밍크'를 만들어 팔던 나라가 중화학공업 국가로 거듭났고 세계 10위권의 수출 대국이 되었다. 세계의 언론은 우리가 아는 것보다 더 뜨거운 찬사를 보냈다.

그러나 지금 우리는 또 한 번의 중대한 도전에 직면해 있다. 에너지 문제로부터 자유로울 수 없는 대한민국이 에너지 패러다임의 큰 변화를 맞은 것이다. 가장 큰 수입 품목도 에너지이고 가장 큰 수출 품목도 에너지인 대한민국이 '오일의 공포'에 직면했다. 너무나 당연한 말이지만, 아는 것이 힘이다. 알아야 준비하고, 준비해야 이겨낼 수 있다. 그것이 이 책을 쓰게 된 진짜 이유다.

　아직 못 다한 이야기들이 많다. 이 책은 협업collaboration을 통해 만들어낸 첫 번째 작품이다. 계속해서 에너지의 화두를 제시하고, 기업과 소비자 그리고 정책 결정자들을 위한 최적의 해법도 찾을 것이다. 이것이 대한민국의 미래를 위한 사명이라 생각하기 때문이다.

2015년 11월
이종헌·손지우

CONTENTS

오일의 공포

OIL FEAR

대목이위명 소견자소의 待目以爲明 所見者少矣
눈에 의지해서 밝히고자 하면 보는 것은 적다.

- 한비자韓非子

제1장

석유전쟁의
진실

저유가가 불러온
오일의 공포

D의 공포보다 무서운
오일의 공포

2008년 세계경제를 충격으로 몰아넣었던 미국의 부동산 시장 붕괴 사태 이후 언론에 자주 등장하고 있는 단어가 있다. 바로 'D의 공포D-fear'로 디플레이션deflation의 무서움을 나타낸 표현이다. '닥터 둠Dr. Doom'이라 불리는 위기 경제학의 대가 누리엘 루비니Nouriel Roubini 교수는 "디플레이션의 소용돌이가 모멘텀을 얻으면, 통화 정책은 더 이상 먹히지 않게 된다"며 세계경제는 '퍼펙트 스톰'에 휩싸일 것이라는 경고까지 날렸을 정도였다.

디플레이션은 '경기침체 → 수요감소 → 가격하락 → 물가하락 → 기업의 이익 감소 → 실업률 증대 → 경기침체'의 악순환이 지속적으로 이어지는 현상을 나타낸다. 경기침체 속에서 너도 나도 돈을 안 쓰다 보니 결국은 모두가 얼어붙는 상황을 의미한다. 그렇기 때문에 이를 방지하기 위해서 2010년을 전후로 각국 정부가 어마어마한 양의 돈을 시장에 찍어내고 이자율을 극도로 낮추는 양적완화Quantitative Easing 정책을 사용하고 있는 것이다. 물론 이것이 정확한 처방인지 아닌지에 대해서는 아직도 첨예한 논쟁이 진행 중이다. 하지만 결론이 어떻든 간에 현재 세계경제 패러다임에서는 디플레이션이 가장 공포스러운 대상 중의 하나로 지목되고 있는 것만큼은 틀림없다.

세상이 디플레이션의 공포에 신음하는 사이 우리가 미처 인식하지 못한 새로운 공포가 다가오고 있다. 세계를 짓누르는 'D의 공포'만큼이나 어쩌면 더 무서운 것이 바로 'O의 공포', 즉 오일의 공포다. 그러나 사람들은 오일의 공포를 애써 외면하고 있다. 디플레이션을 막기 위해 돈을 무한정 찍어 헬리콥터로 뿌려대던 나라들, 미국의 금리인상에 대해 초미의 관심을 보이고 있는 나라들도 오일의 공포에 대해서는 무감각하다. 우리나라도 마찬가지다. 저유가로 손실을 보는 쪽은 산유국들이니 원유를 수입하는 나라에는 오히려 득이 되겠지, 원유 생산단가가 있거니와 산유국들이 손해 보고 팔 리 없으니 유가가 더 떨어지지는 않겠지, 많은 언론의 보도대로 미국과 사우디아라비아가 저렇게 싸우고 있으니 이 '치킨 게임'이 끝나면 유가는 곧 반등하겠지, 설사 이 싸움에서 어느 쪽이 크게 다치더라도 우리와는 상관없겠지……. 그야말로 자기중심적 낙관주의wishful thinking가 만연하다. 심지어 저유가가 우리에게 약이 될지 독이 될지조차도 제대로 살펴보지 않고 있다.

저유가는 세계경제에 축복일까 저주일까? 대한민국에는 행운일까 재앙일까? 축복이라 생각하는 경향이 다분하다. 기름 한 방울 나지 않는 우리에겐 저유가가 하늘이 주신 기회라 생각할 것이다. 한 방울의 석유라도 아끼기 위해 자동차 운행도 자제하고 추운 겨울, 방 안의 온도도 올릴 수 없었던 기억이 생생하기에 석유가격이 떨어지는 것은 당연히 축복이라 생각할 것이다. 원유 수입 하나에만 1년에 1,000억 달러, 수출로 벌어들이는 돈의 20퍼센트에 육박하는 금액을 써야 하는 우리나라이기에 저유가는 물어보나마나 행운이라 생각할 것이다.

그러나 과연 그럴까? 우리에게 저유가는 축복이고 고유가는 재앙일까? 과거에 고유가가 우리에게 고통이었기 때문에 앞으로도 고유가는 우리 경제에 재앙이 될 것이라고 생각할 수 있을까? 반대로, 과거에 저유가가 우리 경제에 도움이 되었다고 해서 앞으로도 그럴 것이라 생각하면 될까? 또, 정말 과거에는 저유가가 우리 경제에 행운이었고 고유가는 고통이었을까? 만약 지금의 저유가가 우리에게 축복이라면 이대로 가만히 앉아서 즐기기만 하면 될까? 반대로 저유가가 재앙이라면 우리는 어떻게 이 위기를 넘겨야 할 것인가?

결론부터 말하자면 지금의 저유가 상태는 생각보다 오래갈 것이고, 그 장기 저유가는 우리에게 축복보다는 공포가 될 가능성이 매우 높다. 동네 주유소의 기름값이 떨어져 좋기만 한데 무슨 소리냐고? 우리나라가 단순한 에너지 소비국이라면 축복일 수 있다. 그러나 생소하게 들리겠지만 대한민국은 석유 관련 제품과 장비를 수출해서 먹고사는 나라다. 우리나라는 2014년에 939억 달러어치의 원유를 수입했지만 그보다 많은 997억 달러어치의 석유제품과 석유화학제품을 수출했다. 석유 관련 제품은 언제나 우리나라의 최대 수출 품목으로 반도체와 자동차를 압도한다. 우리나라의 또 다른 주력산업인 조선은 유조선과 시추선을 만들고, 건설은 석유정제시설과 석유화학설비를 산유국에 팔아 많은 이익을 남겼다. 철강과 기계 등 다른 중화학 업종도 매출이 유가에 연동해 움직인다. 즉 유가가 떨어지면 이들의 수익도 감소한다는 것이다. 그래서 고유가 시절 호황기를 구가하던 석유, 석유화학, 조선, 철강, 기계 등 우리 주력산업이 2014년 하반기 이후 몰아친 유가의 폭락으로 고전을 면치 못하고 있는 것이다.

저유가가 장기화되면 이들 업종의 어려움도 가중될 것이다. 투자와 고용을 줄여야 할 것이고, 대규모 구조조정도 불가피할 것이다. 대량 실업이 발생하면 소비가 위축될 수밖에 없고, 가계와 기업이 부실해지면 금융권도 큰 타격을 피할 수 없다. 기업은 부동산을 팔아야 하고 가계는 집을 내놔야 할 수도 있다. 부동산 시장의 냉각은 불가피하고 이는 소비 억제의 악순환을 낳는다. 가뜩이나 좋지 않는 경제에 엄청난 악재로 작용할 것이다.

언뜻 지나친 가정이나 논리의 비약으로 보일지도 모른다. 그러나 분명한 것은 이러한 현상들이 이미 발생하고 있다는 것이다. 우리나라의 일부 업체는 저유가의 여파로 심각한 재무위기에 봉착해 있어 법정관리의 필요성이 제기되고 있다. 적지 않은 해외의 에너지 업체들도 이미 중대한 위기에 직면해 있다. 이들의 위기는 빠르게 우리나라로 전파될 것이고 대외 변수에 취약한 우리 경제를 또 한 번 뒤흔들 것이다. 저유가가 디플레이션만큼이나 수많은 악순환의 고리를 만들 수 있는 요인이라는 것은 과거의 사례를 통해 이미 밝혀진 사실이다.

저유가가 낳은 '오일의 공포'는 이미 우리 곁에 와 있다. 이 '오일의 공포'가 가정이나 비약이 아니라 우리가 직면한 현실임을 이 책을 통해 조목조목 짚을 것이다. 그러기 위해서 지금 벌어지고 있는 석유전쟁의 진실을 밝히고, 왜 장기 저유가가 이어질 수밖에 없는지를 설명할 것이다.

우리가 안고 있는 또 하나의 본질적인 문제는 유가의 방향을 알지 못한다는 것이다. 우리는 국제 석유가격이 왜 갑자기 폭락했는지, 어디까지 떨어질지, 지금의 저유가가 얼마나 오래 지속될지 모르고 있다. 눈에 불을 켜고 시장을 들여다보는 전문가들조차 번번이 유가 예측에 실패하고 있다. 우리가 잘 알지 못한다는 것, 그 불확실성이 바로 공포를 낳는다. 시장이 가장 두려워하는 것이 불확실성이다. 한국경제, 나아가 세계경제에 있어 가장 큰 변수 중 하나인 석유가격의 방향을 모른다는 것 자체가 공포다. 'D의 공포'는 돈이라도 마구 찍어 해결해볼 수 있지만 '오일의 공포'는 막을 방법이 그다지 많지 않다. 오일의 공포가 디플레이션의 공포보다 더 무섭다고 보는 이유다.

유가 예측에 대한
새로운 접근

2013년 10월 대구에서 열린 세계에너지 총회의 주제는 에너지 '삼중고trilemma'였다. 각 국가들이 직면한 가장 큰 과제는 '안정적이고, 저렴하고, 환경적으로 지속 가능한' 에너지의 공급이라는 것이다. 닷새 동안의 회의에서 어느 누구도 곧 들어닥칠 저유가에 대해서 언급하지 않았다. 심지어 국제유가가 곧 배럴(bbl)당 150달러를 넘어설 것이라는 예측도 난무했다.

7개월 후인 2014년 5월 서울에서 열린 세계 클린에너지 장관회의에 사우디아라비아의 알리 알 나이미Ali Al-Naimi 석유장관이 참석했다. 기자들은 나이미 장관의 입만 따라다니다 100달러의 당시 유가가 생산국과 소비국, 석유회사 모두에게 '공정한fair' 가격이라는 그의 발언을 급히 타전했다. 그러나 한 달이 지나지 않아 국제유가는 속절없이 떨어지기 시작해 곧 반 토막이 나더니 이제는 40달러 선을 지키기도 어려워 보인다. 고유가에 배팅하던 많은 전문가들은 급히 유가하락으로 포지션을 바꾸었다. 예측의 쏠림 현상은 주가나 환율뿐만 아니라 국제유가에도 있었던 것이다.

합리적이고 정확한 예측에 실패한 시장은 혼돈에 빠져 작은 지표나 돌발변수, 유력인사의 말 한마디에 민감하게 반응하며 우왕좌왕하고 있다. 시장은 이제 유가가 어디까지 빠지게 될지, 그리고 이 상황이 언제까지 이어질지에 관심이 집중되고 있다. 하지만 어느 누구도 속 시원한 답변을 못하고 있다. 왜 우리는 유가에 대해 정확한 예측을 하지 못하는 걸까? 그것은 어쩌면 우리가 너무 수치에 매몰되었기 때문은 아닐까? 데이터 분석과 계량화에 대한 맹신으로 어떤 큰 흐름을 놓치고 있는 것은 아닐까?

이와 관련된 재미있는 경제학 이론이 있는데 바로 1950년대 말 등장한 '성장회계학'이다. '경제성장은 어떤 요인들로 인해 이뤄지는가'라는 질문을 계량화 혹은 모델링을 통하여 구체적으로 설명하고자 했던 이론이다. 당시만 하더라도 경제성장의 원인을 분석하는데 추상적 접근이 주종을 이루었기 때문에 이와 같은 시도는 신선하게 다가올 수밖에 없었다.

성장회계학파의 대표 주자라 할 수 있는 로버트 솔로^{Robert Solow}(1987년 노벨 경제학상 수상)에 의해서 이 '새로운 시도'는 일말의 결실을 맺게 되는데, 그가 내린 결론은 충격적이었다. 1957년에 발표한 논문에서 그는 경제성장에 있어 '자본과 노동'이라는 두 요소가 차지하는 비중은 15퍼센트에 불과하다고 주장했다.

19세기부터 20세기 초반까지 경제학은 애덤 스미스^{Adam Smith}, 데이비드 리카도^{David Ricardo}, 칼 마르크스^{Karl Heinrich Marx} 등으로 대표되는 고전파 경제학자가 절대적인 영향력을 행사하고 있었는데, 그들에 의해서 학계는 오랫동안 자본과 노동(혹은 토지)이 경제의 핵심

요인이라는 것에 의심을 품지 않았다. 그런데 한 세기 넘게 경제 패러다임을 지배했던 이 두 요소가 성장에 큰 의미가 없다는 완전히 다른 결론을 내린 셈이니 큰 충격이 아닐 수 없었다.

그렇다면 남은 85퍼센트는 무엇으로 구성된단 말인가? 이를 두고 아직까지도 학계에서는 흥미로운 논의들이 오가고 있는데, 구체적이고 명쾌한 정답을 내놓은 사람은 아직 없다. 그렇게 대단한 경제 석학들이 그 오랜 기간의 연구를 통해서도 아직 시원한 답을 내놓지 못하고 있으니 이 또한 의외일 수밖에 없다.

물론 이 문제를 제기한 당사자인 솔로가 답을 내놓지 않은 것은 아니다. 그는 여러 차례의 분석을 통해 85퍼센트를 차지하는 핵심 변수는 총요소생산성(TFP: Total Factor Productivity)이라고 제시했다. 즉 기술의 발전 등으로 인한 생산성의 변동이 경제성장의 핵심적인 변수로 작용한다고 주장한 것이다.

그러나 성장회계학파의 또 다른 거두인 모제스 아브라모비츠 Moses Abramovitz는 TFP라는 개념에 대해서 "경제성장의 원인에 대해 우리가 알지 못하는 부분을 계량화한 것일 뿐이다"라며 비판했다. 심지어는 이 85퍼센트에 대한 이해 불가능한 해석들이 난무하는 것에 대해 "우리의 무지 수준을 드러낸 것"이라는 자극적인 발언도 서슴지 않았다.

아브라모비츠는 잔여 85퍼센트의 문제를 해결하기 위해서는 제도적·역사적으로 접근해야 한다고 주장했는데, 이는 계량화라는 목적을 지니고 있었던 성장회계학파의 출발점과는 사뭇 동떨어진 것이었다. 아브라모비츠의 이 발언은 의미 있는 충고로 아직까지도 회자되고 있다. 각 사회의 개별적인 특징과 역사적 사실을 감안하지 않고 일괄적이고 단순한 계량적 모델만을 통해서 과거와 미래를 연결 지을 수 있다는 '착각'에 대해서 큰 경종을 울린 한마디라고 할 수 있다. 세상에서 벌어지는 많은 현상을 계량화를 통해서만 해석하려 하는 것이 얼마나 비현실적인가에 대한 해답이기도 하다.

단순히 숫자에만 의지하는 분석은 현상의 일부밖에 설명하지 못하기 때문에 분명한 한계를 지닐 수밖에 없다. 『2030 대담한 미래』의 저자인 최윤식 교수는 "누군가가 강력한 예측 기법을 발견했다고, 탁월한 수학적 모델을 가지고 미래 변화를 정량적 수준에서 정확하게 예측할 수 있다고 한다면 확실한 가짜이니 뒤도 돌아보지 말고 벗어나라"라고 말하기까지 했다.

이는 석유 시장에도 적용된다. 유가는 많은 가격들 중에서도 가장 예측하기 힘든 변수 중 하나다. 계량화에 바탕을 둔 기존의 분석방법으로는 석유 시장에 대한 설명과 예측이 어렵다. 그래서 질문할 수밖에 없다. 지금까지 유가 예측에 무수히 실패한 것은 우리가 15퍼센트밖에 안 되는 요소들에 지나치게 집중했기 때문은 아닐까? 그렇다면 다른 85퍼센트는 과연 무엇인가? 유가를 분석하고 예측할 때 간과하고 있는 것들은 무엇일까?

석유 시장에
애덤 스미스는 없다

석유 시장, 그리고 그 안에서 벌어지는 수많은 현상들 중에서 사람들의 관심을 가장 많이 끄는 것은 예나 지금이나 유가다. 유가가 오를 것인가, 내릴 것인가, 혹은 횡보할 것인가라는 부분은 전 산업에 있어서 지대한 파급 효과를 지닌다. 그렇기에 세계 유수의 연구기관들이 유가를 예측하기 위해서 부단히 노력하고 있는데, 그들에게 유가에 가장 큰 영향을 미치는 변수가 무엇이냐고 묻는다면 큰 거리낌 없이 수요와 공급이라 답할 듯싶다.

수요와 공급의 중요성을 함의하고 있는 대상이 어디 유가뿐이겠는가. 세상의 모든 가격을 이야기할 때 수요와 공급은 언제나 최대변수로서 큰 이의 없이 인정받는다. 많은 사람들이 모여 한 사물에 대한 시장을 형성하게 되는 순간, 이 수급 논리는 아주 큰 힘을 발휘할 수밖에 없다. 공급과잉이면 가격이 떨어지고 수요초과면 가격이 상승한다는 것은 삼척동자도 알 정도의 기본적인 시장논리다.

수요와 공급의 중요성이 널리 알려지게 된 계기는 애덤 스미스가 만들었다고 해도 큰 무리가 아니다. 물론 표면적으로 세상에 수요와 공급의 중요성을 부각시킨 이는 알프레드 마셜Alfred Marshall이지만, 스미스는 이미 그보다 훨씬 오래전에 오늘날 시장경제의 모토가 되어버린 '보이지 않는 손invisible hand'이란 희대의 명언을 통해서 그 개념을 미리 설명했다. 시장은 자연가격^{natural price}에 의해 수요와 공급이 자연스럽게 조절되고, 그렇기에 인간의 이기적인 행동이 시장 형성에 있어서 기본이 된다고 말한 것이다. 그래서 많은 이들은 유가를 이야기할 때 거부감 없이 이 '순수한' 수요와 공급의 논리를 적용하고 있다.

그러나 실제 이 두 가지로만 유가 분석을 하다 보면 의외의 난관에 봉착하게 된다. 그동안 가장 핵심적이라고 여겨진 이 두 요인에 의거해서는 미래의 예측뿐만 아니라 과거의 수치들도 잘 설명되지 않기 때문이다.

실례로, 1986년부터 2003년까지 서부텍사스산 원유(WTI: West Texas Intermediate) 기준 평균유가는 21.5달러/bbl(배럴당 21.5달러를 의미함, 석유를 표기하는 기준 단위임)에 불과했다. 2014년 물가 기준으로 환산한 실질유가로 보더라도 33.2달러에 불과해 상당히 낮은 수준이었고[1] 누가 보더라도 장기 저유가 상황이었다. 그런데 EIA(미국 에너지정보청)에 따르면 이 기간 동안 세계 석유공급은 1,807만b/d(하루 생산량 1,807만 배럴을 의미함)가 증대한 반면 수요는 오히려 그보다 많은 1,827만b/d가 늘어났다. 즉 수요가 초과한 상황이었음에도 불구하고 가격은 전혀 상승하지 못했던 것이다.

이뿐만이 아니다. 우리한테 아주 익숙한 기억인 2003년부터 2013년까지의 고유가시대에도 이런 의외의 상황은 다르지 않게 나타났다. 당시 WTI 기준 평균유가는 78달러에 이르렀고, 특히 2008~2014년의 7년 동안은 평균 93달러 이상이었던 해가 다섯 번에 이를 만큼 전례 없던 고유가 시기였다. 그러나 이 기간에는 공급이 1,130만b/d 늘어 수요증대량을 1,111만b/d 능가했다. 즉 공급이 수요를 초과했음에도 가격은 오히려 상승했던 것이다. 유가를 결정함에 있어서 누구나 큰 의심 없이 가장 중요한 변수라고 생각했던 수요와 공급이 과거 유가의 흐름을 잘 설명해주지 못한다는 사실은 적잖이 놀라울 수밖에 없다.

사실 1970년대 미국과 사우디아라비아의 정치적 합작품인 '오일 달러' 시대 이후로 유가는 수요와 공급 외에도 지정학적 리스크와 환율, 금융자금의 개입 등 고민해야 할 변수들이 많아졌다. 따라서 단순하게 수요와 공급의 과부족만 따져서 유가를 설명하고자 하는 시도는 뚜렷한 한계를 지닐 수밖에 없다. 물론 추가적인 변수들을 포함시킨다고 하더라도 유가는 여전히 설명하기 어려운 대상이다. 때문에 지금까지 어떤 변수들의 조합도 유가의 방향성을 예측하는 데에는 그렇게 큰 신빙성을 주지 못했다.

세계 최대의 유가 예측기관이라는 타이틀에 걸맞지 않게 유가 예측에 관한 실수를 연발하는 EIA와 CERA(미국 캠브리지에너지연구소)가 안타깝게도 그 예시가 될 수 있다. 그리고 그들은 2015년 전후로 유가의 변동성이 급격히 증대된 순간에 다시 한 번 유가 예측에 실패하고 말았다.

유가는 '보이지 않는 손'이 아니라
'큰손'이 움직인다

그래서 발상의 전환이 필요하다. 우리가 유가의 핵심 요인이라고 생각하는 석유의 수요와 공급은 어쩌면 '15퍼센트'에 불과한 요인이 아닐까? 그렇다면 유가를 움직이는 85퍼센트는 대체 무엇이란 말인가? 이 대답을 찾아가기 위해서는 석유 시장에서 '보이지 않는 손'에 대한 맹목적인 믿음을 일단 버려야만 한다. 애초에 순수 시장논리에 의해 수요와 공급 위주로만 유가의 방향성을 설명해보려는 생각의 틀 자체가 석유 시장의 역사와는 그다지 잘 맞지 않기 때문이다.

'보이지 않는 손'의 논리가 석유 시장에서 통용되려면, 저유가 상황이 되면서 기업체의 수익성이 떨어지게 될 경우 일부 공급자들이 시장을 이탈하든지 혹은 공급을 줄이든지 해서 가격을 올려야 할 것이다. 그렇지만 100년이 넘는 석유의 역사에서 이런 식으로 유가가 결정된 적은 거의 없다. 오히려 당대의 헤게모니를 잠식했던 석유 메이저^{oil majors}와 석유 카르텔^{oil cartel}에 의해 유가는 의도적으로 조장된 경우가 많았다. 심지어 자신들의 재무적·영업적 피해를 감내하면서까지도 저유가전쟁을 펼쳐왔을 정도다.

멀리 돌아볼 것도 없다. 2014년 하반기에 시작된 유가급락의 상황에서 OPEC(Organization of the Petroleum Exporting Countries)의 실질적 수장인 사우디아라비아의 나이미 석유장관은 "유가가 20달러로 떨어지더라도 시장점유율을 다른 나라에 내주지 않겠다"라며 감산

불가 입장을 천명했다. 만약 보이지 않는 손이 실존해서 이 이야기를 들었다면 굉장히 머쓱해하며 내놓았던 손을 다시 집어넣으려고 했을지도 모른다.

일부에서 이런 저유가전쟁을 두고 '치킨게임chicken game'이라 표현하기도 한다. 하지만 이것은 그다지 정확한 표현은 아니다. 치킨게임은 두 대의 차가 마주 보고 돌진하다가 먼저 피하는 쪽이 패배하는 게임이다. 석유의 가격전쟁은 그렇지 않다. 가장 자본주의적인 결과물이라고도 할 수 있는데, 자금력과 헤게모니를 쥔 쪽이 결국에는 승리할 수밖에 없는 구도이기 때문이다. 조금 더 냉혹하게 말하자면 시작부터 승패가 갈려 있는 싸움이라고도 할 수 있다.

실제 과거 석유 시장에서 가격 형성에 결정적인 역할을 한 주체는 '보이지 않는 손'이 아닌 당대의 헤게모니를 장악한 소수의 세력이었다. 시장을 좌지우지하는 '큰손big hand'이 정답이자 본질이다.

결국 우리가 눈으로 보는 수요와 공급이라는 수치는 이 '큰손'의 본질적인 선택이나 의도가 현실적으로 표출된 껍데기에 불과하다. 그렇기 때문에 이 껍데기를 계량적으로 분석해서 미래를 예측해보겠다는 접근법 자체가 현실과는 동떨어질 수밖에 없었던 것이다. 정작 중요한 것은 '큰손'들이 어떤 의도를 지니고 있고, 그 의도를 달성하기 위해 어떤 방법으로 석유 시장에 접근하고 있느냐는 것이다. 그런 큰 틀을 먼저 파악한 다음에 그들에 의해 움직이는 수요와 공급의 방향성을 읽어내는 것이 가장 합리적인 접근법이다.

그렇기 때문에 유가 예측에 앞서 먼저 이 질문을 던져야만 한다. 대체 '큰손'들은 누구란 말인가? 이 '큰손'들은 무엇을 얻기 위해서, 그리고 어떤 방식을 통해서 유가의 움직임을 조장하는가? '악마의 눈물'이라고 불리는 석유의 본질은 대체 무엇이란 말인가?

악마의 눈물,
석유의 본질을 찾아서

21세기의 시작과 함께 희대의 경영자로, 그리고 시대적 영웅으로 떠오른 한 사람이 있다. 바로 애플Apple의 고故 스티브 잡스Steve Jobs다. 그는 이 시대의 창조와 혁신의 아이콘으로 인정받고 있는데, 그의 역량 중에서도 가장 돋보이는 부분은 기술과 아이디어 창출 능력뿐만 아니라 끝없이 정보기술과 인간을 접합시키는 IT 휴머니즘을 추구했다는 것이다. 사람들이 가장 좋아하고 편리한 방식으로 IT 기기들을 사용할 수 있도록 남들보다 한 발 앞서서 고민해 눈앞에 현실화시켜 주었던 능력은 실로 대단했다.

그런 그가 남긴 수많은 명언 중에서도 새겨들을 한마디는 바로 "소크라테스와 점심 한 끼를 할 수 있다면 나의 모든 기술을 내놓겠다"라고 할 수 있다. 그가 이런 말을 한 이유에 대해서 혹자는 그가 누구보다 철학을 사랑했기 때문이라고 말하기도 하고, 또는 현실적으로 소크라테스를 만날 수 없다는 것을 잘 알기 때문에 저렇게 말한 것이라는 우스갯소리를 하기도 한다.

그를 제외한 누구도 그 뜻을 정확히 알지 못한다. 세상을 떠난 그를 붙잡고 물어볼 수도 없다. 그렇지만 이렇게 생각해보는 것은 어떨까? 그가 꿈꾼 IT 휴머니즘은 인간이 원하는 바를 예측하고 이에 맞는 기기를 세상에 내놓는 일이었다. 때문에 그에게 있어서 가장 중요한 바는 미래에 인간이 나아가게 될 방향성을 예측하는 것이었을 테다. 그렇다면 이를 알아내기 위해서는 어떤 방법을 택해야 할까? 미래를 예측하는 데 핵심적인 변수들을 기가 막히게 알아낸 다음 모델링을 통해 구현해야 할까? 아니면 세상 사람들 모두에게 앞으로 어떤 미래가 펼쳐지게 될 것인지 설문조사를 진행해 통계를 내야 할까? 이런 계량적인 양식은 과정 자체도 만만치 않을 뿐만 아니라, 어떤 방식이 되었든 계량적인 접근으로는 정답에 가까워지기 힘들다는 걸 누구라도 알 수 있을 것이다.

그렇다면 가장 좋은 방법은 무엇일까? 완벽한 정답이란 있을 수 없지만 근접할 수 있는 중요한 방식은 있다. 바로 철학적·인문학적 사고방식이다. 미래 예측 시 가장 핵심적인 부분은 바로 사람의 본질을 파악하는 것인데, 이를 다루는 학문이 철학이고 인문학이기 때문이다.

미래는 산술적 혹은 공학적인 절차를 통해서 정해지지 않는다. 해당 주체의 본질적 선택에 의해서 좌우된다. 태생적인 부분뿐만 아니라 환경, 경험 등 여러 요인들에 의해 장기간 영향을 받아 형성된 본질에 따른 본능적인 선택을 통해 좌우될 수밖에 없다는 뜻이다. 점심시간에 메뉴를 정할 때 불현듯 김치찌개를 선택하는 것은 과거에 먹었던 모든 메뉴를 통계적으로 분석한 뒤에 정한 것이 아니다. 그저 오늘 날씨와 기분, 그리고 내 몸 상태 등의 여러 주변 환경 요소가 작용하고 있는 가운데 가장 먹고 싶다고 생각이 든 김치찌개를 주체가 능동적으로 선택한 것이다.

철학을 포함한 인문학은 끊임없이 '왜?'를 던지는 가운데 궁극의 대답을 향해 가는 학문이다. 정답인지 아닌지는 아무도 모른다. 사실 정답이라는 건 애초에 없는 것일지도 모른다. 다만 끝없는 고민 속에서 사태의 본질을 향해 조금씩 접근해가다 보면 오랜 역사 속에서 공통적으로 찾아낼 수 있는 어떤 핵심적인 원인에 다가서게 되는 것이다. 본질에 대한 진지한 접근 없이 무작정 수치에만 집착하게 된다면 방향성 자체가 미궁으로 빠질 수밖에 없다. 무섭게 몰아치는 파도 속에서 어디가 육지인지 바라보지도 않고 노만 열심히 젓고 있는 사공과 다를 바 없다는 것이다.

잡스의 근원적 고민처럼 인간의 '본질'을 미리 파악한 뒤 현 시대의 흐름과 접목시켜서 앞으로 나타나게 될 변화를 인문학적·철학적으로 고민해보는 것이 계량적 분석의 한계를 보완할 수 있는 방법이 아닐까? 세상의 사물과 그 방향성을 만들어나가는 주체는 바로 인간이기 때문이다. 잡스는 그렇기 때문에 소크라테스를 그리도 만나고 싶어 했던 것이 아닐까?

유가에 대한 분석에서도 마찬가지다. 단순한 껍데기, 그저 겉으로 드러난 현상에 지나지 않는 수요와 공급이라는 변수에 지나치게 집중한다면, 그보다 더 근본적이라 할 수 있는 가격 형성의 원리를 간과하는 오류를 범하기 쉽다. 지금까지 계량적 사고에서 석유 시장을 바라보려는 시도들은 충분히 많았기 때문에, 이제는 사고의 방향을 달리해볼 필요가 있다.

가장 필요한 것은 석유의 본질에 대한 파악이다. 석유는 도대체 어떤 필요에 의해, 혹은 누구에 의해 탄생했고, 이후 어떤 변화를 지금까지 거쳐왔는지를 먼저 알아야 한다. 그래야 작금의 유가 충격이 왜 벌어졌고, 또 앞으로 어떤 일이 벌어질지 보다 정확하게 설명하고 또 예측할 수 있다. 과거 100년의 역사를 통해서 석유는 어떤 본질을 갖추게 되었는지를 봐야 한다. 그리고 '큰손'이라는 주체가 석유 시장에서 얼마나 큰 의미를 지녀왔고 앞으로도 어떤 의미를 지니게 될지 살펴봐야 한다. 그런 의미에서 언급하게 될 첫 번째 대상은 큰손 중의 큰손, '석유왕' 존 데이비슨 록펠러John Davison Rockefeller다.

유가전쟁의 핵심은
7공주파와 신新7공주파

'석유왕' 록펠러,
미국 석유 시장의 90퍼센트를 점유하다

현재 세계 최고의 부국富國을 고르라고 한다면 대다수의 사람들은 미국을 지목할 것이다. 단순히 GDP나 개인소득 같은 정량적 수치에서 높은 순위를 기록하고 있기에 이런 평가가 나오는 것은 아닐 것이다. 그 외에 정치, 군사, 언론, 교육 등 다양한 부분에서 세계 최고라는 인식이 강렬하게 작용했을 것이다. 현재 전 세계의 부는 미국을 중심으로 움직이고 있다. 역사적으로 보더라도 이 정도의 힘을 이렇게 장기간, 그리고 전 세계적으로 향유했던 국가는 거의 없었을 것이다.

하지만 미국이 애초부터 세계의 부를 좌지우지했던 것은 아니다. 19세기만 하더라도 여전히 힘의 중추는 유럽에 있었다. 그 시절의 미국은 남북전쟁의 상처가 아물지 않았고 정치적으로도 혼란스러웠다. 산업과 금융의 수준 또한 유럽에 크게 뒤처져 있었기 때문에 사실상 '변방'에 가까운 수준이었다. 미국이 이 판도에 변화를 주기 시작한 시점은 불과 백여 년 전으로 20세기 전후, 즉 1900년 즈음이 되어서였다. 그때부터 누구도 예상치 못한 폭발적인 성장세를 보이면서 현재 세계 최대의 부국으로서 입지를 다지게 되었다.

미국이 극적인 부의 성장을 이룬 이유로는 많은 것들이 거론된다. 그중에서도 빠지지 않고 언급되는 재미있는 부분은 각각의 주요 산업에서 절대적인 힘을 가진 자본가들, 일명 '왕king'이라 불리던 사람들이 속속 등장했다는 것인데, 우리가 잘 아는 철강왕 앤드류 카네기Andrew Carnegie, 금융왕 JP 모건John Pierpont Morgan, 철도왕 제이 굴드Jason Jay Gould, 자동차왕 헨리 포드Henry Ford 등이 그들이다. 그리고 그중에서도 가장 부유하고 유명했을 뿐만 아니라, 그만큼 악명이 높았던 사람이 바로 석유왕 존 록펠러다.

당시 미국의 석유, 철강, 철도, 금융에서 '왕'이 등장했던 배경은 급속한 산업화와 관련이 있다. 남북전쟁은 1865년 북부의 승리로 마무리되었고 그로 인해 노예제도가 종결되었다. 그것만큼이나 미국 역사에 있어서 큰 영향을 미친 것은 그때부터 본격적으로 공업화의 시대가 열리기 시작했다는 것이다. 특히 1869년 대륙횡단철도가 건설되면서 '와일드 와일드 웨스트', 즉 미개척지였던 서부에 대한 개발이 시작되었고 미국 경제는 급격한 성장일로를 걷게 되었다.

지금도 그렇지만 근대에서 한 국가의 경제가 태동할 때에는 인프라 구축에 대한 수요가 가장 먼저 발생하기 때문에 내구재 중심보다는 산업재, 즉 흔히 말하는 굴뚝산업이 먼저 태동하게 된다. 그렇기 때문에 당시 미국에서는 인프라 구축과 가장 근접한 산업인 철강, 철도, 석유, 그리고 성장에서 필수불가결한 부채leverage 발생을 가능케 해주는 금융이 경제성장과 맞물려 급격히 떠오를 수밖에 없었다.

특히 그중에서도 석유의 성장은 단연 돋보였다. 증기기관차로 대변되는 1차 산업혁명 당시만 하더라도 사람들에게 핵심적인 에너지 아이템은 석탄이었다. 19세기 초반 세계 에너지 소비에서 석탄이 차지하는 비중이 60퍼센트에 달할 정도였다.

그러나 2차 산업혁명이 미국을 중심으로 시작되면서 석탄보다 연료효율이 높은 에너지원이었던 석유의 우월함이 급격히 부각되자 판도는 순식간에 바뀌었다. 특히 혁명이 일어난 많은 산업들 중에서도 헨리 포드가 휘발유 차량의 대량생산에 성공한 것은 석유의 소비가 급증하는 결정적인 계기가 됐다. 이 때문에 석유는 석탄을 제치고 세계 최고의 에너지 아이템으로 부각될 수 있었다.

이로부터 100년이 지난 지금까지도 우리는 석유의 시대에 살고 있으니, 당시 사실상 '무無'의 상태였던 석유 시장을 선점한다는 것이 어느 정도로 큰 의미를 차지하는 것인지 짐작이 가능할 것이다. 철강, 철도, 금융, 자동차의 왕들보다도—조금 미약하기는 하지만 '선박왕' 코넬리우스 밴더빌트$^{Cornelius\ Vanderbilt}$도 있다—록펠러가 더 많이 부각될 수 있었던 배경에는 이와 같은 석유의 급격한 성장이 뒷받침되었다.

그러나 이들에게 긍정적 측면만 있었던 것은 아니었다. 철저하게 이기적일 수밖에 없는 자본의 특성상 각 산업의 왕들 역시 본인들의 이익을 극대화시키기 위해 수단과 방법을 가리지 않았는데, 이를 단적으로 나타내는 단어가 바로 트러스트^{trust}다. 트러스트를 쉽게 표현하자면 다음과 같다.

상대적으로 덩치가 큰 한 기업이 작은 기업에게 피해를 입히기 위해 의도적으로 저가$^{low-price}$ 전략을 펼친다. 사실 가격전쟁뿐만 아니라 그 외 정치, 언론 등 갖은 수단을 가리지 않고 이용한다. 결국 상대 기업이 무너지게 되면 그 기업을 인수하여 덩치를 더 키운다. 그다음 독점적 권력을 바탕으로 제품 가격을 끌어올려 폭리를 취한다. 이를 수없이 반복하여 독과점의 힘을 키운다.

이러한 일을 지속하기 위해서는 자본의 추가적인 확보가 필요하다. 상대보다 덩치가 큰 것이 싸움에서 이길 수 있는 핵심요인이기 때문이다. 그래서 뜻을 함께하는 동종 산업의 자본가들끼리 하나의 카르텔을 형성한 뒤 집단행동을 통해서 약탈적인 행태를 더욱 확장해간다. 이것이 바로 트러스트다. 이때 카르텔의 주체자(석유에서는 록펠러)는 추가적인 투자 없이 더 큰 자본을 본인의 의도대로 휘두를 수 있다는 이점을 지니게 되는 것이다. 즉 사실상 지배지분은 없지만 회사를 본인이 원하는 대로 운영하면서 또 다른 이익 창출의 수단을 보유하는 셈이 된다.

록펠러가 상대 기업을 무너뜨릴 때 얼마나 잔혹한 방법들을 동원했는지, 그리고 이후 축적된 부를 유지하기 위해 또 어떤 무서운 방법을 택했는지는 이미 많이 알려져 있다. 이를 통해 우리가 파악할 수 있는 사실은, 20세기 전후로 미국 각 산업에서 왕들이 보여준 행동들은 자유시장경제라는 체제 속에서 약탈적 시장 잠식을 통해 막대한 자본력을 갖춘 뒤 이득을 취했다는 것이다.

이러한 행태는 오래 지속되지 못했다. 미국 역사상 가장 인기 많았던 대통령 가운데 한 명으로 주저 없이 꼽히는 테오도어 루스벨트Theodore Roosevelt 대통령의 등장이 결정적인 계기였다. 그는 그 유명한 '반트러스트법antitrust law'을 발동시킨 뒤 독점적 시장경제를 철저히 규제하는 정책을 동원했고, 결국 '왕'들의 힘은 이를 기점으로 약해지기 시작했다. 여담이지만, 『화폐전쟁』의 저자 쑹훙빙宋鴻兵은 이것마저도 JP 모건이 철저하게 짜낸 각본에서 파생된 드라마라는 흥미로운 '음모론'을 내세우기도 했다.

중요한 부분은 석유의 탄생 자체가 이런 철저한 약탈적 자본주의 아래서 이뤄졌고, 각 산업의 왕들 중에서도 가장 악랄했다는 록펠러가 그 아버지 격이라는 것이다. 록펠러는 반트러스트법이 발동되기 전까지 스탠더드오일Standard Oil이라는 자신의 회사를 통해 미국 석유 시장의 지배력을 무려 90퍼센트 이상까지 끌어올렸을 정도로 절대적인 힘을 과시했다. 때문에 태생적으로 석유 시장은 록펠러의 DNA를 고스란히 보유하고 있을 수밖에 없고, 지금까지도 극단적 혹은 약탈적 자본주의의 단면을 보일 수밖에 없는 것이다.

그러나 루스벨트의 반트러스트법도 이러한 석유의 본질에 영향을 주지는 못했다. 반트러스트법은 록펠러 체제의 표현 형식만 변화시켰을 뿐, 그 헤게모니는 전혀 바뀌지 않았고 이는 후대까지 이어졌다. 이 카르텔은 20세기 초반 전 세계 석유 시장을 지배한 '7공주파(세븐 시스터즈seven sisters)'다.

세계 석유 시장을 쥐락펴락한 7공주파의 등장

'7공주파'라고 하면 왠지 조직폭력배 내지는 싸움 잘하는 여고생 일진들을 떠올릴지 모르겠다. 그렇지만 7공주파는 1950년대를 전후로 전 세계 석유 시장을 쥐락펴락했던 7개 거대 회사를 이르는 것이다.

그들은 바로 ① 스탠더드오일 뉴저지Standard Oil of New Jersey ② 스탠더드오일 뉴욕Standard Oil of New York ③ 스탠더드오일 캘리포니아Standard Oil of California ④ 텍사코Texaco ⑤ 걸프오일Gulf Oil ⑥ 로열더치쉘Royal Dutch Shell, ⑦ BPBritish Petroleum 이다.

이름만 놓고 보면 일부는 낯설어서 사라진 회사라고 생각할 수도 있겠지만, 이들 모두 버젓이 살아남아서 아직까지도 전 세계 석유 시장을 뒤흔들고 있다. 이들은 수차례 이합집산을 거친 후 엑손모빌ExxonMobil, 쉐브론Chevron, 로열더치쉘, BP라는 이름으로 현존하고 있다.

7공주들의 탄생은 어떻게 이뤄졌을까? 대답은 아주 간단하다. 이들은 사실상 록펠러의 후예들이다. 그리고 이들은 20세기 중반 막강한 힘을 지닌 세계 석유 시장의 절대 지배자로 군림했다.

루스벨트 대통령이 시행한 강력한 반트러스트법에 의해 록펠러의 스탠더드오일은 1911년 36개의 회사로 쪼개지게 되는데, 이름에서 알 수 있듯이 ①, ②, ③번이 바로 록펠러의 핵심 후예들이라고 할 수 있다. ④, ⑤번은 록펠러의 직계까지는 아니다. 록펠러의 트러스트를 가장 확실하게 붕괴시켰던 텍사스주에서 탄생한 회사들이니 어떻게 본다면 스탠더드오일과 반대 세력이라고 볼 수도 있다. 그러나 이들은 존재했던 내내 큰 형님이라 할 수 있는 스탠더드오일의 심기를 거스르는 행동은 하지 않았고, 더욱이 21세기 진입 직전에는 직계들과 합병을 하게 되었으니 사실상 록펠러의 세력권이었다고 봐도 무방하다.

영국계인 쉘과 BP도 크게 다르지 않다. 쉘과 BP가 성장하게 된 결정적인 계기는 1차 세계대전에 있다. 당시 1차 세계대전은 석유를 안정적으로 수급받을 수 있는 영국 중심의 연합군이 석유가 부족했던 독일을 압박한 것이 승패의 결정적인 이유 중 하나였다.

당시 연합국에게 석유를 공급했던 유럽의 업체가 바로 쉘과 BP다. 그러나 그들보다 더 큰 영향력을 지니며 공급의 80퍼센트 가까이를 담당했던 곳이 바로 미국의 스탠더드오일이었다.[2] 결국 BP와 쉘은 그때부터 스탠더드오일과 한 몸처럼 움직이며 긴밀한 공조 체제를 유지할 수밖에 없었다. 그래서 이들 7개 회사를 '석유왕' 록펠러의 후계인 '7공주'라 부르는 것이다. 결국 석유왕 록펠러의 존재감은 이름만 바뀌었을 뿐이지 세월이 흘렀어도 변함없는 영향력을 행사하고 있었던 것이다.

7공주파가 실제 석유 시장에 얼마나 막강한 권한을 지니고 있었는지는 그들의 가격결정권을 보면 쉽게 알 수 있다. 당시 세계 석유가격은 이들 7개 기업이 인위적으로 산정한 '공시가격'에 의해서 결정되었다. 지금처럼 WTI, 두바이Dubai, 브렌트Brent라고 이름 붙여진 공개거래시장이 존재했던 것이 아니기 때문에 어떤 석유업체도 이들이 산정한 가격에 위배하여 판매할 수가 없던 상황이었다. 그들의 공시가격이 어떤 원리에 의해 산정됐는지는 알 수 없었다. 그저 그들이 '그렇다면 그런 것인' 절대권력의 구조였다.

대량의 석유를 매장하고 있던 중동 국가들도 군소리를 못했던 것은 다를 바 없었다. 당시 중동은 석유를 개발할 자본이나 기술이 부족했기 때문에 7개 기업들이 자국의 석유를 개발해주고 수익을 반반씩 나눠 갖는 구조를 수용할 수밖에 없었다. 남의 나라 석유를 원하는 만큼 캐내서 이익의 절반을 취한 7공주들이 절대적으로 유리했던 구도였다. 지금 같았으면 산유국들이 기술개발

비용만 지급하고 아예 직접 개발을 진행했을 것이지만, 당시에는 아무도 이와 같은 수익배분과 가격결정 구조에 반기를 들지 못했다. 7공주들이 국제 석유 시장에서 지닌 경제적·정치적 영향력이 워낙 막강했기 때문이다.

그러한 이들에게 '7공주파', 굳이 brothers가 아니고 sisters라는 야릇한 별명을 '감히' 붙인 이가 이탈리아 국영석유기업 ENI의 초대수장인 엔리코 마테이$^{Enrico\ Mattei}$다. 당시 마테이는 이란의 석유개발권을 취득하고 소련으로부터 공시가격 이하로 석유를 수입하는 등 7공주파에 반하는 행동을 단행했다. 이에 힘을 얻은 소련은 인도에게도 낮은 가격으로 석유 수출을 결정하게 되는데, 이는 록펠러 때부터 석유가격 결정에 줄곧 절대적인 힘을 과시하고 있었던 7공주파를 충격과 분노로 몰아넣기에 충분했다.

7공주파들은 세계 석유 시장에 자신들의 힘을 다시 한 번 보여주기 위해 그들의 '아버지' 록펠러가 그랬던 것처럼 '저유가전쟁'을 선택하게 된다. 세계 어떤 기업들보다 큰 자본규모와 시장점유율을 보유하고 있는 그들이었기에 서로 굶는 싸움에 들어간다면 누구보다 강하게 버틸 수 있다는 것을 경험을 통해 잘 알고 있었다. 이 때문에 중소 석유회사들은 억울하게도 심각한 이익감소, 혹은 도산의 위기에 처해졌다. 약 50년 전 록펠러가 미국에 자행했던 '약탈적 시장 잠식'이 재현된 것이다. 다른 점이 있다면 록펠러가 자국 내에서 이런 행동을 취했다면 후예인 7공주는 조금 더 큰 규모인 세계 시장을 상대로 했다는 것뿐이다.

7공주에 반기를 들었던 마테이는 1962년 10월 의문의 비행기 추락 사고로 사망했다. 20세기 미국과 관련한 정치·경제 분야에서 발생한 수많은 의문 사건 중 하나였다. 미국의 '경제 저격수'로 활동하며 제3세계 국가들을 속여 강탈하는 임무를 수행했던 존 퍼킨스^{John Perkins}는 그의 저서 『경제 저격수의 고백^{Hoodwinked}』을 통해서 다음과 같은 말을 남겼는데 시사하는 바가 크다.

"우리 경제 저격수들의 활동 방식은 다양하지만 가장 흔한 임무는 미국 기업들이 갈망하는 자원을 가진 나라를 찾아내는 것이다. 그런 다음, 그 나라의 지도자를 유혹하고 뇌물을 주어 자국 국민들을 착취하게 만든다. 다시 말해서 결코 갚지 못할 차관을 도입하고, 국가 자산을 민영화한 뒤, 환경파괴를 합법화하고, 마지막으로 미국 기업에 귀중한 자원을 헐값에 팔아넘기도록 자원이 풍부한 나라의 지도자들을 설득하는 것이다. 경제 저격수의 이런 시도에 저항할 경우 CIA를 등에 업고 활동하는 자칼이 해당국의 체제를 전복시키거나 지도자를 암살한다."

어디까지 이 이야기를 믿어야 할지는 알 수 없다. 다만 수많은 정치·경제 인사가 20세기 즈음 의문의 사고를 통해서 세상을 떠났다는 것만큼은 분명한 사실이다. 마테이의 의문의 사고 역시 그렇기 때문에 세간의 의혹을 증폭시킬 수밖에 없었다. 결국 마테이의 죽음 이후 7공주파는 석유 시장에서 다시 한 번 절대적인 힘을 과시하게 되었다. 마테이의 이야기는 이탈리아의 유명 영화감독인 프란체스코 로지Francesco Rosi에 의해 〈마테이 사건Il caso Mattei〉이라는 영화로 만들어지기도 했다.

　이렇게 상품으로서의 석유는 19세기 말 미국의 자본주의 태동기에 록펠러라는 아버지에 의해 탄생하였고, 20세기 중반까지도 그의 후예인 7공주에 의해서 좌지우지되었다. 그리고 트러스트에 기반 했던 산업구조가 계속 이어져왔기 때문에 자본주의의 어두운 면을 보여주는 '독재와 잠식'이라는 구조를 이어갔다. 우리에게 없어서 안 될 고마운 에너지원인 석유가 때로는 '악마의 눈물', 혹은 '검은 눈물'이라고 공포스럽게 불리는 이유는 바로 이러한 이면 때문이다.

　그러나 50여 년 동안 지속되었던 록펠러와 그 후예들의 잔혹한 잠식 행위는 20세기 중반에 급제동을 '당하게' 된다. 아이작 뉴턴Isaac Newton이 제시했던 운동의 법칙이 작동되었다는 재미있는 해석도 가능한데, 제1법칙인 관성의 법칙처럼 록펠러가 만들어낸 침략적 자본주의의 습성이 시작됐고, 제2법칙인 가속도의 법칙에 의해서 7공주파가 그 습성을 더욱 과도하게 다뤘다면, 그 시점에서 뉴턴의 말대로 제3법칙인 작용-반작용의 법칙이 어김없이 작동하게 된 것이다. 그 반작용, 즉 7공주의 행위에 제동을 건 주체는 바로 우리에게도 매우 익숙한 석유수출국기구, OPEC이다.

OPEC의 탄생,
그리고 '석유황제' 셰이크 야마니

OPEC의 탄생은 미미했거나, 혹은 소심한 수준에 불과했다. 1960년 OPEC을 창시한 사람은 사우디아라비아의 석유장관인 압둘라 타리키^{Abdullah Tariki}와 베네수엘라의 석유장관인 페레즈 알폰소^{Perez Alfonso}였다. 설립 당시만 하더라도 석유가격에 큰 영향을 미치겠다는 의도를 가지지는 않았던 것으로 보인다. 단지 7공주파에 의해 자국 석유개발에 대한 수익이 5:5로 배분되는 구조에서, 그들 마음대로 공시가격을 낮추어 수익이 저해되는 상황이 지속되는 것만큼은 용인하지 않겠다는 의도로 탄생되었다고 할 수 있다. 당시만 하더라도 7공주파들의 자본과 기술 없

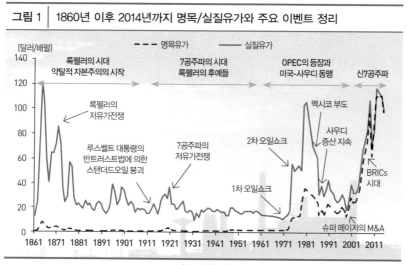

그림 1 │ 1860년 이후 2014년까지 명목/실질유가와 주요 이벤트 정리

자료: 수치는 BP Statistical review of world energy 2015 인용

이는 석유생산 자체가 불가능했기에 '록펠러 카르텔'에 대항하는 어떠한 공격적인 행동도 애초에 기대하기 힘들었다.

이러한 판도에 본격적으로 변화를 준 인물이 타리키에 뒤이어 사우디의 석유장관으로 취임한 셰이크 야마니Sheikh Ahmed Zaki Yamani였다. 엄밀히 이야기하자면 그는 OPEC의 창시자는 아니었다. 그러나 OPEC이 지금의 절대적인 권력을 가지는 데 결정적인 역할을 한 인물이었기에 사실상 창시자로 불리기도 한다. 사실 그의 별칭은 창시자 정도가 아니다. '석유황제'라고 불리기도 하는데, 록펠러가 '석유왕'이라고 불렸던 점을 감안하면 근대 석유 시장에서 야마니의 영향력이 어느 정도였는지 짐작이 가능하다.

야마니가 실제로 창시했던 조직은 중남미 국가들도 포함된 OPEC이 아니었다. 1962년부터 사우디의 국영석유회사인 아람코Aramco의 이사로 재직했던 그는 1968년 아랍에 근거를 둔 석유카르텔인 OAPEC(Organization of Arab Petroleum Exporting Countries)을 결성하면서 세계 석유 시장의 거두로서 등장하게 된다. OPEC과 OAPEC은 엄연히 다른 조직인데, 야마니가 본인의 힘을 세상에 과시한 것은 아랍석유수출국기구인 OAPEC이 먼저였다.

OAPEC이 탄생하게 된 계기는 1967년 중동 이슬람 국가들이 오랫동안 종교적 숙적이었던 이스라엘과의 전쟁(6일 전쟁, 혹은 제3차 중동전쟁)에서 미국이 공공연하게 이스라엘의 편을 든 것에 대한 분노와 집단반발이었다. 야마니는 이스라엘을 돕는 미국에 대한 불만으로 아랍의 주요 산유국들인 쿠웨이트, 리비아, 사우디아라비아를 주축으로 OAPEC을 결성한 것이다.

이때 그가 처음으로 세상에 등장시킨 용어가 바로 석유 금수조치라는 이름으로 잘 알려진 '아랍 오일 엠바고Arab Oil Embargo'이다. 이는 특정 국가에 대한 석유 수출 중단을 의미하는 것으로, 당연히 OAPEC의 타깃은 미국이었다. 그러나 당시 미국이 세계 석유 시장에서 가진 영향력은 절대적이었고, 중동 국가들에 어떤 형식으로든 돈을 벌어다주는 국가였기 때문에 쉽사리 반기를 들지 못했다. 따라서 OAPEC는 당시 금수조치를 미국에 실제로 적용시키지는 않았다. 그러나 야마니가 오일 엠바고를 거론했다는 자체가 큰 반향을 불러일으켰다. 왜냐하면 무엇보다 수출 중단이라는 집단적 행동을 중동 산유국들이 실제로 취할 수 있고, 이것이 정치적인 무기로 유용하게 쓰일 수 있다는 것을 알린 계기가 되었기 때문이다.

이 순간부터 야마니는 세계 석유 시장에서 유명인사로 이름을 날리게 된다. 당시 절대권력을 휘두르던 미국에 경고를 날린 위협적인 인물로서 서방 세계의 적대감의 대상이 되었을 뿐만 아니라, 아랍 세계에서는 자신들의 힘을 과시해준 정치적 인사로서 각광을 받기 시작했다. 이 때문에 그는 OAPEC보다 먼저 발족하고 한 단계 큰 조직인 OPEC에서도 주도적인 역할을 하게 되었다.

야마니가 본격적으로 발톱을 드러내기 시작한 것은 1973년 10월에 벌어진 '욤 키푸르Yom Kippur' 전쟁 직후부터였다. 제4차 중동전쟁이라고도 불리는 이 사태는 이집트와 시리아로 대표된 아랍 연합군이 제3차 중동전쟁 때 이스라엘에게 빼앗겼던 지역을 되찾기 위해 벌인 전쟁인데, 미국이 또 이스라엘을 지원한 것이다. 미국의 이러한 행동은 야마니가 석유를 무기로 미국에 대한 구체적 행동에 나설 수 있는 결정적인 근거로서 작용했다.

당시 야마니는 1968년 OAPEC 결성 당시 아랍 오일 엠바고를 거론시켰던 경험을 바탕으로 1973년 OPEC으로부터 미국과의 협상에 대한 대표권을 따냈다.[3] 1968년의 일을 계기로 중동 국가들은 석유를 정치적 무기로 사용할 수 있다는 것을 깨달았다. 일부 강경국가들은 이를 실행에 옮기기도 했지만, 구체적인 집단행동을 통해 석유 시장에서 힘을 보여주지는 못하고 있었다. 이 상황에서 주도적으로 나선 야마니는 OPEC 회원국 전체가 석유생산을 일괄적으로 10퍼센트 감축하고, 이후 매달 5퍼센트씩 추가 감산을 하자는 공격적인 제안을 하였다.

그의 행동은 여기서 그치지 않았다. 1973년 10월 석유 공시가격을 3달러에서 5.12달러까지 급격히 끌어올렸는데, 이는 중동 산유국들이 처음으로 석유가격을 자신들이 직접 움직인 케이스로서 미국에 적지 않은 충격을 주었다. 곧이어 미국을 포함한 주요 서방국가들에 말로만 하던 수출 중단 조치를 실제로 취하면서 전 세계를 큰 충격에 빠뜨렸다.

OPEC이 세계 석유 시장에서 막강한 권력을 지니게 된 시점은 야마니 주도로 일사불란한 집단행동을 보여줬던 이 순간부터였다. 이전까지만 하더라도 OPEC의 움직임에 대해서 미국은 그다지 큰 신경을 쓰지 않았다. 이러한 순간에도 당시 미국 대통령이었던 리차드 닉슨Richard Nixon은 미국이 중동 석유 시장을 좌지우지했던 때를 잊지 못하고 "우리가 보이콧을 할 수 있다"4라고 했을 정도다. 하지만 중동 산유국의 연이은 감산과 금수조치가 취해지면서 세계경제가 큰 충격을 받자 미국은 그제야 OPEC이라는 새로운 석유 카르텔이 7공주파의 헤게모니를 위협하고 있다는 현실을 파악하기에 이르렀다.

중동의 감산과 금수조치로 인해 발생된 것이 바로 '오일쇼크'다. 말 그대로 유가가 급격히 상승하면서 세계경제를 충격으로 몰아넣은 사태다. 1973년 야마니의 주도로 아랍 오일 엠바고가 실행되자 1972년 2.5달러에 불과하던 유가가 1974년 11.6달러까지 급등했다.5 불과 2년 만에 5배 가까이 상승한 셈이니 세계를 충격으로 몰아넣기에 충분했다.

역설적이게도 이 오일쇼크가 전 세계적으로 파급력을 더하게 된 데에는 유가급등으로 큰 위기에 처한 미국 7공주파의 역할이 컸다. 그들이 1940년대를 전후로 펼친 과격한 저유가전쟁으로 석유가격이 낮아졌으며, 궁극적으로는 이로 인해 세계 에너지 수요가 석탄에서 석유로 급격하게 이동하는 결정적인 계기가 되었기 때문이다. 석유는 석탄보다 열효율이 높은, 즉 단위 부피당 발열량이 더 많은 에너지원이다. 그런데 7공주파의 저유가 정책으로 석유의 가격까지 낮아지기 시작했으니 당시 사람들로서는 주 에너지원을 석탄에서 석유로 옮기지 않을 이유가 없었던 것이다.

실제로 1950년부터 1965년까지 유럽 공동 시장 6개국에서 석탄의 점유율은 74퍼센트에서 38퍼센트로 낮아진 반면, 석유의 점유율은 10퍼센트에서 45퍼센트로 급등했다.[6] 이것이 오일쇼크가 더욱 큰 아픔으로 다가오게 된 이유다. 석유에 대한 의존도가 더욱 높아졌던 만큼 세상에 안겨준 금수조치의 충격도 더욱 클 수밖에 없었다. 결국 야마니는 절묘한 시점에서 '신의 한 수'라 할 수 있는 수출 제한 조치를 통해 반세기 넘게 세계 석유 시장을 지배해오던 록펠러의 후예들을 상대로 전세를 순식간에 역전시켰다.

야마니의 공세는 여기서 멈추지 않았다. 세계를 충격과 공포로 몰아넣었던 그 순간 그는 미국과 유럽, 일본을 방문했다. 야마니의 이러한 행동은 또 한 번의 탁월한 선택으로 결론 났다. 당시 세계가 오일쇼크의 공포에 빠져 있었던 만큼 베일에 쌓여있던 OPEC의 수장인 야마니가 직접 주요 석유 소비국들을 방문한다는 것 자체가 큰 이슈가 될 수밖에 없었다. 때문에 해외 주요 언론들은 연이어 야마니의 얼굴을 대문짝만하게 실으면서 그의 방문을 전 세계의 화제로 부각시켰다. 이런 일련의 계기들로 야마니는 '석유 황제'로서의 이미지를 각인시킬 수 있었다.

야마니는 1930년 6월 사우디의 메카에서 출생했다. 1930년대의 사우디는 황량한 사막뿐인 불모지나 다름없었다. 그의 아버지가 이슬람 법률을 전공한 지식인층에 속한다고는 하지만, 출생 자체로만 본다면 그가 국제적인 정치 감각을 타고날 수 있는 상황은 아니었다. 그러나 그는 미국의 명문인 뉴욕대와 하버드대에서 아버지를 따라 법학을 공부했고 영국의 엑시터대학에서 박사학위를 받았다. 이질감이 강한 서구 사회에서 젊은 시절을 무난히 지내는 동안 야마니는 나름의 국제적인 캐릭터를 어느 정도 정립했던 것으로 보인다. 어찌되었든, 단기간에 그가 석유라는 무기를 통해서 보여준 국제적인 영향력은 록펠러에 비견될 만큼 대단했다고 할 수 있다.

그의 '석유황제'로서의 입지는 아랍 오일 엠바고 사태 이후 더욱 부각됐다. 중동 산유국들은 자신들이 보유한 석유가 엄청난 정치적 무기가 될 수 있다는 것을 확인하고 세계 석유 시장에 막대한 영향력을 미치기 시작했다. 특히 그중에서도 강경파라 할 수 있는 이란과 리비아의 행태는 서구의 석유기업들에게 굴욕을 안겨주는 수준이었다. 이전 7공주파들의 만행을 그대로 되갚아주는 것인데, 이제는 그들이 제시하는 가격과 물량에 대해 그 막강했던 7공주파들도 속수무책으로 받아들일 수밖에 없는 상황이 되었다. 중동 국가들이 원하는 것은 말할 것도 없이 석유가격의 인상이었다. 만약 이에 응하지 않는다면 금수조치를 또 취하겠다는 강경한 태도를 보였다. 이미 많은 석유물량을 중동에 의존하던 서구의 석유기업들은 이러한 조치를 당해낼 도리가 없었다.

그런데 중동의 힘이 하늘을 찌르고 있던 그 순간, 중동 석유의 국수주의nationalism를 이끌었던 상징적 존재인 야마니의 태도가 돌변했다. 놀랍게도 그동안과는 정반대인 친親서구적인 정책을 펼친 것이다. 야마니는 '세계경제 안정을 위해'라는 뜬금없는 단어를 사용하면서 유가를 낮추는 노력을 시작했다. 석유가 어마어마한 정치적 무기로 사용될 수 있음을 세상에 가장 먼저 인지시켰고 또 실현시켰던 야마니가 결정적인 순간에 갑자기 태도를 180도 바꾼 것은 당시에도 뜨거운 이슈였다.

실제 1975년 이후 대다수 OPEC 회원국들의 가격인상 협상에서 야마니는 '세계경제에 악영향을 준다'라는 입장을 내세우면서 빈번히 반대 입장을 내세웠다. 물론 그의 뒤를 정치적으로 강력하게 받쳐준 사우디의 국왕 파이잘Faisal bin Abdulaziz Al Saud이 있었기 때문에 가능한 일이기는 했다. 그의 이런 행동이 OPEC 회원국들의 공분을 산 것은 당연한 일이었다. 최대 산유국이자 이슬람 수니파의 수장인 사우디가 이런 입장을 취하자 다들 불만을 표시했고, 특히 강경파이자 사우디의 '숙적'인 시아파의 좌장 이란과 카다피Muammar Muhammad al-Gaddafi 군사정권의 리비아는 야마니에 대한 분노를 감추지 않았다.

실제 이런 악감정이 격하게 표출된 사태가 있었으니, 바로 1975년 12월에 있었던 야마니 납치 사건이었다. 비행기 테러였던 이 사건은 당시 악명 높은 테러리스트 자칼 카를로스Carlos the Jackal에 의해서 자행되었다. 야마니는 무사히 비행기에서 풀려나기는 했지만, 그가 사후에 언급한 부분이나 당시 정황에 따르면 명백히 암살의 의도를 지닌 납치로 보인다. 물론 끝까지 배후가 누구인지는 밝혀지지 않았다. 그러나 가장 유력하게 지명되는 이가 카다피였다. 테러 전문가인 로니 페인Ronnie Payne7 역시 이 사건에 대해서 "카다피의 개입 가능성은 의심의 여지가 없다. 카다피가 인질사건의 비용을 부담했고 상여금까지 내걸었던 것을 이스라엘 정보망을 통해 확인했다"라고 언급하기도 하였다.[8]

1978년 이슬람혁명 발발로 이란이 석유 수출을 중단하면서 발생한 것이 2차 오일쇼크다. 이미 1977년 13.9달러까지 높아졌던 유가는 1980년 36.8달러까지 또 한 번 급등하게 된다. 이는 2014년 기준의 물가로 환산해보았을 때 105.8달러에 해당하는 수치다.[9] 1960년대 10년 동안 1.8달러에서 장기 안정세를 보이던 국제유가가 불과 10년 새에 20배 가까이 튀어 올랐으니, 당시 경제에 어느 정도 충격을 줬을지는 짐작이 가능하다.

비행기 테러까지 당했지만 야마니는 감산불가 태도를 바꾸지 않았다. 재정위기에 처한 이란은 더욱 강경하게 가격인상을 OPEC에 부르짖었지만 야마니는 계속해서 반대 입장을 취했다. 그는 공식석상에서 석유의 공급과잉 사태가 아니라는 주장을 계속했고, 2차 오일쇼크가 극에 달해 유가가 급등했을 때에는 기자들과의 인터뷰에서 유가는 곧 떨어질 것이며 이는 점진적 하락이 아니라 붕괴 수준일 것이라는 말도 서슴지 않았다.[10]

정말이지 극적인 입장 변화가 아닐 수 없었다. 그렇다면 도대체 무슨 이유 때문에 야마니는 OPEC의 대변자에서 숙적으로 변하게 되었을까? 그렇게 앙숙이었던 서구 국가들, 특히 미국과의 관계를 개선하고 친미적인 행동을 취하게 된 이유는 무엇일까?

OPEC이
감산을 하지 않는 이유

　　　　　　1968년은 OAPEC의 탄생과 야마니의 역공으로도 유명한 한 해가 되었지만, 이즈음 미국에게도 상당히 중요한 일이 발생했다. 미국은 영국으로부터 기축통화국가로서의 권위를 빼앗아 온 뒤 금태환을 바탕으로 오랜 기간 동안 그 위상을 유지하고 있었다. 그런데 1968년을 전후로 프랑스를 비롯한 서유럽 국가들이 보유하고 있던 달러를 급격하게 풀어 금으로 바꿔달라는 요구를 해왔던 것이다.[11]

　미국은 크게 당황할 수밖에 없었다. 왜냐하면 금태환은 금 보유량만큼 화폐를 발행할 수 있는 제도였는데, 서유럽의 공세에 금을 빼앗기게 되자 달러 발권력도 현저히 저하되었기 때문이다. 한편으로 금의 매입은 달러의 투매와도 연관될 수밖에 없었다. 그만큼 시장에 달러의 공급이 늘어났고 가치도 떨어졌다. 이 때문에 달러의 위상에 타격을 입게 되었고 무역적자의 폭도 커지면서 미국은 경제위기에 직면하게 됐다.

　이에 대응해 닉슨 대통령이 1971년 8월 금 본위제를 폐지하며 철저하게 화폐 중심의 기축통화국으로서 자리를 잡게 되었다. 그런데 이와 유사한 시점에서 한 가지 의미 있는 일이 발생했다는 것에 주목해야 한다. 미국이 달러의 금태환을 중지하자 일부 OPEC 산유국들 가운데 달러 결제를 거부하려는 움직임이 일었다. 이때 닉슨 대통령은 국무장관인 헨리 키신저Henry Kissinger를 사우디로 파견해 극적인 합의를 도출해냈는데, 1976년 타결된 합의의 핵심내용은 사우디의 모든 석유 거래를 미국 달러로 결제한다는 것이었다.[12]

이는 미국이 달러의 위상을 회복하는 데 결정적인 계기가 되었다. 왜냐하면 급격하게 달러보유를 줄이고 있던 유럽은 석유를 사들이기 위해 다시 달러를 확보해야 하는 상황이 되었기 때문이었다. 게다가 당시 유가까지 급등하고 있었으니 더욱 많은 달러가 필요할 수밖에 없었다. 실제로 이 때문에 1972년 3월 0.378파운드까지 떨어졌던 1달러의 가치가 1976년 11월 0.630파운드까지 가파른 상승세를 보이며 올랐다. '인플레 파이터'로 잘 알려진 폴 볼커Paul Volcker 미국연방준비은행(연준, FRB 혹은 Fed) 의장이 금리를 급격하게 끌어올리면서 달러 강세를 마무리 짓기 이전에 사전적으로 미국은 사우디와의 협상을 통해 달러 패권을 지키고 유럽에 대해 반격할 수 있는 기회를 단번에 마련하게 된 셈이다.

이렇게 야마니는 미국에게 극적인 반전의 기회를 제공했다. 추가적으로 미국에게 안정적으로 석유를 공급함과 동시에 석유 판매를 통해 취득한 달러는 미국 국채에 재투자한다는 조건까지 합의해주었다. 사우디가 미국의 채권을 가장 많이 보유한 나라 중하나가 된 것도 이 때문이다.

절대권력을 지닌 것처럼 보였던 야마니는 왜 갑자기 미국에 저자세를 취했던 것일까? 물론 이유 없는 행동은 아니었다. 그것은 바로 미국이 이스라엘로부터 그리고 아랍의 다른 국가들로부터 사우디 왕정을 군사적으로 보호하고, 또한 사우디의 유전을 보호하도록 만들기 위해서였다. 사우디는 미국이라는 세계 최강국의 철저한 보호를 받는 성과를 끌어낸 것이다.

그가 얻어낸 것은 이 정도로 끝나지 않았다. 사실 야마니가 1963년 아람코에 재직했던 순간부터 가장 절실하게 원한 것은 석유회사인 아람코를 사우디의 국영회사로 회복시키는 것이었다. 아람코의 국유화는 야마니만의 숙제는 아니었다. 전임 석유장관인 타리키 역시 이 부분을 중요하게 생각했다. 그러나 강경파였던 타리키와는 달리 야마니는 온건한 입장을 취해 국제 경제체제를 파괴하지 않으면서 그 속으로 서서히 파고 들어가는 전략을 구사했다. 싸움보다는 협상과 타협으로 오랫동안 얻고자 했던 바를 이끌어냈던 것이다.[13]

그의 바람대로 아람코는 서서히 사우디의 손아귀로 들어오게 된다. 아람코는 1948년까지만 하더라도 지분이 스탠더드오일 뉴저지 30퍼센트, 스탠더드오일 캘리포니아 30퍼센트, 텍사코 30퍼센트, 스탠더드오일 뉴욕 10퍼센트로 나누어져 있던, 100퍼센트 '미국 회사'였다(스탠더드오일 뉴저지와 스탠더드오일 뉴욕이 현재의 엑손모빌이고, 스탠더드오일 캘리포니아와 텍사코가 현재의 쉐브론이다). 그러나 1973년 사우디가 아람코의 지분 25퍼센트를 미국으로부터 양도받은 이후 1974년 60퍼센트까지 늘리고, 마침내 1980년에는 100퍼센트의 지분을 확보하면서 아람코를 완전한 국영회사로 변모시켰다. 공교롭게도 아람코의 국유화가 시작된 시점이 미국과의 '오일달러' 논의가 시작된 1973년이라는 것은 재미있는 사실이 아닐 수 없다.

야마니는 지금까지도 철저한 실리주의자라는 평가를 받는다. 국수주의가 판을 쳤던 20세기 중반 중동 산유국 세계에서 그의 이러한 행동은 참으로 남달랐다는 느낌을 줄 수밖에 없는데, 그러한 평가가 나오게 된 핵심적인 사건은 바로 미국과의 극적인 빅딜 big deal 때문이었다. 어떻게 보자면 가장 반미적인 행동으로 미국을 협상 테이블로 이끌어낸 뒤, 적절하게 자신이 원하는 바와 상대방이 원하는 바를 합의하여 동맹자로 나아가게 만든 그의 협상 기술은 참으로 대단하다고 할 수 있다.

야마니는 그의 자서전 격인 『석유황제 야마니 Yamani: The inside story of the man who ran OPEC』를 저술한 제프리 로빈슨 Jeffrey Robinson과의 인터뷰에서 협상에 관한 이야기를 진행하던 도중 다음과 같은 속담을 일러 줬다고 한다. "돈이 부족할 때는 먼저 가격을 말하지 말라." 그가 미국을 협상 테이블로 끌어내기 위해서 어떤 정책을 썼는지 보여주는 일례라고 할 수 있다.

한 가지 더 있다. 아마도 야마니가 가장 중시한 부분이었을 텐데, 그것은 바로 압도적 점유율이다. 사우디는 현재 세계 최대 산유국의 입지에 올라 있다. 물론 러시아와 엎치락뒤치락하고 있고 셰일오일을 등에 업은 미국의 증산기조도 만만치 않지만, 세계 2위의 매장량(1위 베네수엘라)을 바탕으로 언제나 증산이 가능한 그들이기에 세계 최대 산유국이란 호칭이 어색하지 않다. 한 가지 재미있는 부분은, 1970년 이전까지만 하더라도 사우디와 맞먹는 산유량을 보인 국가가 바로 이란이라는 점이다. 1970년 기준 사우디의 산유량은 385.1만b/d였고 이란의 산유량 역시 384.8만b/d로 거의 비슷했다.[14]

이란과 사우디는 이슬람 내 가장 강력한 적대세력이자 OPEC의 최대 라이벌로 산유국의 중추 자리를 두고 끊임없이 다퉈왔다. 그들의 석유 정책이 완전히 반대 노선을 걷게 된 것은 1970년 즈음부터였다. 이란은 감산을 해서라도 유가를 끌어올려 산유국의 힘을 보여주겠다는 강경파의 입장을 대변한 반면, 사우디는 미국과의 빅딜 이후 온건한 입장을 취하면서 오히려 산유량을 늘리는 입장을 취했던 것이다. 결국 이란은 가격(price, P)을, 사우디는 물량(quantity, Q)을 중시하는 쪽으로 방향을 잡은 것인데, 두 국가의 상반된 선택은 결국 점유율을 앞세운 사우디의 완승으로 마무리되었다.

이란이 감산을 진행하게 된 것은 1978년 이슬람혁명의 영향이 컸다. 이란의 산유량은 1978년까지만 하더라도 530.2만b/d로 유지되었으나 혁명 후 정치적 혼란으로 1981년 149.7만b/d로 급락했다. 그렇지만 감산이 혁명이라는 내부 돌발변수 때문만은 아니었다. 이란은 그 이전부터 줄곧 적극적인 감산 의견을 펼쳤다. 증산을 주장하는 사우디와의 대립구도에서 강경파의 대부로서 가격 인상의 의지를 보여주기 위해 의도적으로 생산량을 감축했다고 볼 수 있다.

반면 사우디는 이란 등 다른 OPEC 회원국들의 불만에도 불구하고 산유량을 1970년 385만b/d에서 1981년 1,026만b/d까지 크게 끌어올리면서 이란과의 격차를 사상 최대인 894만b/d까지 벌려놓았다. 동시에 사우디가 전 세계 산유량에서 차지하는 비중은 17.2퍼센트까지 상승했다.[15]

사우디가 점유율에 욕심을 냈던 이유는 단순하게 세계 석유 시장에서 지배력을 높이기 위한 것도 있지만 경제적인 요인도 포함되어 있다. 현 시대에서 우리가 가장 크게 오해하는 부분은 'OPEC은 감산을 해서라도 유가를 상승시키려 할 것'이라는 통념이다. 유가가 오를수록 산유국들은 경제적으로 더 많이 이득을 본다는 판단 때문이다. 하지만 실상은 그렇지 않다. 물량이 더 중요한 변수가 될 가능성이 더 높다. 아주 단순한 예를 들어보도록 하자.

사과를 생산하는 공급자가 A, B, C 셋이 있다고 가정해보자. 그리고 그들은 각각 1개의 사과를 생산하여 총합 3개의 공급물량을 이루고 있고, 마침 수요도 3개여서 수급의 균형 속에 일정 수준의 사과 가격이 유지되고 있다고 하자. 그런데 그 상황에서 A가 갑자기 사과 공급을 1개 늘린다면 총 공급이 4개가 되어 가격은 하락하게 될 것이다. 문제는 이제부터 시작된다. C가 사과 가격이 하락한 상황에 불만을 품은 것이다. 그래서 C는 1개의 생산을 중단하여 가격을 지지하고자 한다. 물론 이렇게 된다면 다시 전체 사과 공급은 3개가 되어 가격은 회복될 것이다. 그렇지만 각기 생산업자로 본다면 막상 감산을 해서 가격을 지키려고 했던 C는 돈을 한 푼도 벌지 못하게 되는 반면, 증산을 해서 가격을 하락시켰던 A는 가격 회복에 물량증대 효과까지 누리면서 모든 이득을 취하는

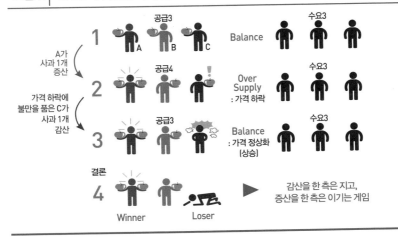

그림 2 | OPEC이 감산을 하지 않는 이유

1 공급3 A B C Balance 수요3

A가 사과 1개 증산

2 공급4 Over Supply : 가격 하락 수요3

가격 하락에 불만을 품은 C가 사과 1개 감산

3 공급3 Balance : 가격 정상화 (상승) 수요3

결론

4 Winner Loser ▶ 감산을 한 측은 지고, 증산을 한 측은 이기는 게임

상황이 발생할 것이다. 이 논리는 정확히 OPEC에도 적용된다.

OPEC은 전반적으로 1975년부터 증산을 멈췄고 1978년 이후부터는 감산에 들어가면서 오일쇼크를 만들어냈다. 실제 1977년부터 1985년까지 OPEC은 기존 생산량 대비 무려 48.1퍼센트나 감소시키는 극단적인 선택을 했다.[16] 얼핏 현재 시장의 생각대로 이 사태를 본다면, 감산에 의한 유가급등이 발생했던 기간 동안 OPEC은 더 많은 경제적 이득을 봤어야 했을 것이다. 그러나 오히려 그 기간 동안 OPEC 국가들은 심각한 경기침체를 경험했다. 글로벌 명목 GDP 성장률 대비 OPEC의 성장률이 1982년부터 뒤처지기 시작하더니 1986년에는 무려 -26.6퍼센트포인트까지 급격하게 떨어졌다.[17] 감산을 통해 유가를 끌어올렸지만 점유율이 떨어져 오히려 경기침체를 겪은 것이다.

더 극적인 부분은 그다음이다. 두 차례의 오일쇼크 사태가 마무리된 이후 지속적인 증산기조를 이어간 사우디 덕분에 유가는 1985년부터 2000년까지 평균 20달러에 머물렀다. 현가로 환산하면 33달러로 상당히 저유가 구간이었는데, 이 상황에서 사우디 경제는 오히려 호황기를 맞았다. 1988년부터 2000년까지 경제성장률이 연평균 6.6퍼센트를 보이며 고성장을 기록한 것이다. 반대로 이러저러한 이유로 생산량을 늘리지 못한 이란은 같은 기간 성장률이 1.4퍼센트에 머무르는 정체 현상을 보이면서 산유국 내에서의 패권을 완전히 사우디에 내주게 되었다.[18] 결국 점유율이 승패를 가른 것이다.

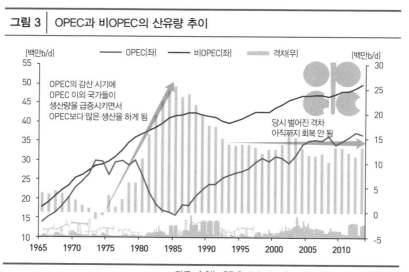

그림 3 | OPEC과 비OPEC의 산유량 추이

OPEC의 감산 시기에 OPEC 이외 국가들이 생산량을 급증시키면서 OPEC보다 많은 생산을 하게 됨

당시 벌어진 격차 아직까지 회복 안 됨

자료: 수치는 BP Statistical review of world energy 2015 인용

2014년 후반부터 유가가 급락을 시작하자 많은 사람들은 OPEC이 감산을 통해서 유가를 지지해줄 것이라는 기대를 했다. 그러나 사우디 중심으로 이뤄진 OPEC의 주축 회원들은 감산은커녕, 오히려 생산량을 계속 늘리면서 저유가에 개의치 않고 점유율을 철저히 지키겠다는 기조를 이어가고 있다. 사우디의 나이미 석유장관은 2014년 12월 22일 《미들 이스트 이코노믹 서베이(MEES)》와의 인터뷰에서 "가격이 얼마가 됐든 간에 OPEC은 감산을 하지 않을 것이다. 20달러, 40달러, 50달러, 60달러…… 얼마든 상관없다"고까지 했다.[19]

일부 언론에서는 나이미의 이 증산 발언을 두고 OPEC의 정책이 기존과 다르게 바뀌었다고 보도했는데 사실 이는 틀린 해석이다.

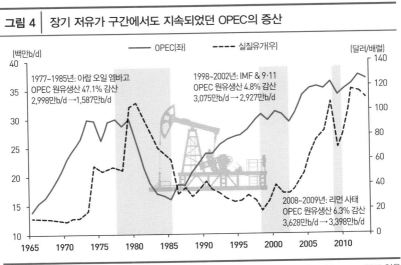

그림 4 │ 장기 저유가 구간에서도 지속되었던 OPEC의 증산

—— OPEC(좌)   ----- 실질유개위

(백만b/d)   (달러/배럴)

1977~1985년: 아랍 오일 엠바고
OPEC 원유생산 47.1% 감산
2,998만b/d → 1,587만b/d

1998~2002년: IMF & 9·11
OPEC 원유생산 4.8% 감산
3,075만b/d → 2,927만b/d

2008~2009년: 리먼 사태
OPEC 원유생산 6.3% 감산
3,628만b/d → 3,398만b/d

자료: 수치는 BP Statistical review of world energy 2015 인용

그림에서 보는 것처럼, 역사적으로 이들은 끊임없는 증산 추이를 보여왔고, 이를 통하여 알 수 있는 것은 1970년대 '석유황제' 야마니가 쓴 정책을 그대로 유지하고 있다는 것이다.

1985년 OPEC의 산유량은 하루 1,587만 배럴이었는데 2000년에 3,112만 배럴까지 증대되었다. 1985년부터 2000년까지는 WTI 기준 평균유가 20달러의 저유가시대였음에도 불구하고 그들은 우리의 막연한 추정과 달리 끊임없이 증산기조를 이어왔던 것이다. 물론 감산이 전혀 없었던 것은 아니다. 세계적인 경제충격이었던 1998~2002년(글로벌 IMF 사태와 미국의 9·11테러 사태) 당시에 이들의 산유량은 4.8퍼센트 줄었고, 2008년 미국의 리먼 사태 때 역시 6.3퍼센트 감축이 있었다. 그러나 이는 단지 일시적 현상이었다. 이들은 바로 물량을 끌어올리면서 지금까지도 증산기조를 이어오고 있다. 결국 2014년 그들의 산유량은 하루 3,659만 배럴이나 되었고, 2015년에도 사상 최고치를 연일 경신했다.

2014년 말을 전후로 OPEC의 감산 여부가 뜨거운 세계 이슈였다. 10년 이상을 이어왔던 고유가시대가 2014년 하반기부터 급격하게 무너지고 있었기에 OPEC이 감산으로 대응할 것이라는 예측이 많은 시점이었다. 그 당시 감산을 기대했던 글이나 예측을 보면서 이런 생각도 든다. 혹시 OPEC이 감산을 통해 유가를 지지할 것이라는 예측은 OPEC의 의도와 석유의 본질을 분석한 것이 아니라, 유가의 추가 하락을 원치 않는 그들의 바람이 드러난 것이 아닐까?

유가의 역사를 다루면서 지속적으로 언급하는 부분이지만 석유 시장은 수요와 공급, 보이지 않는 손 같은 교과서적인 이론이 통하는 곳이 아니다. 공급과잉 상황이 오면 공급물량이 줄어들고, 공급부족 상황이 오면 신규공급이 들어올 것이라는 기본 가정 자체가 석유 시장과는 태생부터 맞지 않는 이야기다.

'석유왕' 록펠러든 '석유황제' 야마니든 석유의 패권을 쥐고 있던 이들이 항상 시장과 가격이라는 변수를 조작하면서 얻고자 했던 것은, 혹은 석유의 정치적 힘과 헤게모니를 장악하여 얻고자 했던 것은 궁극적으로 본인들이 원하는 경제적·정치적 이득이다. 그것을 이루기 전까지 그들은 전쟁을 멈추지 않았다. 그렇기 때문에 유가의 방향성을 읽기 위해 가장 먼저 파악해야 할 부분은 그 당시 헤게모니를 쥐고 있는 '큰손'의 의도이다.

OPEC은 2015년 이후로도 증산기조를 유지할 것이다. 그러면서 자신들이 얻고자 하는 것을 끝까지 노릴 것이다. 그렇다면 작금의 저유가전쟁에서 OPEC에 대적하는 또 다른 '큰손'은 누구이며, 이들이 원하는 것은 또 무엇일까?

슈퍼 메이저의 탄생,
혹은 7공주파의 재림

이 질문에 대한 답을 찾기 전에 먼저 반드시 알아둬야 할 사실이 있는데 바로 20세기 막판, 즉 뉴밀레니엄 진입 직전에 있었던 '슈퍼 메이저 M&A'에 대한 것이다.

1985년부터 2000년까지 석유 시장은 암흑기였다. 이때는 평균 20달러의 장기 저유가 구간이었기 때문에 어지간한 석유기업들도 제대로 된 수익을 확보하기 어려운 상황이었다. 그럼에도 불구하고 상황을 더욱 악화시키면서 공포 분위기를 조성했던 것은 시작부터 끝까지 사우디를 중심으로 한 OPEC의 멈추지 않는 증산기조였다. 이 때문에 석유기업들뿐만 아니라 멕시코를 비롯한 중남미 국가들, 그리고 소련까지도 심각한 경제위기에 처하는 상황이 발생하게 됐다.

그렇기에 이때는 누가 봐도 석유기업에 과거 오일쇼크 때와 같은 호황기가 다시 찾아오기 어려워 보였고, 특히 1998년 유가가 10달러까지 빠졌을 때에는 많은 사람들이 이 산업이 끝을 향해 가고 있다고 생각했다. 바로 그때 석유 역사에서 큰 획을 긋는 사건이 발생했는데, 바로 매머드급 M&A를 통해 '슈퍼 메이저'들이 탄생한 것이다.

뉴밀레니엄이 열리기 직전인 1998년과 1999년에는 전 세계 시장이 M&A라는 화두로 뒤덮였다. 'IMF 위기'라는 표현으로 대변되는 아시아 경제위기 혹은 세계 경기의 침체기에서 각 산업의 매머드급 기업들이 서로 간의 M&A를 통해 시장 장악력을 높이고 비용을 효율화하는 선택을 한 것이다. 특히 이는 인프라와 플랫폼이 중시되는 장치산업에 더욱 중요할 수밖에 없었다. 실제 1990년대 10년 동안의 M&A 가운데 규모상으로 볼 때 상위 10위를 차지한 기업의 대다수가 통신과 에너지 업종이라는 것은 흥미로운 사실이 아닐 수 없다.

그 M&A 랭킹 중 2·3·5위가 에너지 업종이었다. 2위는 BP, 아모코Amoco, 아르코Arco의 합병이었고, 3위는 엑손Exxon과 모빌Mobil의 합병, 5위는 토탈Total, 엘프Elf, 피나Fina의 합병인데, 그중에서도 가장 파격적이었던 사건은 1999년에 있었던 스탠더드오일 뉴저지인 엑손과 스탠더드오일 뉴욕인 모빌의 전격적인 합병이었다. 이 두 기업은 록펠러의 유산인 스탠더드오일 중에서도 가장 핵심 역할을 해왔던 존재들이었기에 세간의 관심을 집중시켰다. 즉 외견상으로 본다면 1914년 반트러스트법에 의해 분할이 되었던 스탠더드오일이 85년 만에 다시 실질적으로 합치게 되었다는 점에서 큰 의미를 가졌던 것이다.

또 하나 빠질 수 없는 이름이 바로 영국의 BP다. 이들은 먼저 1998년 미국 아모코를 합병했다. 아모코는 전신이 스탠더드오일 인디애나, 즉 인디애나 지역에서의 록펠러 직계후예였기 때문에 이 합병은 시장의 큰 관심을 불러일으켰다. 스탠더드오일 인디애나는 록펠러가 미국 중서부 지역 사업을 일임시켰을 정도로 꽤 힘 있는 한 축이었다. 실제로 반트러스트법에 의해서 분할된 스탠더

그림 5 | 20세기 막판에 벌어진 슈퍼 메이저들의 M&A

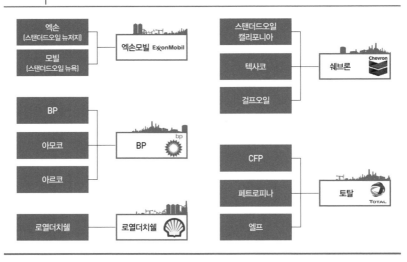

드오일 계열 중에서 미네소타Minnesota, 일리노이Illinois, 캔사스Kansas는 차후 아모코에 의해서 합병되었다.

사실 BP는 미국계가 아니었던 데다가 영국계 중에서도 로열더 치쉘에 비해 규모와 역사가 부족했기 때문에, 그때까지만 하더라 도 7공주파 내에서는 상대적으로 낮은 위상을 지니고 있었다. 그 런데 M&A를 통해서 미국 스탠더드오일의 한 축을 집어삼킨 것이 었으니, 그 자체만으로도 빅 뉴스였다.

뿐만 아니라 BP는 합병 당시 미국 내에 있는 BP 주유소 이름을 아모코로 바꾸겠다고 밝혔지만, 실제로는 반대로 아모코 주유소 이름을 모두 BP로 바꾸는 행동까지 했다. BP가 더 이상 7공주파 내에서 마이너가 아니라는 것을, 특히 로열더치쉘만이 자신의 라이별이라고 떠들고 다니던 엑손과 모빌에 통쾌한 한 방을 날리는 사건이었다.

그들의 야심은 이 정도에 그치지 않았다. 2000년에는 아르코마저도 합병하게 된다. 아르코는 스탠더드오일 애틀랜타Standard Oil of Atlanta와 스탠더드오일 리치필드Standard Oil of Richfield가 합병하면서 만들어진 회사였다. 이름에서 알 수 있듯 록펠러 트러스트 계열 중에 하나였는데, 이들마저도 BP의 손아귀에 들어가게 된 것이었다. 스탠더드오일 출신들이 BP의 이런 행동을 어떻게 생각했을지는 모르지만, 이런 합병을 통해서 BP가 의심의 여지 없는 슈퍼 메이저 중 한 축으로서 당당히 부상하게 되었다는 것만큼은 부인할 수 없는 사실이다.

마지막은 프랑스 계열인 토탈, 엘프, 페트로피나Petrofina의 합병이다. 사실 7공주파에 이름을 올리지 못한 프랑스였지만, 그들은 제1차 세계대전이 끝난 뒤 석유의 중요성을 깨닫고 CFP(Compagnie Française des Pétroles)라는 국영석유기업을 설립했다. 그리고 비록 앞선 단락에서 언급되지는 않았지만 CFP도 석유 메이저들과 함께 글로벌 시장에서 꽤나 영향력을 행사하는 세력으로서 인정받고 있었다.

그랬던 그들 역시 21세기 진입 직전에 발 빠른 움직임으로서 영미 계열의 석유회사에 대응할 수 있는 메이저를 탄생시키는데, 1999년 벨기에의 페트로피나, 2000년 프랑스의 엘프아키텐Elf Aquitaine을 연이어 인수하면서 덩치를 키우는 데 성공한 것이다. 이후 토탈이라는 이름을 전면에 내세우면서 지금까지 석유 메이저로서의 위상을 유지하고 있는 상황이다.

20세기 막판에 벌어진 슈퍼 메이저 M&A를 정리하면서 강조하고 싶은 부분은 아직까지도 록펠러의 잔재인 7공주파는 존재하고 있다는 것이다. 7공주파인 ① 스탠더드오일 뉴저지 ② 스탠더드오일 뉴욕 ③ 스탠더드오일 캘리포니아 ④ 텍사코 ⑤ 걸프오일 ⑥ BP ⑦ 로열더치쉘, 이 가운데 ①과 ②는 엑손모빌 ③, ④, ⑤는 쉐브론으로 합병됐으며, BP와 로열더치쉘은 그대로 유지되고 있다. 그리고 프랑스의 토탈까지 더해져서 '5대 석유 메이저'라는 이름으로 여전히 큰 영향력을 시장에 행사하고 있는 셈이다. 어쩌면 과거보다 파급효과가 더 클지도 모른다. 7공주파라고 불리던 때에 비해서 그 밑에 중형급 석유 업체들을 M&A로 흡수하며 더욱 덩치를 키웠기 때문이다. 결과적으로 과거의 7공주파라는 표현과 현재의 5대 석유 메이저라는 표현은 사실상 동의어다.

중요한 것은 그들은 여전히 빠짐없이 생존해 있고 또한 시장에 큰 영향을 주고 있다는 것이다. 다만 다음 단락을 전개함에 있어서 내용을 좀 더 매끄럽게 이어가기 위해서 5대 석유 메이저라는 새로운 명칭보다는 7공주파라는 과거 표현을 그대로 사용하고자 한다. 왜냐하면 2000년대에 진입하면서부터 OPEC과도 비슷한 강력한 카르텔, 혹은 헤게모니가 또 하나 탄생하는데, 그들은 New seven sisters, 즉 '신新7공주파'라고 불리기 때문이다.

뉴밀레니엄의 첫 충돌
: 7공주파 vs 신新7공주파

　　　　　　　　　　신7공주파라는 명칭이 공식적으로 처음
언급된 곳은 영국의 《파이낸셜타임스Financial Times》다. 2007년 3월 12
일 "신7공주파, 서방 라이벌을 압도하다(The new Seven Sisters: oil and
gas giants dwarf western rivals)"라는 기사를 통해서 신7공주파는 OECD
회원국 이외의 국가들 중에서 가장 영향력이 큰 에너지회사들이
며, 업계 유수의 대표들과 협의를 통해 선정했다면서 대상을 공개
했다.

① 사우디 아람코Saudi Aramco(사우디 최대 국영석유회사)

② 가즈프롬Gazprom(러시아 국영에너지회사)

③ CNPCChina National Petroleum Corporation(중국 국영석유회사)

④ NIOCNational Iranian Oil Company(이란 국영석유회사)

⑤ PDVSAPetróleos de Venezuela, S.A(베네수엘라 국영석유회사)

⑥ 페트로브라스Petrobras(브라질 국영석유회사)

⑦ 페트로나스Petronas(말레이시아 국영석유회사)

2000년대 중반에 들어서면서 이들이 주목받게 된 이유는 간단
하다. 당시 《파이낸셜타임스》 기사에 따르면 전통 7공주파가 세계
석유생산에서 차지하는 비중은 10퍼센트, 그리고 매장량의 비중
은 3퍼센트에 불과할 정도로 줄어든 반면, 신7공주파는 생산에서

는 3분의 1 가량, 그리고 매장량에서는 3분의 1 이상을 차지하면서 이미 그들의 영향력을 넘어섰다고 밝힌 것이다.

이는 충격적인 일이 아닐 수 없었다. 20세기 진입 이후 거의 한 세기 동안 세계 석유 시장을 장악하고 있던 록펠러의 후예들이 마침내 패권을 빼앗겼다는 기사가 세계 유력 언론에서 나왔기 때문이었다. 실제로 많은 사람들은 신7공주파가 기존 7공주파를 밀어내고 세계 석유 시장의 패권을 장악한 것으로 이해하기도 했다.

이렇게 상황이 급격하게 전개된 이유는 무엇일까? 야마니가 처음으로 석유 시장에 적용시켰던 자원민족주의가 그의 성공과 함께 세계적으로 널리 퍼지게 된 것이 결정적인 계기라고 할 수 있다. 과거와 달리 1985~2000년의 기간 동안 많은 개발도상국은 자신들의 국영기업들을 석유 메이저로 탄생시켰고, 이들은 풍부한 석유자원을 자력으로 적극 개발해내며 기존 세력을 위협하기에 이른 것이다.

신7공주파를 이야기할 때 한 가지 더 이해해야 할 부분이 있다. 이 재미있는 단어를 창시한 《파이낸셜타임스》에서는 굳이 과거 7공주와 대립시키기 위해 대상을 7개 업체로 추리기는 했지만, 좀 더 광범위한 의미로 적용해 이해할 필요가 있다는 것이다. 왜냐하면 신7공주파의 탄생에서 정작 중요한 것은 7개의 업체라는 것이 아니라 '자원이 풍부한 개발도상국가들이 국영석유기업을 설립하여' 전통의 7공주파에 대항하려 했다는 의미 그 자체이기 때문이다. 그런 취지에서 본다면 신7공주파라는 의미에 적용될 수 있는 기업은 《파이낸셜타임스》에서 언급한 7개 이외에도 상당수 있다.

중국의 시노펙Sinopec과 CNOOC(시눅, 중국해양석유총공사), 러시아의 루크오일Lukoil과 로스네프트Rosneft, 멕시코의 페멕스Pemex, 태국 PTT 등의 업체들이 충분히 명함을 내밀 수 있는 기업들이다.

따라서 이 책에서는 신7공주파라는 표현 자체를《파이낸셜타임스》가 밝힌 7개 업체만을 대상으로 하지는 않으려 한다. 좀 더 본질적인 접근을 위해서는 이들을 '자원이 풍부한 개발도상국가들이 국영석유기업을 설립한' 경우로 통칭할 필요가 있다. 그래야만 2014년 이후 발생한 이 두 세력 간의 치열한(혹은 일방적인) 싸움을 좀 더 쉽게 이해할 수 있기 때문이다.

먼저 신7공주파가 급성장을 하게 된 시대적 배경을 살펴보자. 2000년대 이후 세계경제의 핵심은 선진국이 아닌 개발도상국에 있었다. 골드만삭스 자산운용Goldman Sachs Asset Management의 회장이었던 짐 오닐Jim O'Neill이 이 시대를 'BRICs(Brazil + Russia + India + China)'로 표현했고, 이 단어는 2000년대의 10년 세계경제를 설명하는 핵심으로 자리매김했다. 그들이 성장하는 데 있어서 가장 중심적 역할을 했던 곳이 바로 해당국가의 국영석유기업들이었다.

이들 개도국의 국영석유기업들은 어떻게 많은 돈을 벌어 덩치를 빠르게 키울 수 있었을까? 대답은 아주 간단하다. 2000년 이후로 유가가 1970년대 후반 오일쇼크에 버금갈 정도로 급등했기 때문이다. 2000년 평균 30달러 머물러 있던 유가는 2008년에는 100달러 이상까지 폭등했다. 2008년 미국의 리먼 사태 당시 충격적으로 하락했던 유가는 채 1년도 안 되어 100달러의 영역을 다시 정복하였고, 2014년 상반기까지도 높게 유지되었다. 유가가 상승하면 석유기업들이 돈을 많이 벌 수 있다는 것은 당연한 사실. 이들은 예상치 못한 유가의 급등으로 초과수익을 수년간 챙겼던 것이다.

그뿐만이 아니다. 이전 7공주파 시대와는 달리 자신이 보유한 자원에 대한 개발권을 직접 보유하고 있었던 개발도상국이었기 때문에, 그들은 추가 매장량 확보에 열을 올려 더 많은 석유를 발견하고 뽑아 올리는 데 성공하였다. 대표적인 경우로 베네수엘라가 오리노코 벨트Orinoco Belt를, 브라질이 투피Tupi와 리브라Libra라는 2개의 심해유전을 발견한 것이다. 이를 통해서 베네수엘라와 브라질이 각각 보유한 석유 매장량은 1999년 전 세계 대비 비중 6.0퍼센트와 0.6퍼센트에서 2014년에는 17.6퍼센트와 1.0퍼센트까지 급증했다. 결국 신7공주파는 유가상승과 물량증대의 수혜를 동시에 볼 수 있었던 것이다. 한 시대를 풍미했던 BRICs의 성장이라는 패러다임에는 이러한 배경이 깔려 있었고, 덕분에 그들은 10년여 동안 세계 경제성장의 핵심엔진으로 각광을 받았다고 할 수 있다.

21세기가 시작됨과 동시에 석유 시장의 상황은 록펠러의 후예들이 신7공주파라는 개발도상국의 신진세력들에게 완전히 밀리는 양상으로 느껴지기에 충분해 보였다. 산유량과 매장량에서도 그렇고, 2000년대 초반에 나타났었던 BRICs로 대변되는 경제상황에서도 그랬다. 그러나 재미있는 이야기는 지금부터 시작이다. 록펠러의 후예들이 그렇게 순진무구하게, 혹은 속수무책으로 신진세력들에게 밀리고만 있을 세력들은 아니었던 것이다.

저유가시대는
언제까지 이어질 것인가?

30년 만에 돌아온 투자과잉,
그리고 유가급락

2000년대 이후의 석유 시장, 특히 2014년 하반기 이후 유가급락 상황을 정확히 이해하기 위해서는 현대 전략경영의 아버지라 불리는 마이클 포터^{Michael Porter} 하버드대 교수가 주창한 공급과잉에 의한 사이클 파생 이론을 먼저 인지할 필요가 있다.

1990년대 이후로 경영학을 전공한 대학생이라면 한 번쯤은 포터의 경영학 대작인 『경쟁전략^{Competitive Strategy}』을 읽어봤을 것이다. 그는 이 책에서 경제 및 기업경영에 관련한 다양한 이론들을 다루었는데, 그중에서도 석유 시장에 큰 의미를 부여할 수 있는 부분

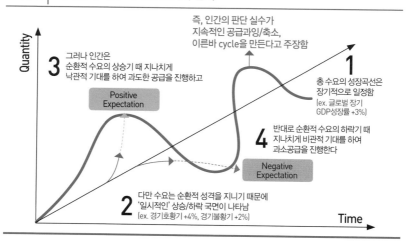

그림 6 | 사이클에 대한 마이클 포터의 논리

3 그러나 인간은 순환적 수요의 상승기 때 지나치게 낙관적 기대를 하여 과도한 공급을 진행하고

Positive Expectation

즉, 인간의 판단 실수가 지속적인 공급과잉/축소, 이른바 cycle을 만든다고 주장함

1 총 수요의 성장곡선은 장기적으로 일정함 (ex. 글로벌 장기 GDP성장률 +3%)

4 반대로 순환적 수요의 하락기 때 지나치게 비관적 기대를 하여 과소공급을 진행한다

Negative Expectation

2 다만 수요는 순환적 성격을 지니기 때문에 '일시적인' 상승/하락 국면이 나타남 (ex. 경기호황기 +4%, 경기불황기 +2%)

Quantity

Time

이 사이클에 관한 이론들이다. 그는 "수요는 일반적으로 순환의 형태를 띤다. 순환적 수요의 침체기에는 반드시 시설 과잉을 초래하며, 상승기에는 지나치게 낙관적인 기대를 가지게 하기도 한다"라고 강조했다.

　장기적으로 수요의 성장률은 일정하다. 실제로 20세기 이후 글로벌 GDP 성장률은 3~4퍼센트 수준을 크게 넘어서지 않는다. 물론 이 수요의 성장률이 항상 일정한 것은 아니다. 어떤 때에는 이 일상적인 밴드band를 넘어서서 5퍼센트 이상의 성장률을 보일 때도 있고, 2퍼센트 이하를 보일 때도 있다. 이는 수요의 일시적 상승 또는 하락일 뿐 순환의 큰 틀에서 벗어나지는 못한다.

　문제는 상황에 대한 사람들의 잘못된 판단으로 잘못된 선택을 하는 것에서 시작된다. 수요가 상승하고 있을 때는 그 성장이 오랫동안 이어질 것이라는 지나치게 낙관적인 기대로 과잉투자를 집행하는 경향이 있다. 그러나 수요는 순환적 성격 때문에 성장률이 떨어질 수밖에 없고, 그 순간에서는 이전에 진행된 과잉투자가 결국 공급과잉으로 연결될 수밖에 없다. 즉 포터는 지속적인 인간의 '아둔한 선택'이 공급과잉과 부족이라는 사이클 생성의 원인이 된다고 지적했던 것이다.

이는 지난 수십 년간의 유가 사이클과도 놀라울 정도로 잘 들어 맞는다. 여전히 세계 석유 시장의 큰 축을 담당하고 있는 7공주파의 투자를 분석해보면 이를 한눈에 알 수 있다. 어느 정도의 투자가 진행되고 있는지 분석하기 위해 쓴 지표는 '자본투자(capex)/매출액(sales)' 비율이다. 자본투자를 매출액과 비교하는 이유는 해당 기업이 기본적인 이익창출 규모에서 투자를 어느 정도 집행하는지 살펴보기 위한 것인데, 이 수치가 높으면 투자가 많이 진행된 것이고 낮으면 반대를 의미한다.

1985년 이후로 근대 7공주파라고 할 수 있는 엑손모빌, 쉐브론, 쉘, BP, 토탈의 이 수치를 조사해보면 1988년에 정점(13.3퍼센트)을 이룬 뒤 2000년까지 지속적으로 하락(5.3퍼센트)하다가, 이후 2013년까지 또 계속 상승(11.0퍼센트)하여 1988년의 정점과 유사한 수치가 나타남을 알 수 있다. 이 수치와 거의 정확하게 동행하는 것이 흥미롭게도 유가다. 유가는 1985년 즈음 오일쇼크의 정점에 이르러 가장 높은 수준이 유지되다가, 이후 2000년 직전 아시아 경제위기와 닷컴버블 붕괴에 의해 최저점에 도달한 뒤, 이후 2000년대에 들어 BRICs의 힘에 의해서 다시 오일쇼크 때만큼의 고유가에 이르렀다. [그림 7]을 보면 두 변수의 커브가 상당한 유사성이 있음을 확인할 수 있다.

결국 포터의 예측대로 석유기업들은 유가가 상승하는 국면에서는 그 시대가 영원할 것이라고 판단해 투자수준을 끌어올리고, 유가가 하락하게 되면 그 상황이 지속될 것이라고 판단하여 투자수준을 낮춰버렸다는 것이다. 따라서 2013년 석유 메이저들의 투자수준이 1988년만큼이나 높다는 것은 그만큼 현 석유 시장에서 공급과잉에 대한 우려가 높을 수밖에 없다는 것으로 해석할 수 있다.

우리가 흔히 듣는 이야기들만 상기해봐도 공급과잉의 위협은 쉽게 느낄 수 있다. 미국의 셰일혁명shale revolution이 대표적이다.

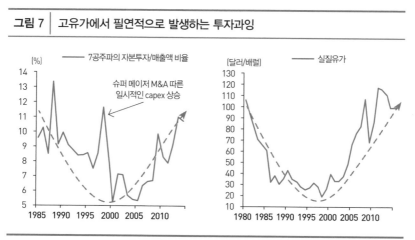

그림 7 | 고유가에서 필연적으로 발생하는 투자과잉

자료: 수치는 각 사, BP Statistical review of world energy 2015 인용

2005년을 전후로 대규모 셰일가스·석유에 대한 개발에 성공하면서 산유량을 급격히 끌어올렸다. 2014년에는 1,164만b/d의 산유량으로 사우디(1,151만b/d)와 러시아(1,084만b/d)를 제치고 세계 1위에 올라왔을 정도다.[20]

여기서 한 가지 더 주목할 부분은 석유의 투자과잉을 조장한 주축은 기존 7공주파가 아니라 개도국의 신7공주파라는 사실이다. 앞서 기존 7공주파의 투자를 예시로 들었기에 왠지 전 세계 석유 공급과잉은 이들이 다 만들어낸 것처럼 느낄지 모르겠지만, 이보다 훨씬 더 심하게 투자했던 쪽이 바로 신7공주파다. 신7공주파 중 재무상황 파악이 용이한 몇몇 업체를 대상으로[21] 자본투자/매출액 비율을 조사해보면 2013년 20.3퍼센트에 이르렀다는 사실을 알 수 있다.

이 수치가 매우 높다는 것은 두 가지 측면에서 입증될 수 있다. 첫째는 2000년만 하더라도 이 수치가 9.7퍼센트에 불과했다는 것이다. 그 후 증가세를 이어가면서 2013년에 두 배가 넘는 20.3퍼센트까지 도달한 것이니 굉장히 빠른 속도로 투자가 늘어난 것이다. 특히 유가가 상승하면서 매출액도 동반 상승했기 때문에, 즉 투자/매출액에서 분모(매출액)가 커지는 상황을 감안하면 분자(투자)의 상승 속도가 기하급수적으로 높았음을 알 수 있다. 둘째는 기존 7공주파와 비교해볼 경우다. 2013년 이들의 투자/매출액 비율은 11.0퍼센트에 불과했는데 신7공주파는 2배에 육박하는 20.3퍼센트였다. 그만큼 신7공주파의 투자가 공격적이었다.

이와 같은 신7공주파, 즉 개발도상국의 공격적인 투자를 체감할 수 있는 예가 에너지의 보고인 중앙아시아에서의 대규모 유전 개발이다. 최근 들어 우리나라의 정유, 화학, 기계, 건설 등 중화학공업 업체들이 우즈베키스탄, 카자흐스탄, 투르크메니스탄 등 중앙아시아로 진출하는 사례를 뉴스에서 어렵지 않게 접할 수 있다. 심지어는 대통령까지 일선에 나서서 계약체결을 위해 힘쓰는 모습도 볼 수 있는데, 이곳에서 최근 적극적인 투자로 많은 석유·가스전이 개발되었다.

대표적인 것이 투르크메니스탄의 갈키니쉬Galkynysh 가스전이다. 이 가스전이 2008년 발견되고 본격적으로 개발되면서 투르크메니스탄은 현재 전 세계 가스 보유 매장량 4위 국가로 뛰어올랐다. 2008~2014년 기간 동안 투르크메니스탄이 전 세계 가스 매장량 증대분에서 차지한 비중은 무려 59.8퍼센트에 달한다.[22]

베네수엘라도 빼놓을 수 없는 대표적인 신7공주파의 업적이다. 투르크메니스탄의 갈키니쉬 가스전 발견이 세계 가스 매장량에 큰 영향을 미쳤는데, 석유 매장량에 있어서 그만큼의 영향을 미친 것이 바로 베네수엘라의 오리노코 벨트다. 오리노코 벨트는 1990년대 후반에 세계 최대의 석유가 이곳에 묻혀 있을 수 있다는 추정이 나오기 시작하면서 그 존재가 많이 알려졌다. 급진과격파 대통령인 우고 차베스Hugo Chavez가 2005년 '석유파종 계획Oil Sowing Plan'을 통해서 매장량을 실제로 확인해본 결과, 세계 최대의 석유가 베네수엘라에 묻혀 있다는 사실이 공식적으로 확인되었다.

흔히 생각할 때 2000년대 중반 이후로 석유 매장량을 가장 많이 끌어올린 국가를 꼽으라면 언뜻 미국을 떠올릴 것이다. 혁명이라 불릴 정도로 셰일 열풍이 거셌기 때문이다. 그러나 사실은 다르다. 2005년부터 2014년까지 세계 석유 매장량 증대분에 있어서 무려 67.0퍼센트는 바로 베네수엘라의 오리노코 벨트에서 나왔다. 같은 기간 미국의 석유 매장량 증대분이 차지한 비중은 고작 5.7퍼센트에 불과할 정도다. 그만큼 엄청난 유전이 이곳에서 발견된 것이다.

그러나 베네수엘라는 정치적인 이유 때문에 2014년까지도 이 유전을 제대로 개발하지 못하고 있는 상황이었다. 그들의 산유량은 2005년 331만b/d에서 2014년 269만b/d까지 축소되고 말았다.[23] 이런 일이 벌어지게 된 배경에도 역시 우고 차베스가 중심에 서 있는데, 그는 2007년 좌파적인 성향, 혹은 극단적인 반미주의의 성향에서 '사회주의 계획Socialist Plan'을 발동하게 된다. 이 정책의 핵심을 요약하자면 오리노코 벨트는 베네수엘라에 축복과도 같은 자산이기 때문에, 해외 석유기업들은 이곳을 탐내지 말고 모두 지분을 내놓고 나가라는 것이다. 즉 '우리가 개발해서 우리만 돈을 벌겠다'는 폐쇄적인 정책을 내놓은 셈이다. 이에 의해서 유전 개발에 참여하고 있던 다수의 7공주파 멤버들, 그중에서 대표적으로 록펠러의 정치적 후예이자 화두라고 할 수 있는 엑손모빌이 지분을 털어내고 빠져 나가는 사태도 벌어졌다.

이는 결과적으로는 차베스의 최악의 한 수가 됐다. 가뜩이나 유전을 개발할 자본과 기술이 부족했던 베네수엘라인데, 이들이 나가면서 외국인 직접투자Foreign Direct Investment가 급격히 줄어듦과 동시에 기술적 어려움까지 겹치며 오히려 기존의 산유량마저 줄어들게 된 것이다. 이후 베네수엘라의 경기침체는 필연적이었다.

다만 오리노코 벨트는 앞으로 개발이 이루어지면 생산량이 증가할 가능성이 높아 보인다. 2010년을 전후로 외국인에 대한 폐쇄적인 정책이 완화되고, 2013년 차베스의 뒤를 이은 니콜라스 마두로Nicolas Maduro 대통령은 어느 정도 시장친화적인 성향을 보이면서 해외자금의 유입을 유도하고 있기 때문이다. 오리노코 벨트의 본격 개발은 공급과잉을 가속화시킬 것으로 보인다.

공급과잉 상황에서 또한 빼놓을 수 없는 존재가 OPEC이다. OPEC은 많은 사람들의 생각과는 달리 사우디와 이라크를 중심으로 증산 일변도를 지속하고 있었다. 2015년에 들어서도 생산량을 계속 늘리며 시장에 대한 압박을 이어가고 있는 상황이다. OPEC의 수장이라고 할 수 있는 사우디의 국영석유기업인 아람코의 당시 국제부문 부사장 알 수베이Ahmed A. Al-Subaey는 2015년 6월 인도 석유기업과의 대화에서 사우디는 매장량이 충분하여 산유량을 더 늘릴 수 있다며 수요는 얼마든지 맞출 수 있다고 말하기도 했다. 유가 수준에 관계없이 점유율 전쟁을 펼치겠다는 정책은 시종일관 변함이 없었다.

작금의 공급과잉 상태를 요약하자면, 첫째, 2000년 이후 계속 이어진 유가의 상승기조가 기존 7공주파든 신7공주파든 간에 투자와 공급을 증대시키도록 유도했고, 이로 인해서 투자와 공급과잉의 우려 정도는 30년 만에 최고 수준에 달했다는 점이다. 2014년 하반기 이후 발생한 유가급락 사태는 기본적으로 이런 시대적 상황을 배경으로 하고 있는 것이다.

앞서 강조한 것처럼 석유의 수요와 공급만으로는 유가를 제대로 설명할 수 없다. 따라서 공급증대가 앞으로 어떤 식으로든 진행될 것이기 때문에 유가가 어떻게 떨어질 것이라는 식의 예측은 설득력이 떨어질 수밖에 없다. 다만 추가 수요가 있다면 언제든지 공급을 충당할 수 있는, 혹은 기존 물량들을 밀어내고 점유율 전쟁을 펼칠 수 있는 '잉여공급' 물량의 존재감이 커졌다는 것은 유가하락에서 큰 의미가 있다. 가격을 형성할 수 있는 석유 메이저들이 저가 전쟁을 펼칠 수 있는 만큼의 여력과 물량을 충분히 확보하고 있는 것으로 해석되기 때문이다. 저유가가 생각보다 장기간 진행될 것이라고 보는 것도 이 때문이다.

둘째, 투자과잉을 주도한 주체가 과거와 판이하게 다르다는 것이다. 너나 할 것 없이 모두 과도한 투자를 진행했지만, 기존 7공주파가 그래도 과거에 비교할 정도의 수준이었다면, 신7공주파는 역사상 전례 없는 투자 수준을 보였다.

게다가 이들이 감당할 수 없을 정도의 부채를 끌어당겨 투자를 진행했다는 부분에도 주목해야 한다. 이는 앞으로의 석유 시장 판도를 읽어내는 데 대단히 중요한 요소가 된다. 왜냐하면 모두의 예상과 달리 유가의 방향성이 추가 하락으로 잡혀버릴 경우 과도한 부채를 수반한 투자과잉은 크나큰 독으로 돌아올 수 있기 때문이다.

부채의 효과를 쉽게 설명하면 다음과 같다. 내 돈(자본)에다가 남의 돈(부채)을 얹어서 하나의 실물에 투자할 때, 그 실물의 가격이 상승세를 그린다면 본인이 얻을 수 있는 수익효과는 더욱 커진다. 가령 자본 50과 부채 50, 즉 100의 자산으로 투자한 실물의 가격이 150으로 50퍼센트 오른다면, 실질적인 내 수익은 50퍼센트가 아니라 50의 자본으로 50의 이득을 얻었으니 100퍼센트가 되는 것이다.

그러나 이는 자산가격의 상승기에만 매력적인 투자방식이 된다. 가격의 하락기에는 수익률의 충격이 2배 커진다. 가격이 100에서 50으로 떨어지게 된다면 내 수익률은 -50퍼센트가 아니라 남의 돈(부채) 50은 그대로 보전을 해줘야 하기 때문에 내 돈(자본)은 50에서 0이 되는, 즉 수익률 -100퍼센트라는 충격으로 다가오게 된다. 그렇기 때문에 부채를 이용한 투자는 좋을 때 더 좋은 만큼, 안 좋을 때는 더 안 좋은 습성을 지닐 수밖에 없다. 2014년 이후 유가급락 사태는 그래서 신7공주파에게 더 큰 위협이 될 수밖에 없다.

흥미로운 사실 한 가지는 신7공주파에게 다가온 위기상황은 상당 부분 기존 7공주파가 파놓은 덫에 걸려들었기 때문이라고 판단할 만한 징후가 여러 군데에서 보인다는 것이다. 즉 우연히 그렇게 됐다기보다 마치 의도된 시나리오라고 볼 만한 정황들이 존재한다는 것이다.

죽은 록펠러가 살아 있는
신7공주파를 공격하다

경제학에는 네덜란드병^{Dutch disease}이라는 재미있는 표현이 있다. 이는 1950년대 말 네덜란드가 북해에서 대규모 천연가스 유전을 발견한 뒤 단기간에 큰 수익을 챙기며 호황을 누렸지만, 이후 지나치게 에너지 수익에 의존한 나머지 다른 산업의 경쟁력이 저하되어 극심한 경기침체를 맞이했던 상황을 빗대어 이르는 것이다. 즉 단기 고수익이 가능한 석유산업에 지나치게 국가의 경제를 의존하는 것은 중장기적인 발전 측면에서 볼 때 그다지 좋지 못한 구조로 지적이 되어왔다. 그런데 그 역사가 반복되었다. 바로 무서울 줄 모르는 성장세를 이어왔던 신7공주파가 결국은 이 함정에 빠진 것이다.

수치상으로도 문제는 쉽게 파악된다. 2014년 기준으로 이들 국영자원개발(E&P)기업의 매출액이 자국의 GDP에서 차지하는 비중을 보면, 말레이지아의 페트로나스가 32.2퍼센트, 베네수엘라의 PDVSA가 26퍼센트, 태국의 PTT가 23.9퍼센트를 차지한다. 우리나라에서 삼성전자가 16퍼센트, 현대차가 6.1퍼센트를 차지하고 있다는 점을 감안하면 이들 수치들이 얼마나 높은 수준인지 알 수 있다. 그 외에도 러시아가 19.8퍼센트(국영석유기업 3사인 가즈프롬, 로스네프트, 루크오일^{Lukoil} 합계)이며, 멕시코도 10퍼센트로 높은 수준이다.

이 같은 상황에서 2014년 하반기 유가는 급락했다. 반년 만에 가격이 반 토막 나면서 한동안 세상에 익숙하게 자리 잡았던 100달러 시대가 순식간에 사라지고 만 것이다. 이 현상이 우리에게는 주유소 휘발유 가격이 떨어지는 '기쁨'으로 다가올 수 있지만, '네덜란드병'에 걸린 국가들은 경제위기와 연관되는 '아픔'이 될 수밖에 없다. 그리고 그들의 아픔이 더욱 클 수밖에 없는 것이, GDP의 많은 부분이 부채를 기반으로 한 석유시설에 대한 과잉투자로 생성되었기 때문이다.

앞서 조사대상으로 삼았던 신7공주파의 부채 합계치는 2013년 기준 1조 달러에 이르렀는데, 이 수치는 10년 전인 2003년 대비 무려 5.6배 상승한 수준에 해당한다. 게다가 이들의 부채는 2011년부터는 기존 7공주파를 추월하기에 이르렀다. 2014년 기존 7공주파의 부채 합계는 7,500억 달러로 신7공주파의 부채에 미치지 못했다. 순이익은 절반 수준밖에 안 되는(2013년 기준 7공주파 210억 달러, 신7공주파 115억 달러) 상황에서 부채만 급격하게 끌어올린 것이니 그 수준이 얼마나 과도했는지 쉽게 파악할 수 있다.

'버블의 대가' 로버트 쉴러Robert J. Shiller는 1999년의 닷컴버블 붕괴에 뒤이어 2008년 부동산 버블 붕괴인 리먼 사태까지 큰 버블에 대한 뛰어난 예견력을 보였다. 그는 대표 저서 중 하나인『비이성적 과열Irrational Exuberance』에서 '부의 효과wealth effect'를 언급하면서, 투자와 소비가 경제를 활성화시키고 이것이 다시 심리를 확장시켜 추가적인 투자와 소비의 확대를 일으키는 버블이 순환적으로 작동하게 된다고 설명한다.

이런 양상은 2000년대 후반 이후 신7공주파의 모습과도 매우 유사하다고 할 수 있다. 그들 역시 유가상승에 취한 나머지 많은 부채를 일으켜 투자를 과도하게 진행함으로써 버블 국면을 만들었다. 그래서 2014년 하반기 유가의 급락은 신7공주파들에게는 더 큰 아픔이 될 수밖에 없었던 것이다. 유가급락의 최대 피해자는 신7공주파가 될 확률이 매우 높아 보이는 이유이다.

반면 기존 7공주파는 놀라울 정도로 냉정한 재무구조를 유지했다. 순차입금을 보면 그 부분이 부각된다. 순차입금은 기업이 한 해에 빌려온 차입금에서 보유한 현금을 뺀 수치, 즉 현실적인 '빌려온 돈'이다. 유동성이라는 측면 때문에 통상 부채 중에서도 기업에게 상당히 중요한 지표인데, 이들의 합계 순차입금 수치는 2013년 약 1,000억 달러에 불과했다. 통상 신용평가사들은 순차입금을 EBITDA(영업이익+감가상각비, 기업이 영업을 통해 벌어들이는 현금)와 나누어서 2.5배를 넘게 될 경우에는 유동성에 위기가 생길 수 있다는 평가를 내린다. 하지만 2014년 기준 기존 7공주파의 순차입금/EBITDA는 0.6배밖에 안 될 정도다.

그렇다면 신7공주파는 어떨까? 이들의 순차입금은 2005년 680억 달러에서 2013년 3,000억 달러까지 4배 가까이 급등하였고, 2014년의 순차입금/EBITDA 수치 역시 1.6배까지 상승했다. 확실히 대조적인 양상이다.

현재의 저유가 상황이 길어지게 되면 신7공주파가 재무적으로 위험한 상황에 빠지게 되는 것은 분명해 보인다. 반대로 부채 구조가 크게 부담스럽지 않은 구7공주파는, 마치 예전에 록펠러가 그랬던 것처럼 안정적인 자본의 힘을 바탕으로 좀 더 이 싸움을 길게 끌어가면서 버틸 수 있는 여력을 보유하고 있다.

저유가가 오래갈 수밖에 없는 이유

그렇다면 여기에서 나올 수 있는 질문은 과연 이런 상황을 기존 석유 시장을 주도했던 세력들, 즉 록펠러의 후예들이 의도적으로 조장했느냐는 것이다. 사실 이에 대한 대답을 명확히 내릴 수는 없다. 물론 이들이 공식석상에서 현재의 저유가를 좀 더 견뎌낼 수 있다는 언급을, 특히 OPEC 같은 경우는 아무 거리낌 없이 유가와 상관없이 점유율 경쟁에 더 신경 쓰겠다는 말을 하고는 있지만, 그렇다고 고유가의 버블과 신7공주파의 과도한 투자 상황까지 조성했다는 객관적인 증거는 없다.

다만 [그림 8]에서 나타나는 두 가지 그래프를 보면 무언가 의혹을 제기할 만한 공통점이 보인다. 왼쪽 그림은 미국의 원유거래 시장 지표인 WTI에 대한 비상업적 순매수 포지션이고, 오른쪽 그림은 사우디의 원유판매가격(OSP: Official Selling Price)의 추이다. WTI의 비상업적 순매수란 상품의 상업적인 실질수요 외에 일명 '투기적'인 세력이 어느 정도 매수의 포지션을 취하고 있는지를 드러내는 지표인데, 이 수치는 2009년 이후 지속적으로 극단의 매수 형태를 취하고 있었다. 즉 유가를 끌어올리고자 하는 명백한 의도를

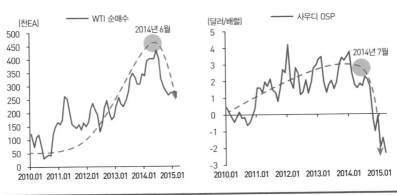

그림 8 │ WTI 비상업적 포지션 순매수와 사우디 OSP의 유사한 움직임

참고: 뉴욕상업거래소, 사우디 아람코

보이고 있었다는 것이다.

　이상한 부분은 유가가 50달러에서 140달러까지 급등했던 2005년부터 2009년 사이에도 이 순매수 포지션은 -5만 ~ +10만 사이를 움직이는 데 불과해 최근처럼 극단적인 변동을 보이지 않았다는 것이다. 어떻게 보면 이는 당연한 것인데, 아무리 가격이 급등하더라도 누군가는 매수의 베팅을 하고, 또한 고점에 대한 생각도 사람마다 다를 수밖에 없는 만큼 누군가는 매도에 베팅을 하는 것이 정상적인 투자의 흐름이기 때문에 과도한 변동은 일어나기 어렵다. 그렇지만 2010년부터 상승일로의 순매수 포지션은 2014년 상반기 최대 +46만까지 가파른 상승세를 보였다. 누군가가 가격을 끌어올리려는 의도를 지니고 명백히 매수 포지션을 취했던 것이다.

재미있는 것은 2014년 하반기 이후 이 포지션이 급작스럽게 하락하기 시작하면서부터 유가가 급락세를 보였다는 것이다. 즉 이 순간부터 그 이전과는 반대로 급격하게 매도량을 늘려갔다고 해석할 수 있는데, 결국 2015년 3월 이 수치는 +23만까지 떨어지는 상황이 벌어졌다. 우연이라고 하기에는 이 알 수 없는 투기세력이 조종하고 있는 가격의 방향성이 너무나 절묘하다.

사우디의 OSP 역시 WTI 순매수만큼이나 유가에는 큰 영향을 미친다. OSP란 사우디가 현재 석유가격 대비 어느 정도의 할증(혹은 할인)을 해서 팔겠다는 의도를 드러내는 것인데, 과거 이 수치와 유가의 상관관계correlation 역시 상당히 높게 나타났다. 즉 사우디가 국제유가에 일정 수준 의도적으로 영향을 미칠 수 있는 좋은 수단으로 존재하는 개념이라고 할 수 있다.

그런데 사우디는 이 OSP를 WTI 비상업적 순매수 포지션이 상승일로를 그리게 된 2010년을 전후로 하여 역시 급격하게 할증을 붙이기 시작했다. 2010년 평균 -1.5달러이던 수치를 2012년 1월 +4.2달러까지 급증시킨 것. 그리고 2014년 1월까지도 이 수치는 +3.8달러로서 높은 수준이 유지되고 있었다. 그러나 역시 미국의 비상업적 순매수 포지션이 급감하기 시작한 2014년 하반기부터는 절묘하게도 할인으로 급히 태도를 바꾸었다. 2014년 이후로 2015년 상반기까지도 내내 OSP는 마이너스였다.

이것이 단순한 우연에 불과한 일일까? 역사적으로 야마니 시대 이후로는 견고한 동맹관계를 이어왔던 두 국가가 바로 미국과 사우다. 이들이 절묘할 정도로 유사한 시점에서, 즉 글로벌 유가의 급등과 급락의 순간에서 똑같은 방향으로 의도적 움직임을 보였다는 부분을 그저 우연의 일치로 치부할 수 있을까?

만약 진정으로 미국과 사우디가 WTI 비상업적 순매수와 OSP를 이용해서 지난 몇 년간 고유가 상황을 조장한 것이라면, 그래서 그 가격의 상승으로 뜻밖의 수익에 도취된 신7공주파들이 과도한 투자를 일으켜 재무구조에 큰 부담이 생긴 것이라면, 그리고 이후로 2014년 하반기부터는 반대로 의도적으로 유가를 급락시키면서 신7공주파의 수익성에 문제를 만들어내 이들의 위기상황을 노리는 것이라면, 이 모든 시나리오들은 록펠러가 19세기 막판부터 자행해온 '약탈적 자본주의'와 상당히 유사한 측면을 보인다.

그렇다면 지금부터 중요한 것은 '유가가 어디까지 떨어지느냐'가 아니다. 과거에도 그랬던 것처럼 누군가가 시장에서 축출되기 전까지 현재의 저유가가 계속될 수도 있는 것이다. 즉 저유가의 끝을 예상해달라면서 던져야 하는 올바른 질문은 가격이나 시점에 관한 것이 아니라 '누가 먼저 망가지느냐'라는 것이다. 왜냐하면 결국 시장을 장악하고 있는 '큰손'들이 원하는 것은 자신들 이외의 시장 참여자들을 모두 밀어낸 뒤 석유 시장에서 절대적인 영향력을 보유하는 것이기 때문이다.

과거 경험을 통해서도 알 수 있지만 기업은 적자가 나거나, 혹은 채무상환이 불가능한 상황에 이른다고 해도 1~2년 만에 망가지는 경우는 드물다. 상당히 오랜 기간이 걸릴 수밖에 없고, 이 때문에 지난 1985~2000년 저유가 사이클에서는 모두가 망가진 이후 슈퍼 메이저의 합병이 나오기까지 무려 15년의 시간이 걸렸던 것이다. 즉 지금의 저유가전쟁이 장기간 이어질 가능성이 높다는 것을 염두에 둬야 한다.

혹자는 이를 음모론으로 치부할지도 모른다. 또는 지나치게 정치적인 발상이라고 할지도 모른다. 하지만 애초부터 석유 시장은 이해하기 힘든 약탈적 자본주의의 성향을 지녀왔고, 과거 그런 전쟁을 주도해왔던 세력들이 아직까지도 5대 메이저(엑손모빌, 쉐브론, 로열더치쉘, BP, 토탈)라는 이름으로, 그리고 여전히 OPEC의 수장 노릇을 하고 있는 사우디로서 존재하고 있음은 엄연한 사실이다.

그리고 또 한 가지. 애덤 스미스의 고전파 경제학의 '자유시장경제'적인 주장과는 달리, 2014년 하반기 이후 저유가 상황이 계속 이어지고 있음에도 불구하고 7공주파(5대 석유 메이저)는 셰일을 기반으로 하여 생산량을 계속 늘리고 있고, OPEC 역시 사우디를 중심으로 증산기조를 이어가고 있다. 결국 그들에겐 점유율의 증대만이 살길인 것이다.

따라서 현재 석유 시장의 공포스러운 분위기를 조장하고 있는 두 세력은 1985년이나 30년이 지난 지금이나 똑같이 미국과 사우디일 가능성이 매우 높다고 할 수 있다. 그들은 지금까지도 여전히 시장의 절대적인 '큰손'으로서 긴밀한 정치적·경제적 공조체제를 유지하고 있다.

미국과 사우디에 대해
속단하지 말라

2014년 하반기 유가급락 사태 이후 전 세계 언론은 현재 저유가전쟁의 핵심을 '미국 대 사우디'의 구도로 잡아가고 있다. 즉 셰일혁명을 바탕으로 미국이 세계 최대 산유국으로 부상하자, 이들을 시장에서 축출하기 위해 사우디가 의도적인 증산과 저유가전쟁을 펼치고 있다는 것이다. 미국의 셰일혁명을 기반으로 한 타이트오일tight oil의 생산단가는 70달러 정도이기 때문에, 이 선 아래로 유가를 끌어내리면서 미국 생산 업체들을 도산으로 이끌 것이라는 그럴싸한 시나리오가 제시되기도 하였다.

《파이낸셜타임스》가 언급한 신7공주파라는 표현에서도 이런 부분이 느껴지기도 한다. 미국 중심의 기존 7공주파에 대응하는 신7공주파의 명단에 사우디 아람코가 포함되어 있기 때문이다. 현재 글로벌 석유 시장의 패권 전쟁은 기존 7공주파를 대변하는 미국과 신7공주파를 대변하는 사우디 간의 싸움으로 묘사되고 있다.

하지만 과연 그럴까? 미국과 사우디가 서로에게 등을 돌렸을까? 그렇게 해야만 할 이유가 있는 것일까? 역사적 사실과 여러 가지 다른 측면을 살펴보면 양측이 서로에게 적대적인 선택을 했을 가능성은 높지 않다는 것을 알 수 있다. 오히려 그들은 여전히 돈독한 우방관계를 유지하고 있고 이는 석유 시장에서도 마찬가지다.

야마니가 영리하게 태도의 급변을 취한 1973년 이후 사우디와 미국은 서로에게 큰 도움이 되었다. 미국은 석유의 달러화 결제를 통해서 달러의 권위를 회복할 수 있었고, 또한 안정적으로 원유를 공급받게 되면서 경제의 불확실성을 크게 줄일 수 있었다. 사우디는 미국으로부터 경제적·정치적·군사적 원조를 받으면서 지금까지 안정적인 성장기조를 이어갈 수 있었다.

그뿐만 아니라 미국과 사우디는 모두 1973년의 합의 이후 서로의 숙적에게 큰 타격을 입히는 데 결정적인 역할을 했다. 1980년대 이후 지속된 사우디의 증산과 저유가 정책으로 말미암아 당시 소련이 1991년 기어이 붕괴를 맞이했다. 이는 이미 유수의 서적과 언론을 통해서도 공개된 부분인데, 소련 붕괴의 결정적인 계기는 경제적인 이유였고, 사우디의 끝없는 증산 정책이 핵심적인 역할을 했다는 것이다. 당시 국가 수익의 대다수를 석유에 의존하고 있던 소련은 결국 저유가 상황이 장기적으로 이어지자 연방을 유지할 만한 경제력을 상실할 수밖에 없었고, 이는 결국 소련의 해체라는 예상치 못한 결과로까지 이어졌다.

미국이 사우디에게 준 이득은 사우디의 오랜 숙적인 시아파의 수장 이란에 대한 제재였다. 1973년 미국이 사우디에 약속했던 군사적·정치적 지원에 걸맞게 2000년대 이후 미국은 이란에 대한 제재 수위를 높여 이란의 힘을 약화시키고 사우디와의 경제력 격차를 크게 벌리는 데 결정적인 역할을 했다.

이란 제재의 결정판은 2002년부터 시작된 '핵 개발' 의혹이었다. 2002년 8월 이란의 반정부 단체가 우라늄 농축시설의 존재를 폭로하면서 이란의 핵 시설은 국제적인 문제로 부각되었고, 결국 2006

년 UN은 이란에 대한 제재 결의안을 채택하면서 본격적인 '이란 죽이기'에 나서게 된다. 이때의 제재가 2015년까지도 이어지면서 이란이 장기 경기침체에 빠지는 데 결정적인 계기로 작용했다.

이란 제재의 핵심은 당연히 석유 수출 제한 조치였다. 1990년대의 소련만큼이나 석유 수출에 경제의 많은 부분을 의존하는 이란이었기에 국제 제재는 치명적일 수밖에 없었다. 실제로 2008년 이후 2014년까지 6년간 이란의 산유량은 65만b/d가 감소하였다. 고유가시대의 수혜를 거의 누리지 못한 것이다. 이 기간 사우디가 85만b/d를 증산한 것과는 완전히 상반되는 현상이었다.[24]

이란이 핵을 보유하고 있다는 결정적 증거는 나오지 않았다. 국제원자력기구(IAEA)의 사무총장이었던 모하메드 엘바라데이Mohamed ElBaradei는 2007년 핵 사찰 결과 "이란이 구체적인 핵무기 프로그램을 갖고 있다는 어떠한 정보도 입수하지 못했다"라고 발표했다. 자칫하면 경제 제재의 명분이 사라질 수도 있는 상황이었다. 그러나 당시 미국 백악관 대변인이었던 다나 페리노Dana Perino는 "이란이 핵무기를 추구하는 것은 의심의 여지가 없다"라며 IAEA의 핵 사찰 결과를 반박했다. 제재를 유지하고자 하는 미국의 의도를 드러낸 것이다.

이와 같은 상황은 단순히 이란에만 국한되지 않았다. 해당 6년간 OPEC 내에서 친親사우디파, 혹은 수니파 계열로 꼽히는 카타르, 쿠웨이트, UAE, 이라크(사담 후세인Saddam Hussein 집권 당시)는 모두 일정 수준 이상의 원유증산을 진행하면서 경기호황을 경험했다.

이들은 '오일머니'로 전 세계의 부러움을 샀던 국가들인데, 아마도 해외축구의 열렬한 팬들이라면 이들이 유럽의 유명한 축구클럽들의 메인 스폰서로서 유니폼에 자랑스럽게 이름을 새겨놓은 것을 어렵지 않게 떠올릴 수 있을 것이다. 유럽축구연맹(UEFA)이 2015년 발표한 유럽축구클럽의 랭킹 1위는 레알마드리드로, 그 팀의 유니폼 전면에는 'Fly Emirates(에미레이트 항공, UAE)'가, 2위 바르셀로나 팀 유니폼에는 'Qatar(카타르항공)'가 박혀 있다. 영국 맨체스터시티의 구단주인 만수르는 UAE의 대표 왕국인 아부다비의 왕자다.

이와 정확히 반대되는 상황을 겪은 것이 바로 시아파의 국가들이다. 중동의 주요 산유국들 중에서 감산을 한 나라는 이란 외에 시리아와 예멘뿐인데, 이들 모두 수니파의 숙적인 시아파의 영향력이 큰 나라이다. 이것을 그저 우연이라고 할 수 있을까? 1973년 미국과 사우디의 대타협을 다시 떠올린다면 의심이 가지 않을 수 없다.

고유가 기간 동안 어쩔 수 없이 산유량이 줄어들면서 어려움을 겪었던 OPEC 내의 다른 국가는 미국과의 관계가 껄끄러운 리비아와 베네수엘라다. 리비아는 1975년 12월 야마니 암살의 배후로 의심받는 OPEC 내의 극단 강경파다. 그들은 2010년을 전후로 카다피 사태 때문에 6년 동안 무려 132만b/d의 생산량 감축을 겪으면서 심각한 경기침체를 겪었다. 대표적 반미 인사인 우고 차베스가 대통령으로 있었던 베네수엘라 역시 이 기간에 62만b/d의 감산으로 인해 어려움을 겪을 수밖에 없었다. 이것도 우연일까? 미국과 사우디에 반대되는 세력들이 일제히 겪은 산유량 감소와 경기침체는 의혹으로 이어질 수밖에 없어 보인다.

결국 미국과 사우디가 여전히 공고한 공조체제로 석유 시장을 장악하고 있다고 할 수 있다. WTI 비상업적 순매수 포지션과 사우디 OSP가 비슷한 시점에서 비슷한 움직임을 보였다는 것도 그렇지만, 저유가 상황임에도 지속적인 증산기조를 택하면서 공포의 저가 전쟁을 주도하고 있다는 부분에서도 연결고리를 잡아낼 수 있다.

안정적 재무구조와 다량의 오일달러를 보유한 석유 메이저들은 이 상황을 감내할 수 있는 여력을 갖추고 있다. 미국과 사우디의 이런 행동들 때문에 고스란히 피해를 받는 쪽은 사우디 아람코를 제외한 신7공주파다. 일부 언론에서는 이를 두고 '고래싸움에 새우등 터진다'라는 표현을 쓰기도 한다. 하지만 애초에 고래 두 마리는 서로 싸울 생각이 없었고, 어떻게 새우등만 터뜨릴 수 있을까 고민하고 있었던 것일지도 모른다.

'끝날 때까지는 끝난 것이 아니다(It ain't over till it's over)'. 메이저리그 최고 명문팀 뉴욕 양키스의 스타 포수 출신이자 명예의 전당에도 오른 요기 베라Yogi Berra가 남긴 명언이다. 조금은 다른 의미이기는 하지만, 작금의 유가전쟁에 대해서 만약 누군가가 '대체 저유가시대는 언제까지 이어질 것인가?'라는 질문을 하게 된다면 이 명언을 그대로 들려줘도 무방할 것 같다. 석유 시장의 '큰손'들이 원하는 것을 얻기 전까지 싸움은 끝날 때까지 끝나지 않을 것이다. 자신들의 이익을 저해하는 어떤 세력도 용납하지 않을 것이며 이들이 완전히 시장에서 밀려날 때까지 싸움은 계속될 것이다.

석기시대는 돌이 없어졌기 때문에 끝난 것이 아니다.
돌을 대체할 기술이 나타났기 때문이다.
석유시대도 석유가 고갈되기 전에 끝날 것이다.

- 셰이크 야마니|Shaikh Ahmed Zaki Yamani

제2장

——
100년 만에
시작된
탈석유시대

저물어가는
석유의 100년 전성시대

에너지 100년 주기론
: 석탄에서 석유 그리고 가스의 시대로

지금까지 석유 시장에서 촉발된 30년 만의 공급과잉이라는 사태를 살펴봤다. 그리고 그로 인해서 장기 저유가시대의 도래가 불가피하다는 것도 알아봤다. 그렇지만 작금의 저유가 사태가 단순히 '공급' 요인에 의해서만 발생하는 것은 아니다. 공급만큼 '수요'에서도 큰 변화의 물결이 일어나고 있기 때문이다. 공급의 30년 사이클보다 더 큰 100년 사이클이 바로 수요 측면에서 발생하고 있다. '탈석유시대Post Petroleum Age'가 바로 그 현상이다. 왜 이런 현상이 발생하고 있는지 근본적으로 파악하기 위해서는 조금은 오래전 이야기인 1차 산업혁명 때부터 이야기를 들춰내야 할 것이다.

1차 산업혁명은 18세기 말 영국에서 획기적인 산업기술의 발달로 생산성이 급증하면서 발생한 경제성장을 의미한다. 그 혁명적 기술의 핵심에는 바로 증기기관이 있었다. 이 기계는 흔히 제임스 와트James Watt가 개발한 것으로 알려져 있는데, 사실은 토마스 뉴커먼Thomas Newcomen의 발명품이다. 이를 더욱 훌륭한 엔진으로 개량한 사람이 와트이다.

이후 이 증기기관은 증기기관'차'로 진화되어 세상에 모습을 나타냈다. 이 대단한 발명품을 실용화하는 데 결정적인 역할을 한 사람은 조지 스티븐슨George Stephenson이다. 그는 1829년 영국 맨체스터와 리버풀을 연결하는 철도를 건설한 뒤 성공적으로 증기기관차를 작동시키는 엄청난 일을 해낸 장본인이다. 초기 철도의 속도는 시속 30킬로미터였다. 현 시대의 사람들이 보기에는 형편없는 속도라 할 수 있겠지만, '마차 시대'의 사람들에게는 거의 날아다니는 괴물이었다.

당시 육상 운송수단의 대다수였던 마차는 겨우 몇 사람을 태우는 정도였다. 말의 힘으로는 대규모의 화물을 실을 수도, 정해진 시간에 도착할 수도 없었다. 이 상황에서 증기기관차의 등장은 육상 운송의 물동량과 효율성을 획기적으로 증대시켰고, 이로 인하여 산업의 생산성이 혁명적으로 높아진 것이다.

당시 증기기관을 움직이는 에너지, 즉 연료로 사용되었던 것은 석탄이다. 석탄이 발견된 것은 훨씬 오래전의 이야기지만, 1차 산업혁명 때 증기기관이 세상의 중심에 서게 되면서부터 동시에 석탄도 주 에너지원이 되었다. 이후 19세기 내내 전 세계 에너지 소비에서 차지하는 비중이 증가하면서 석탄은 '절대적'인 에너지원으로서 각광받았다. 실제 19세기 초반 전 세계 에너지 소비에서 석탄의 비중은 5퍼센트도 안 되었지만 19세기 말에는 50퍼센트에 근접할 정도였다.[25]

1차 산업혁명, 증기기관차와 함께 시작된 19세기 에너지의 헤게모니는 석탄이 쥐고 있었고, '석탄의 100년 시대'가 이루어졌다. 지금이야 석탄은 열효율도 떨어지고 그만큼 환경도 더 심하게 오염시키기 때문에 사양세에 접어든 연료가 되었지만, 19세기 당시 사람들에게 에너지는 곧 석탄을 의미했다.

이러한 판도는 20세기의 시작을 전후로 2차 산업혁명이 시작되면서 큰 변화를 겪었다. 2차 산업혁명은 미국을 포함한 서구 중공업의 급속한 발전과 함께 시작되었는데, 중공업의 발전은 또 한 번 생산성의 획기적 증대를 가져온 일대 사건이었다.

그 대표적인 사례가 헨리 포드의 내연기관차 상용화다. 내연기관차의 개발 자체는 19세기 초반에 이미 진행되었는데, 시작은 역시나 당시 최고의 기술 선진국이었던 영국이었다. 그러나 전 세계에 내연기관차가 대량공급되면서 상용화가 시작된 것은 1908년 포드가 그 유명한 일관생산라인을 통해 모델 T를 양산하면서부터였다.

자동차의 대량생산이 현실화되기 시작했다는 것은 2차 산업혁명에 큰 의미를 지닌다. 이른바 '규모의 경제'를 창출하면서 가격 하락 및 생산량 증대를 이루어 대중에게 내연기관차를 더욱 근접시켰기 때문이다. 대량생산은 자동차뿐만 아니라 다른 산업에도 생산성의 급격한 증대라는 큰 의미를 부여했다.

그런데 포드의 내연기관차 대량 양산 이전의 승용차 시장에서는 의외의 현상이 하나 있었다. 놀랍게도 당시 자동차의 상용화에서 먼저 첫발을 내디뎠던 것이 전기차였다는 사실이다. 전기차는 지금도 실용화가 어렵다고 치부되고 있지만, 당시에는 화석연료를 쓰는 내연기관차에 비해 소음과 매연이 적고, 또한 가격적인 측면에서도 크게 불리하지 않았기 때문에 오히려 전기차의 인기가 더 많았을 정도였다.

이런 상황에 획기적인 변화가 온 것은 '석유왕' 록펠러가 석유의 생산을 지속적으로 늘리고 동시에 저유가전쟁을 조장하면서 휘발유 가격을 급격히 떨어뜨리면서부터다. 가격경쟁력을 크게 부각시킨 석유 덕택에 내연기관차가 서서히 전기차를 누르기 시작한 것이다. 결정적으로 포드의 모델 T가 등장하면서 전세는 완전히 역전되기에 이른다.

그렇게 2차 산업혁명의 시작은 석유와 함께했다. 그리고 100년 만에 에너지 패러다임에 획기적인 변화가 일어났다. 그동안 절대적 에너지원이었던 석탄보다 석유가 더욱 매력적으로 다가오기 시작한 것이다. 세계 에너지 시장에서 석탄이 차지하는 비중은 점차 하락했고, 1900년 전후로 한 시점에서는 세계 에너지 시장에서 차지하는 소비 비중이 5퍼센트도 안 되었던 석유가 1970년대에 들어서는 40퍼센트에 육박할 정도로 급격히 상승했다.[26] 즉 '19세기 / 1차 산업혁명 / 증기기관차'와 함께했던 석탄의 100년 시대가 지나가고, '20세기 / 2차 산업혁명 / 내연기관차'와 함께한 석유의 새로운 100년 시대가 본격적으로 열린 것이다.

내연자동차 시대에 살고 있는 현 시대 사람들에게 에너지는 곧 석유라는 인식이 강하다. 에너지의 소비나 가격을 말하면 대다수의 경우 석유의 소비, 혹은 유가를 중심으로 거론하는 것이 일반적이고, 많은 경제학자들도 유가를 근대 경제의 핵심 요인으로 주저 없이 지목하고 있다.

그런데 그 석유의 전성시대도 내리막길에 접어들고 있다. 1970

그림 9 | 1800년대 이후 산업혁명과 주 에너지 소비원의 비중

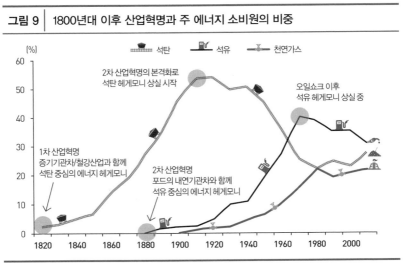

자료: The Oil Drum

년대에 석유가 에너지 소비에서 차지하는 비중은 40퍼센트에 근접한 이후 계속 떨어져 현재 약 30퍼센트 선에 머물고 있다. 그렇다고 석유 대신 석탄의 소비가 다시 늘어난 것은 아니다. 석탄은 세계 환경오염의 주범으로 지목되고 있고, 이 때문에 한때 시장 내 차지하는 비중이 20퍼센트 초반까지 떨어지기도 했다.

그렇다면 그 빈자리는 누가 메우고 있을까? 그 새로운 에너지는 바로 천연가스다. 재미있게도 석유의 소비 비중이 상승한 것은 1800년대 후반부터 1900년대 후반까지 약 100년 이어진 셈인데, 결과적으로 석유 역시 석탄과 마찬가지로 100년 주기의 에너지 수명, 즉 '에너지 100년 주기'의 운명을 맞이하고 있는 것이다.

가스가 석유를 대체하여 새로운 100년 에너지 시대를 열어갈지, 아니면 석유가 다시 저력을 발휘할지는 속단할 수 없다. 그러나 질문은 던져볼 수 있다. 석유의 시대는 왜 저물기 시작한 것인가? 가스의 시대는 왜 빨리 열리게 된 것인가? 이에 대한 대답으로 가장 먼저 나오게 되는 단어가 바로 미국의 셰일가스다.

석유의 시대는
왜 저물기 시작했을까

이제는 셰일가스를 모르는 이가 많지 않을 것이다. 지금에야 셰일가스에 '혁명'이라는 찬사까지 붙이며 여러 언론이 연일 떠들어대고 있지만 불과 몇 년 전까지만 하더라도 많은 사람들은 셰일가스의 존재조차 모르고 있었다.

셰일가스는 어느 날 갑자기 생겨난 에너지원이 아니다. 1800년대에 이미 그 존재가 확인되었다. 다만 땅속 깊은 바위에 갇혀 있는 것이 문제였다. 개발하는 데 너무 많은 비용이 들기 때문에 채산성의 문제로 개발할 필요성을 느끼지 못했을 뿐이었다. 게다가 그 당시만 하더라도 석탄과 석유가 전 세계 에너지 소비의 대다수를 차지하고 있었기 때문에, 굳이 캐기도 어렵고 취급과 사용처도 용이하지 않은 기체연료인 가스를 개발할 이유가 크게 없었던 것이다.

그러나 1970년대 전후로 오일쇼크를 겪으면서 분위기가 바뀌었다. 특히 미국 입장에서는 이때를 계기로 석유의 패권을 중동으로 일부 넘겨주는 위기를 맞았기 때문에 신규 에너지원 개발의 필요성이 그 어느 때보다도 절실하게 와 닿는 상황이었다. 때마침 킹 허버트King Hubbert라는 지질학자가 '오일피크Oil-peak'를 주장하며 석유 중심의 세상에 경종을 울리기도 했다.

오일피크는 1970년을 전후로 석유생산이 정점에 달한 후로는 석유 매장량이 줄곧 줄어들어 결국 인류는 석유의 고갈을 맞이할 것이라는 주장인데, 지금이야 사실과 다른 것으로 판명 났지만 그 당시에는 상당히 심각하게 거론되었다. 이 때문에도 미국의 신규 에너지에 대한 열망은 높아질 수밖에 없었다. 실례로 지미 카터Jimmy Carter 미국 대통령(1977~1981)은 1979년 태양광 발전을 위한 패널을 백악관 지붕에 32개나 설치했다고 한다. 이를 보더라도 그 당시 석유를 대신할 새로운 에너지에 대한 미국의 분위기가 어땠는지 짐작이 가능하다.

이때 혜성같이 세상에 등장한 것이 바로 천연가스의 일종인 셰일가스였다. 수평시추와 수압파쇄라는 획기적인 채굴기술이 상용화되면서 도저히 맞출 수 없을 것 같던 채산성이 점차 확보되었고, 이를 토대로 1999년에 결국 미국이 셰일가스의 시추에 성공한 것이다. 이때부터가 미국 셰일가스 붐boom의 시작이라고 할 수 있는데, 1999년 4월만 하더라도 371개에 불과하던 가스 리그rig(굴착기)의 수가 2008년 9월에는 무려 1,585개로 4배 이상 급증했다.

그러한 개발 붐에 의해서 결국 셰일가스는 2005년부터 본격적으로 세상에 뛰쳐나오기 시작했다. 이를 등에 업고 미국 천연가스 생산량도 급증세로 돌아섰다. 2005년에는 511bcm(billion cubic meters, 십억 입방미터)에 머물렀던 생산량이 2014년에는 728bcm로 42퍼센트나 늘어났다. 같은 기간 전 세계 천연가스 생산 증대 물량 중 32퍼센트가 미국산이었고, 이로 인해서 미국은 러시아를 제치고 세계 1위 천연가스 생산 국가로 등극하게 되었다.[27]

우리가 주목해야 할 부분은 생산량이 아니다. 셰일가스를 통해서 미국이 천연가스 생산 대국이 되었다는 사실은 이미 많이 알려진 사실이다. 정작 중요한 것은 '그래서 이 현상이 미국을 넘어서서 세계 에너지 판도에 어떤 영향을 미쳤느냐'는 부분이다. 결론부터 얘기하자면 '탈석유시대'가 도래하는 데 결정적인 역할을 했다는 중요한 의미를 지닌다.

셰일가스 생산이 급격하게 증대하기 시작한 2005년부터 미국 내 천연가스의 가격은 급락하기 시작했다. 사실 2005년 이전만 하더라도 석유와 가스의 가격은 거의 동일한 수준이었다. 기본적으로 두 에너지원은 열효율도 비슷한 데다가 당시 가스생산의 대부분이 석유 유전에서 같이 나오는 수반가스associated gas 형태를 띠고 있었기 때문이다.

그렇지만 2005년부터 가스생산이 급증하면서 공급과잉이 발생하자 가스가격이 급락하기 시작했다. 미국의 천연가스 가격은 NYMEX(뉴욕상품거래소)에서 거래되는 '헨리허브Henry Hub' 기준으로 거론되는데, 2012년에는 평균 2.8달러/mmbtu(million metric british thermal unit)까지 하락해 2000년 이후 최저치에 도달하기도 했다.

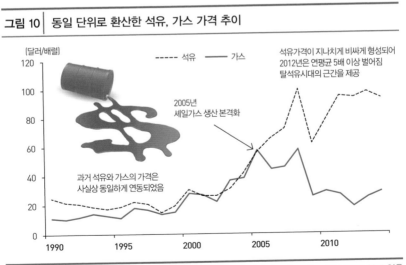

그림 10 | 동일 단위로 환산한 석유, 가스 가격 추이

[달러/배럴]   ----- 석유 — 가스

석유가격이 지나치게 비싸게 형성되어 2012년은 연평균 5배 이상 벌어짐 탈석유시대의 근간을 제공

2005년 셰일가스 생산 본격화

과거 석유와 가스의 가격은 사실상 동일하게 연동되었음

자료: 수치는 BP Statistical review of world energy 2015 인용

가스가격의 단위가 우리에게 익숙하지 않은 'mmbtu'이기 때문에 이 수치가 얼마나 낮은 것인지 감이 오지 않을 수 있다. 간단하게 얘기하자면 '달러/mmbtu'라는 가스가격의 단위에 6.5를 곱해주면 석유의 단위인 달러/bbl로 환산이 된다(사실 환산 단위는 통상 6~7 사이에 결정되는데 통일된 단위 적용을 위해서 이 책에서는 6.5를 기준점으로 잡도록 한다).

2005년 헨리허브의 평균가격은 8.8달러/mmbtu였는데 석유 단위로 환산을 하면 약 57.2달러/bbl이 된다. 그해 미국의 석유가격인 WTI의 평균수치는 56.6달러/bbl로 거의 비슷한 수준이었다. 이 가스가격이 셰일가스로 인한 공급과잉으로 2012년 2.8달러/mmbtu까지 하락했는데 이를 석유로 환산한다면 17.9달러/bbl에 불과할 정도로 낮은 수치였다. 동일한 시점에서 평균유가는 94.1달러/bbl이었다. 즉 두 에너지원 간의 가격 격차가 무려 5.3배까지 급격히 확대되었던 것이다. 바로 이 현상이 미국판 탈석유시대를 이끄는 결정적 계기가 되었다. 이 두 에너지원 간의 큰 가격 격차는 유가가 폭락하기 전인 2014년까지 이어지고 있었다.

합리적인 소비자라면 같은 가치의 제품의 경우 조금이라도 더 싼 것에 손이 갈 수밖에 없다. 물론 명품 가방이라면 얘기가 달라질 수도 있지만, 석유나 가스는 그렇지 않다. 전형적인 B2B(Business to Business, 즉 산업과 산업 간에만 교류가 되는 형태를 이름. 반대는 Business to Customer인 B2C임) 형태의 아이템이자, 우리가 흔히 상품commodity이라 부르는 범용제품이다.

그렇기 때문에 가스가격의 급락은 미국 에너지 소비에 있어서

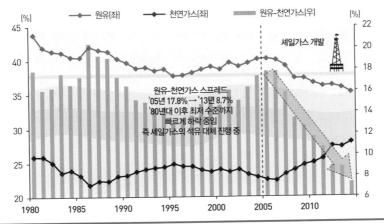

그림 11 | 미국 에너지 소비에서 원유와 가스의 비중

원유(좌) 천연가스(좌) 원유-천연가스(우)

셰일가스 개발

원유-천연가스 스프레드
'05년 17.8% → '13년 8.7%
'80년대 이후 최저 수준까지
빠르게 하락 중임
즉 셰일가스의 석유 대체 진행 중

자료: 수치는 EIA 인용

도 결정적인 변화를 야기하고 있다. 고가의 석유를 피해 저가의 가스로 에너지 수요를 이동시키고자 하는 인간의 본능적인 욕구를 표출하기 시작한 것이었다.

실제로 EIA의 데이터에 따르면 2005년만 하더라도 미국 전체 에너지 소비에서 석유 40.3퍼센트, 가스 22.5퍼센트를 차지하던 양상이, 2014년에는 석유 35.3퍼센트, 가스 28.0퍼센트로 확연한 변화를 보였다. 두 에너지원 간의 격차는 17.8퍼센트포인트에서 7.3퍼센트포인트로 감소되었는데, 2014년의 7.3퍼센트포인트라는 수치는 집계가 시작된 1980년 이후로 사상 최저치에 해당한다. 즉 미국은 지금 그 어느 때보다 가스를 많이 쓰고 석유를 적게 쓰고 있다고 볼 수 있다. 이것이 바로 '미국판 탈석유시대'라 부를 수 있는 변화의 증거다.

그러면 대체 어떤 에너지 소비 주체가 석유에서 가스로 수요를 이동시켰을까? 놀랍게도 이는 거의 전 산업에서 동일하게 나타났다. 2005~2014년 미국 에너지 소비 행태별로 나눠서 석유와 가스의 소비 비중 변화추이를 조사해보면, 가장 확실한 추세가 나타난 전력생산을 비롯해, 산업, 상업, 주거 등 많은 부분에서 꾸준한 변화의 양상을 보이고 있다.

얼핏 생각하기에 수송에서는 변화가 없을 것 같지만 이 분야에서도 변화의 움직임은 분명 있다. 물론 2014년 기준으로 볼 때 여전히 수송에서 절대적인 비중을 차지하는 것은 91.5퍼센트의 석유다. 그러나 2005년의 96.3퍼센트보다는 확연히 떨어졌다. 같은 기간 가스의 비중은 2.2퍼센트에서 3.5퍼센트로 상승했다. 수송에서도 탈석유시대의 흐름이 서서히 나타나고 있는 것이다.

셰일가스가 궁극적으로 석유를 확연히 적게 쓰는 시대로 이끌 것이라는 생각은 다소 생소한 개념으로 다가올 수 있다. 게다가 이 현상이 현재 미국을 중심으로 발생하고 있기 때문에, 아직 석유에 대한 의존도가 높은 우리나라에서는 더욱 이해하기 어려울 수밖에 없다. 하지만 숫자는 거짓말을 하지 않는다. 그렇기 때문에 이제는 믿고 안 믿고의 문제를 떠나, 미국이 이미 저만치 먼저 앞서가고 있다는 사실에 주목해야 한다. 그리고 이와 연관해서 한 가지 더 짚고 넘어가야 할 부분은, 탈석유시대 혹은 가스시대를 먼저 열어간 미국은 그만큼 경제 측면에서도 더 큰 이득을 취할 수 있었다는 것이다. 미국의 경제 지표가 그것을 말해주고 있다.

미국의 부활을 이끈
셰일혁명

전 세계는 미국연방준비제도이사회의 의장인 재닛 옐런Janet Yellen의 입을 주목하고 있다. 연준의 금리 결정은 미국뿐만 아니라 세계경제에 지대한 영향을 미친다. 그녀의 한마디가 달러를 뭉텅이로 움직이게 하고 한 나라의 경제를 들었다 놨다 할 정도다. 미국이 금리를 인상하느냐 마느냐를 결정할 때 가장 중요한 변수로 꼽히는 것은 바로 물가와 실업률이다. 이 두 가지 지표가 미국 경제에서 얼마나 중요한가를 보여주는 반증이기도 하다.

그런데 셰일가스가 미국의 물가와 실업률 둘 다를 모두 낮추는 데 혁혁한 공을 세우고 있다. 미국의 경제 회복에 양적완화만큼, 어쩌면 그보다 더 큰 역할을 하고 있는 것이 셰일가스다.

미국은 셰일혁명을 바탕으로 저가의 가스를 공급하기 시작했다. 미국의 물가지수에서 에너지 가격이 차지하는 비중은 통상 10퍼센트 내외에 이르는데, 셰일가스의 효과가 미국의 물가에 적지 않은 영향을 끼친 것이다. 대표적인 것이 바로 전기요금에 미친 영향이다.

2012년 OECD는 회원국의 전기요금을 명목 기준으로 발표한 바

그림 12 | 미국은 셰일가스로 인해 전기가격과 실업률 모두에서 이득을 얻었음

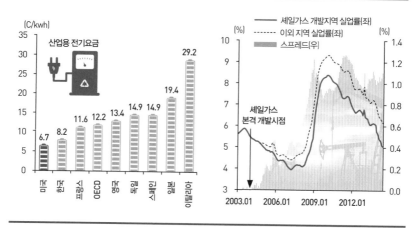

자료: 수치는 OECD(2012) 인용. US Bureau of Labor Statistics

있다. 산업용을 기준으로 미국은 MWh당 67달러인데 이는 33개 해당 국가 중에서 세 번째로 낮은 수치였다. 한국전력에 어마어마한 적자를 안겨주면서 낮은 전기요금을 내고 있는 우리나라가 82달러고, OECD 평균이 122달러니 미국의 수치가 상대적으로 얼마나 낮은 것인지를 알 수 있다. 독일이 149달러, 일본이 194달러로 미국보다 2~3배 높았다.

2003년만 하더라도 OECD 기준의 산업용 전기요금은 미국 49달러, 한국 58달러, 독일 52달러, 일본 141달러였다. 10년 동안 미국의 전기요금은 18달러밖에 오르지 않았는데, 같은 기간 한국 24달러, 일본 53달러, 독일 97달러가 오른 것과 비교해보면 셰일가스의 위력을 가늠할 수 있다.

그렇다면 과연 전기요금의 하락이 셰일가스 효과 때문일까? 이를 입증하는 간단한 방법이 있다. 셰일가스 개발지역[28]의 전기요금과 미개발지역의 전기요금을 비교해보면 된다. 즉 개발지역의 전기요금이 미개발지역보다 낮다면 셰일가스가 요금의 하락에 기여했다고 할 수 있는데, 실제로 2014년 기준 이 수치를 조사해보면 각각 kwh당 1.1센트와 1.5센트로 개발지역의 요금이 40퍼센트 가까이 저렴하다.

전기를 사용하지 않고는 정상적인 생활을 할 수도 없고 물건을 만들어내지도 못하니 거의 모든 재화와 용역이 전기요금에 연동되어 있다고 해도 과언이 아니다. 전기요금이 낮아지면 그만큼 물가 안정에 도움이 된다는 것이다.

셰일혁명은 실업률을 낮추는 데도 큰 역할을 하고 있다. 미국의 실업률은 2010년 상반기까지 10퍼센트에 육박하는 높은 수준이 유지되었지만, 이후 지속 하락세를 보여 2015년 5월에 5.5퍼센트까지 떨어졌다.

이 부분에서 셰일가스의 영향을 따져보기 위해서는 마찬가지로 개발지역의 실업률과 미개발지역의 실업률을 비교해보면 된다. 결과는 역시 흥미롭다. 양 지역 간의 실업률은 2005년까지만 하더라도 차이가 거의 없는 수준이었다. 셰일생산이 본격화된 2005년 이후부터 격차가 벌어지기 시작하여 2009년에는 1.2퍼센트포인트로 확대되었고 아직도 그 정도 격차가 유지되고 있다. 셰일혁명이 실업률에도 상당한 영향을 미치고 있다는 증거다. 실제 2000년 이후 셰일가스 매장 지역에 수많은 리그가 꽂히면서 활발한 개발이 이어졌는데, 그만큼 자본도 더 투입되고 고용도 늘었다. 자연스럽게 소비가 확대하면서 시추 지역 내 경제가 활성화된 것이다.

물론 셰일가스만이 미국 경제 회복에 절대적인 역할을 한 것은 아니다. 경제는 어느 한 요인에 의해서 극적인 변화가 초래될 만큼 그리 단순한 것이 아니다. 다만 한 가지 확실한 것은 셰일가스가 미국 경제에서 가장 중요한 지표인 물가와 실업률에 상당히 긍정적인 영향을 미쳤다는 것이다. 얼핏 큰 연관성이 없어 보이는 셰일가스의 개발과 탈석유시대, 그리고 미국의 경제 회복이라는 세 가지 요소들이 사실은 일관된 연계성을 가지고 벌어진 현상이라는 점은 새삼 우리를 놀랍게 한다.

여기서 끝이 아니다. 미국의 에너지 패러다임을 바꾸고 경제를 부활시킨 셰일혁명은 더 엄청난 파급효과를 만들어내고 있는데, 그것은 바로 세계 에너지 시장의 공급과잉 현상이다.

석유 에너지 패러다임이 붕괴되고 있다

가히 혁명이라고 불린 셰일붐은 가스 시장과 전기요금에만 영향을 미친 것은 아니다. 거대 미국의 에너지 시장, 그리고 그 너머 글로벌 에너지 시장에 지대한 영향을 미치고 있다. 저가의 가스가 미국 에너지 시장에 다량으로 풀려나오면서 에너지 수요가 석유에서 가스로 이동하고 있다.

석유의 수요가 가스로 옮겨갔다면 석유 시장에서는 무슨 일이 벌어지게 될까? 공급물량이 일정 수준으로 유지되고 있으면 수요가 빠져나간 만큼 공급과잉 현상이 발생하게 된다. 따라서 석유의 가격도 빠질 수밖에 없다. 또한 셰일가스 개발로 셰일가스층에 있던 타이트오일이라는 석유 자원이 새롭게 채굴되면서 전체적인 석유생산이 늘어났다. 미국 내 석유가격이 하락하고 있는 이유이다. 수요가 줄고 공급이 늘어난 만큼 미국은 원유 수입을 줄이게 된다. 잉여물량이 유럽 등 다른 시장으로 몰리게 되니 국제유가는 하락할 수밖에 없는 것이다.

그뿐만 아니라 가스가 전기 수요를 잠식했다는 것은 일정 부분 미국 내 석탄의 수요도 빼앗아왔다고 해석할 수 있다. 석탄은 사양 에너지원인 만큼 다른 산업에서는 소비 비중이 상당히 줄어들었지만, 전기를 만들어내는 발전 시장에서는 싼 가격 때문에 아직도 많이 사용되고 있다. 그런데 최근 들어 셰일혁명으로 가스의 가격경쟁력이 향상되어 미국 내 석탄 발전은 줄어들고 가스 발전은 계속 늘고 있는 추세다. 즉 가스는 석유뿐만 아니라 석탄 시장에서도 수요이탈 현상으로 인한 공급과잉을 발생시키고 있다.

그렇다면 실제로 미국 내 석유와 석탄의 가격이 하락했을까? 미국 내 석유와 석탄 가격을 유럽과 아시아와 비교해보면 답이 나온다. 먼저 석유의 경우, 미국의 석유가격은 WTI, 유럽은 브렌트, 아시아는 두바이를 기준가격으로 사용한다. 셰일가스가 본격적으로 시장에 풀리기 직전인 2005년만 하더라도 WTI가 브렌트보다는 3.8퍼센트, 두바이보다는 14.7퍼센트 비쌌다. WTI는 황 성분이 낮은 더 '좋은 기름'이었기에 오랫동안 두바이보다 15퍼센트 내외의 할증이 존재하고 있었다. 그러나 이 할증은 2005년 이후로는 양 유종에서 모두 소멸되기 시작하였고, 기어이 2012년에는 각각 -15.7퍼센트, -13.7퍼센트의 할인까지 발생하게 되었다. 더 질 좋은 기름의 가격이 더 싸진 것이다. 즉, 셰일 덕택에 미국의 석유가격은 다른 나라보다 상당히 낮아졌다.

석탄도 마찬가지다. 2005년까지만 하더라도 미국의 석탄은 유럽보다 15.8퍼센트, 아시아보다 13.4퍼센트 비쌌다. 그렇지만 2012년에는 각각 -22.1퍼센트, -31.7퍼센트의 할인으로 상황이 완전히 뒤바뀌었다.[29] 물론 미국의 석탄가격이 석유처럼 과거에도 기타 지역 대비 항상 할증을 받았던 것은 아니다. 하지만 비슷한 수준을 유지하는 정도는 되었는데, 2005년 이후 2012년까지 모두 할인 상황이 지속되었다는 것은 미국의 석탄 시장에서 공급과잉이 일어난 결과라고 결론 내릴 수 있다.

2014년까지도 이와 같은 미국 석유와 석탄 가격의 할인현상은 지속되었다. 결국 셰일가스의 급격한 생산증대는 미국 에너지 전반의 공급과잉을 야기하였으며, 이는 직접적인 영향을 미친 가스뿐만 아니라, 석유와 석탄 가격까지도 하락하게 만드는 현상을 만들었다. 셰일가스 혁명은 단순히 가스뿐만 아니라 미국 에너지 산업 전반에 지대한 영향을 미친 현상이었던 것이다.

이 관점은 조금 더 넓게 글로벌 시각으로 펼쳐서 볼 수 있다. 앞서 언급한 대로 전 세계 석유기업들의 공급대기물량이 도처에 깔려 있고, 이 때문에 필연적으로 발생하게 될 공급과잉과 이에 따른 '큰손'의 점유율 전쟁에 의해서 장기 저유가는 불가피해 보인다. 즉, 공급 측면에서 유가가 하락할 수밖에 없다는 것인데, 사실 수요 측면에서도 큰 이슈가 존재한다. 셰일가스 혁명이 만들어낸 '탈석유시대'라는, 즉 석유의 수요가 기조적으로 줄어드는 현상에 의해서도 유가는 하락할 가능성이 높다는 것이다. 따라서 지금의 저유가 상황은 기본적으로 공급과 수요 모두에서 문제가 발생하면서 야기된 현상이라고 할 수 있다.

우리는 흔히 석유의 수요를 말할 때 'GDP 대비 탄성치'를 많이 언급한다. 석유는 에너지원으로서 필수재 성격을 지니고 있어 경기에 상대적으로 둔감한 만큼 그 수요는 GDP의 변동보다 낮은 것이 당연하다는 생각을 하게 된다. 아무리 경기가 안 좋아도 차는 타야 하고 난방도 해야 하기 때문이다. 실제로 2000년부터 2013년까지 13년간 석유 수요의 연누적성장률(CAGR: Compound Annual Growth Rate)은 1.2퍼센트로, 같은 기간 GDP 성장률 2.6퍼센트의 절반도 안 되는 탄성치를 보였다.

과연 에너지 수요는 GDP보다 탄성치가 낮은 것일까? 실제 데이터를 조금만 들여다보면 이는 사실이 아님을 바로 알 수 있다. 석유뿐만 아니라 다른 중요 탄소에너지원인 가스와 석탄, 그리고 원자력, 수력, 신재생을 모두 포함한 세계 에너지 수요를 조사해보

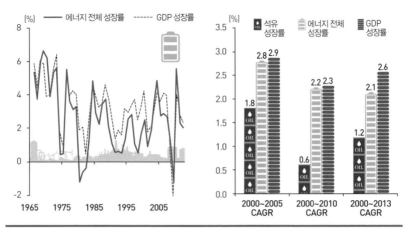

그림 13 | 에너지 수요와 GDP는 완벽히 동행, 원유 수요만 GDP보다 낮음

자료: 수치는 IMF, BP Statistical review of world energy 2015 인용

면, 같은 기간 동안 석유 수요 성장률은 2.4퍼센트로 2.6퍼센트의 GDP 성장률과 거의 같다.

[그림 13]의 왼편을 보면 알 수 있듯이 1965년 이후 GDP와 에너지 수요 성장률은 사실상 동행한다. 즉 에너지 수요 성장률이 GDP 대비 낮은 탄성치를 보인다는 이론은 역사적으로 보더라도 잘 입증되지 않는 추측일 뿐이다.

그렇다면 왜 석유 수요의 상승은 GDP 성장에 미치지 못했을까? 이는 세상을 충격으로 몰아넣었던 1970년대 오일쇼크 이후 사실상 탈석유시대의 흐름이 있어왔기 때문이다. 소비자들은 그때부터 지나치게 비싼 석유를 피해 다른 에너지원으로 이동하기 위해 꾸준하게 노력을 해왔던 것이다. 그리고 2005년부터 본격 등장한 셰일가스는 이를 가속시키는 요인으로서 작용하였다.

그동안 우리가 에너지 시장을 석유 관점에서만 바라보고 또 판단한 이유는 불가피하게 석유의 시대에 한 세기 가까이 살아왔기 때문에 나타난 현상이다. 마치 19세기의 인류가 '에너지 = 석탄'이라고 생각했던 것처럼 20세기 이후의 우리 역시 '에너지 = 석유'라는 공식에 너무 익숙했던 것이다. 그렇지만 1970년대 이후부터 이미 '탈석유시대'는 어느 정도의 모습을 드러내기 시작했고, 2005년부터 본격화된 셰일가스 혁명과 함께 그 속도는 더욱 빨라지고 있음을 잊어서는 안 된다. 따라서 우리가 너무나 익숙하게 생각하고 있는 '에너지 = 석유'라는 발상에서 벗어날 필요가 있다.

우리에게 '패러다임paradigm'이라는 단어로 너무나 유명해진 토마스 쿤Thomas Kuhn은, 새로운 패러다임의 탄생은 필연적으로 기존 패러다임으로부터의 변화 혹은 붕괴로부터 시작된다고 강조했다. 우리에게 석유라는 에너지 패러다임이 붕괴된다는 것은 굉장히 어색하게 들리지만, 가스라는 새로운 패러다임이 이미 등장한 시점에서 이는 필연적인 일이라고 할 수 있다.

셰일가스가 만들어낼 변화를 미리 준비하는 이들
: 에너지 정책을 바꾸는 미국과 일본

미국은 1975년부터 에너지 보호법을 제정하고 자국의 에너지원들에 대해서 철저한 수출 금지 정책을 유지했다. 1973년 당시 OPEC의 금수조치로 인해 큰 경제적 충격을 받은 뒤 에너지 자립을 취한 조치였다. 정제된 석유제품과 일부 부산물에 대해서는 제한적으로 수출을 허용하고 있지만, 가장 중요한 에너지원인 원유 수출에 대해서는 철저하게 통제를 해왔다. 그런데 거의 40년 가까이 이어져왔던 이 에너지 폐쇄주의 정책이 최근 들어서 바뀌고 있다.

먼저 규제가 풀린 쪽은 가스였다. 2013년 5월 미국 에너지부는 천연가스 수출을 승인했다. 물론 동맹국인 일본에만 보낸다는 제한이 붙기는 했지만 이전의 철저한 폐쇄 정책을 생각하면 대단히 큰 움직임이었다. 자유무역협정(FTA) 체결국인 우리나라에도 천연가스 수출을 허용했다.

이어서 2014년 5월에는 미국 상무부가 원유 수출 허용 문제에 대해서 검토 중이라는 언급을 하기에 이르렀다. 그 직후 6월부터 정제제품의 일종인 콘덴세이트condensate 수출을 허용하는 결정을 내리기도 했는데, 우리나라의 정유 업체들 역시 이미 미국 콘덴세이트를 수입하고 있다. 미국은 이에 그치지 않고 유럽 유수의 화학 업체들과 가스 장기공급계약을 속속 맺고 있다. 2015년 9월에는 미국 하원이 원유 수출 금지조치를 해제하는 법안을 통과시켰다. 상원도 이 법안을 조만간 처리할 것으로 보인다.

미국은 왜 갑자기 40년 동안이나 유지했던 에너지 폐쇄 정책을 뒤로 하고 원유 수출을 허용하는 쪽으로 정책을 바꿔 나가고 있을까? 무엇보다 가장 큰 이유는 자국 내 에너지의 공급과잉이다. 두

말 할 필요 없이 이는 셰일혁명에 의해 가스와 석유가 대규모로 생산되고 있기 때문이다.

석유와 가스의 재고 데이터를 보기만 해도 이들이 왜 수출하려고 하는지 알 수 있다. 2005년 이후 셰일혁명에 의해 에너지 공급이 수요에 비해 많아졌기 때문에 미국 내 석유와 가스 재고는 연일 사상 최고치를 갱신하고 있다. 미국의 석유 저장탱크가 더 이상의 물량을 소화할 수 없을 정도라는 보도가 나올 정도다. 이 모든 사실들을 감안해볼 때 미국의 에너지 수출 재개는 시간 문제일 뿐이다.

이렇게 재고로 쌓여 있는 미국의 석유, 가스 물량들이 외부로 쏟아져 나온다면 어떤 일이 벌어지게 될까? 특히 2015년 기준 2.5달러/mmbtu(석유 단위로 환산하면 약 16달러/bbl)에 불과한 미국 셰일가스가 그 엄청난 물량을 풀어내기 시작하면 국제 가스가격은 어떻게 될까? 전 세계는 2015년에 들어서서 유가가 40달러/bbl 수준까지 떨어진 것에 상당한 충격을 받았었는데, 그보다 더 낮은 에너지 가격을 목격하게 될 수도 있다.

유럽과 일본은 이미 미국의 셰일가스를 받아올 준비를 속속 마치고 있다. 유럽의 화학 설비들은 우크라이나 사태 이후 불안정해진 러시아 가스의 공급을 대체하기 위해서 에탄(가스) 장기계약을 속속 체결하고 있다. 일본의 움직임은 더 적극적이다. 2014년 일본의 발전회사인 도쿄전력은 자신이 운영하는 화력발전소 3곳을 셰일가스 전용, 정확히 말하자면 경질 액화천연가스(LNG) 전용 발전소로 2022년까지 개조시킨다는 것을 공식 발표한 바 있다. 2013년에 이미 미국산 셰일가스 도입 계약을 체결한 만큼, 장기적인 시각에서 본격적인 인프라 교체 작업에 들어간 것이라고 할 수 있다.

일본으로서는 셰일가스를 미국으로부터 받아오는 것이 정말 중요한 일이다. 2011년 후쿠시마 쓰나미 사태 이후 원전을 대체하는 움직임을 가속할 수밖에 없었는데, 원전의 낮은 발전단가를 상쇄할 수 있는 에너지원은 현재로서는 미국의 셰일가스밖에 없기 때문이다. 특히 한국만큼이나 해외 에너지에 절대적으로 의존하고 있는 일본으로서는 수입 물가를 고려해서라도 낮은 가격의 미국산 천연가스 도입은 사활을 건 문제이다.

아베 정권 이후 가속화되고 있는 양적완화 정책을 염두에 두고 본다면 미국산 셰일가스 도입의 중요성은 더욱 부각된다. 양적완화의 효과 중 하나는 엔화를 약세로 유도하고 이로 인해 수출 산업의 경쟁력을 강화시키는 것이다. 그런데 엔화의 약세는 수입물가를 올린다는 문제점도 동반하게 된다. 이 상황에서 보다 저렴한 미국산 셰일가스가 들어와 에너지 수입비용에 대한 부담을 줄여주면 악화되고 있는 경상수지 회복에 결정적 기여를 할 수 있다. 아베 정권이 미국과 더욱 긴밀하게 동맹을 유지하려고 하는 것에는 이런 배경도 숨어 있다.

한 가지의 큰 난관은 있다. 파나마 운하의 확장공사가 하루빨리 마무리되어야 한다는 것이다. 현재의 해상 루트를 통해 미국의 셰일가스를 들여오는 것은 사실 별다른 경제적 이득이 없다. 가스를 운송하는 배는 매우 큰데, 이 큰 배가 일본까지 오려면 현재로서는 아프리카의 희망봉을 거쳐서 멀리 돌아오는 길밖에 없기 때문이다.

이 루트를 통해 일본으로 오게 될 경우 운송 기간은 40일이나 걸리고 따라서 운송 비용도 만만찮다. 기체 상태인 천연가스를 배에 싣기 위해서는 액화시켜야 하는데 이 비용까지 생각하면 현재 중동과 남아시아 지역으로부터 들여오는 가스 비용과 큰 차이가 없어진다. 배보다 배꼽이 더 큰 셈이다. 이를 해결해주는 것이 파나마 운하 확장공사다. 이것이 마무리될 경우에는 훨씬 빠른 15일의 운송 루트를 이용할 수 있기에 운송비가 대폭 감축되어 미국산 천연가스 도입의 경제성이 상승한다.

그러나 파나마 운하의 확장공사는 수년 째 완공이 지연되고 있다. 기술적인 어려움도 있을 뿐만 아니라 생각보다 투자자금을 끌어모으는 데 어려움을 겪고 있기 때문이다. 그래서 일본은 파나마 운하에 대한 투자 혹은 지분을 지속적으로 늘려가고 있다. 2014년에는 해외조달금액 중 40퍼센트를 담당할 정도였다. 자신들의 돈을 투입해가면서까지 완공 시점을 앞당겨야 할 만큼 일본에게 이는 중요한 문제이다.

상대적으로 셰일가스의 수입에 대한 우리나라의 움직임은 상당히 소극적이다. 이미 미국은 셰일가스가 어느 정도 경제에 긍정적인 영향을 미칠 수 있는지 직접 보여줬고, 그렇기 때문에 유럽과 일본 같은 선진국들은 이 에너지원을 수입하기 위한 발 빠른 움직임을 보이고 있다. 그리고 이런 움직임이 더 확대될수록 저유가시대, 탈석유시대의 움직임은 더욱 거세게 전개될 것이다.

그런데 이런 미국 셰일가스를 중심으로 한 국제 에너지 정세에 아랑곳하지 않고, 즉 미국에 의존하지 않으며 저유가시대와 탈석유시대를 대비하려는 나라가 하나 있다. 미국과 함께 G2 국가로 우뚝 선, 미국의 새로운 라이벌인 중국이다.

중국판 탈석유시대의 시작, 가스시대가 열리다

석탄 대국 중국의 딜레마

중국은 매우 독특한 에너지 소비구조를 가지고 있다. 전 세계 에너지 소비구조를 보면 2014년 기준으로 석유가 차지하는 비중이 33퍼센트, 가스 24퍼센트, 석탄 30퍼센트 인데, 석탄 비중은 20세기 진입 이후 계속 하락하고 있는 것이 글로벌 트렌드이다. 그런데 중국의 에너지 소비구조를 보면 재미있는 것이, 사양 아이템인 석탄이 차지하는 비중이 2014년 72퍼센트로 절대적으로 높고, 그다음으로 석유 19퍼센트, 가스 6퍼센트 순으로 이루어져 있다.

중국이 이와 같은 에너지 소비구조를 만들어낸 이유는 분명하다. 석탄가격이 상대적으로 낮은 데다가, 중국은 석유와 가스의 매장량이 그다지 많지 않은 반면에 석탄 매장량은 미국, 러시아에 이어서 전 세계 3위에 올라 있기 때문이다. 따라서 과거 폐쇄적 공산주의 성격을 지니고 있던 중국으로서는 에너지 자립이라는 측면에서 석탄의 소비를 늘릴 수밖에 없는 구조였다.

이 때문에 재미있는 현상이 벌어지기도 했다. 20세기 이후 석유의 시대가 열리면서 글로벌 에너지 소비에서 석탄이 차지하는 비중은 헤게모니를 잃고 지속적으로 하락해왔다. 그런데 2000년대 이후 BRICs의 중추 역할을 했던 중국의 경제가 급성장하자 석탄 소비가 반등한 것이었다. 1999년 세계 에너지 소비에서 석탄이 차지하는 비중은 25퍼센트였지만, 2011년에는 30퍼센트까지 올라가기도 했다.

석탄으로 에너지 자립을 이루겠다는 전략은 큰 부작용도 만들어냈다. 석탄은 이산화탄소 배출량이 kwh당 991그램인데, 이는 782그램의 중유(석유), 549그램의 천연가스와 비교해 높다. 불완전 연소가 심각한 만큼 환경에 미치는 악영향이 큰 것이다. '석유에 비해 별 차이가 없네'라는 말을 할 수도 있지만 발전 용도로는 상대적으로 비싼 중유를 거의 쓰지 않는다는 점을 감안해야 한다. 그래서 대다수의 선진국들은 가격경쟁력을 가지고 있고 보다 친환경적인 천연가스의 비중을 높여가고 있는 추세다. 이에 반해 중국은 석탄에 대한 의존도가 높은 만큼 선진국들에 비해 2배 가까이 높은 이산화탄소 배출을 감당해야만 하는 상황에 놓인 것이다.

중국 당국은 일단 환경오염 상황을 심각하게 받아들이고 있다. 2020년까지 에너지 소비 총량에서 석탄의 비중을 60퍼센트까지 낮추겠다는 계획을 발표했고, 제12차 5개년 계획(2011~2015년)에서는 주된 목표 중 하나로 환경 개선을 내세웠다. 따라서 중국의 석탄 의존도는 앞으로 점차 떨어질 것으로 예상된다.

그렇다면 중국은 무엇으로 석탄을 대체할까? 얼핏 생각하기에는 석유가 먼저 떠오를 것이다. 역사적으로 본다고 하더라도 석탄의 시대 다음에는 석유의 시대가 열렸고, 또한 최근 들어서 세계 곳곳에서 새로운 유전이 발견되고 있어 신규물량 확보에도 큰 어려움이 없다.

그러나 의외로 중국의 선택은 석유가 아닌 천연가스였다. 2014년 5월 중국은 정부 주도로 석유 소비가 아닌 가스 소비를 끌어올리겠다는 공격적인 목표를 발표했다. 2020년까지 420bcm으로 끌어올리겠다는 구체적인 수치까지 제시하였는데, 2013년 중국의 연간 가스 수요가 171bcm임을 감안하면 향후 6년 동안 무려 2.5배를 확대시키겠다는 계산이다.

사실 중국은 2000년 이후로 이미 석유에 대한 의존도를 낮추는 대신 가스 사용을 지속적으로 늘려왔다. 물론 경제확장 국면에 발맞추어 절대적인 석유 수요 자체는 증대 추세를 이어왔었다. 하지만 에너지 전체 소비에서 차지하는 비중은 2000년 24퍼센트에서 2014년 19퍼센트까지 하락했다. 반면 같은 기간 가스의 비중은 2퍼센트에서 6퍼센트까지 상승했다. 이미 가스 확대 중심의 정책을 이어오고 있는 것이다. 이런 측면에서 본다면 중국이 앞으로도 가스의 수요를 적극적으로 높이겠다고 선언한 것은 그다지 이상하게 보일 것도 없지만, 중요한 것은 그 속도를 높이겠다는 의지를 천명한 것이다. 가스는 석탄뿐만 아니라 석유보다도 친환경적이니 환경오염에 대처하기 위해서라는 명분도 있다.

그렇다면 궁금한 것은, 과연 어떻게 이처럼 급격히 가스 소비를 늘릴 수 있느냐다. 인프라를 설치해서 가스 소비를 상승시킬 수 있는 산업구조를 만들어야 하는 것도 문제지만, 저 많은 가스를 대체 어디에서 구해올 것인가라는 것에 의문을 가질 수밖에 없다. 그렇지만 세계 최강 경제대국을 꿈꾸는 중국답게 이미 가스 시대를 열어가기 위한 그들의 계획은 철저하게 준비되어 있다. 세 가지 방식이 중국의 가스시대에 있어서 핵심이 될 가능성이 높다. 투르크메니스탄으로부터의 가스 수입, 러시아산 가스 수입, 그리고 중국 자체 셰일가스의 개발이 그것이다.

'신의 한 수', 중앙아시아 에너지전쟁에 개입한 중국

19세기부터 20세기 초까지 영국과 러시아는 중앙아시아의 내륙을 두고 그 유명한 '그레이트 게임The Great Game'이라는 패권 전쟁을 펼쳤다. 당시 영국은 인도를 식민지로 삼고 있는 상태였는데, 러시아가 중앙아시아까지 영토를 확장하게 되자 필연적으로 양국이 맞닥뜨리기에 이른다. 중앙아시아가 서구 열강들의 주요 침략지대, 혹은 영토분쟁의 무대로 자주 나타났던 이유는 풍부한 천연자원과 비옥한 땅이 있었기 때문이다. 실제로 『총, 균, 쇠』라는 명작의 저자인 재러드 다이아몬드^{Jared Diamond}는 그 방대한 분량의 책을 통해서 중앙아시아(책에서는 유라시아라고 표현)가 왜 '비옥한 초승달 지대'라고 오랜 기간 동안 불리며 그렇게 많은 문명의 발전을 이뤄왔고, 또 그만큼 침략의 역사를 지닐 수밖에 없었는지를 중요하게 다루기도 했다.

중앙아시아의 천연자원과 비옥한 땅은 지금까지도 큰 각광을 받고 있다. 20세기 후반에 들어서는 과거와 조금 다른 양상이기는 하지만 여전히 그 많은 천연자원을 두고 정치적·경제적 분쟁이 발생하고 있다. 그중에서도 가장 핵심이 되고 있는 요소가 바로 에너지다. 때문에 최근의 이런 에너지를 둔 열강들의 치열한 각축전을 두고 '제2의 그레이트 게임^{The 2nd Great Game}'이라 표현하기도 하고, 혹은 카스피해를 중심으로 이 분쟁들이 발생하기에 '카스피 더비^{Caspian Derby}'라는 표현을 쓰기도 한다.

대표적으로 언급할 수 있는 사건이 바로 소련의 붕괴다. 미국 레이건 대통령 시절 사우디의 지속적인 증산으로 인한 장기 저유가 상황 때문에 소련의 경제위기가 발생했고 결과적으로 연방체제가 붕괴하면서 중앙아시아에는 1990년을 전후로 많은 독립국가들이 탄생됐다. 우즈베키스탄, 카자흐스탄, 투르크메니스탄, 아제르바이잔 등인데, 이들은 모두 석유와 가스를 다량 보유하고 있는 자원 부국들이다. 그중에서도 소련 해체 당시만 하더라도 가장 매력적인 유전을 보유한 곳이라 평가받았던 아제르바이잔은 7공주파가 서로 파이프라인을 미리 깔기 위해 격전을 벌이기도 했다. '카스피 더비'라는 표현은 이때부터 나오기 시작한 것이다.

서구 열강들이 중앙아시아를 두고 격전을 벌이고 있을 즈음 재미있는 일이 하나 벌어졌다. 그때까지만 하더라도 세계 에너지 정세에 크게 신경을 쓰지 않아도 됐던 중국이 에너지전쟁에 개입하기 시작한 것이다. 서구 열강들이 이미 잠식한 아제르바이잔을 제외한 다른 중앙아시아 국가들을 대상으로 발 빠른 움직임을 보였다. 지리적으로 가깝다는 이점뿐만 아니라 같은 한족계열이 있다는 점, 그리고 무엇보다 값싼 공산품을 대량으로 공급해주겠다는 다양한 미끼를 이용하며 적극적인 공략을 해나가기 시작했다.

서구 열강들이 이런 중국의 움직임에 크게 신경 쓰지 않았던 이유는 당시만 하더라도 카자흐스탄, 우즈베키스탄, 투르크메니스탄 등은 그다지 큰 각광을 받지 못했기 때문이기도 하다. 카자흐스탄과 우즈베키스탄은 석유가 많이 매장되어 있을 것이라는 추정이 있긴 했지만 황 성분이 많이 함유되어 품질이 좋지 못했다. 또한 투르크메니스탄은 그때만 하더라도 그다지 각광을 받지 못했던 천연가스만을 대량으로 보유했기 때문에 서구 열강들의 관심을 크게 받지 못하고 있었다. 그때 중국은 한 발 앞서 움직이면서 중앙아시아 시장을 점령해나갔던 것이다.

뒤늦게 밝혀진 부분이지만 카자흐스탄의 석유 매장량은 300억 배럴로서 아제르바이잔의 70억 배럴보다 4배 이상 많다. 게다가 지금은 탈황 기술이 많이 발전하여 석유에 황 성분이 많다는 것은 그다지 큰 문제가 되지 않는다. 때문에 중앙아시아로 한 발 먼저 움직인 중국은 말 그대로 '신의 한 수'를 둔 셈이 되었다. 실제로 2005년 8월 카자흐스탄이 당시 29억 달러의 가치를 지닌 것으로 평가받았던 국영석유기업 페트로카자흐스탄PetroKazakhstan의 지분 매각에 나섰는데, 서구 열강들의 외면 속에서 중국은 인도와 끝까지 치열한 인수 경쟁을 펼친 끝에 승리를 거둔 바 있다.

중국의 최종 입찰금액은 예상금액을 훌쩍 뛰어넘는 42억 달러였다. 인도 역시 36억 달러로 적잖이 높은 금액을 써냈지만 중국에는 미치지 못했다. 그 당시 이 계약에 대해서 쉘Shell의 독립국가연합(CIS) 담당 사장이었던 마틴 퍼슬Martin Purcell은 "경제적으로 턱도 없는 가격"이라며 비하하는 발언을 하기도 했다.[30] 지금에 와서 쉘이 이 계약을 어떻게 평가하고 있는지 궁금하다. 계약 당시만 하더라도 카자흐스탄의 석유 확인 매장량은 90억 배럴에 불과했으나, 이후로 꾸준히 석유 개발이 진행되어 2014년에는 확인 매장량이 300억 배럴까지 3배 이상 증대됐으니, 쉘이 그때와 똑같은 평가를 하지는 못할 것 같다.

카자흐스탄은 전초전에 불과했다. 더욱 큰 사건은 투르크메니스탄에서 나온다. 이곳은 소련 분할을 전후로 가스가 많이 매장된 곳으로 유명했다. 2000년까지만 해도 2.3tcm(조 입방미터)이 매장되어 있는 것으로 알려져 중앙아시아에서 가장 많은 것으로 파악되고 있었다. 그렇지만 보유량이 30tcm 넘는 러시아에 비해 상대적으로 크게 낮았기 때문에 그다지 큰 관심을 끌지는 못했다. 당시만 하더라도 석유가 절대적이었다는 시대상황 또한 이런 평가에 한몫했을 것이다.

그러나 중국은 이 지역에도 미리 공을 들였다. 2005년부터 총리급 인사가 방문하면서 에너지 개발 문제에 대해서 많은 합의를 이루었고, 2006년에는 대규모 가스 공급계약을 맺었다. 이 역시 7공주파가 볼 때에는 마치 페트로카자흐스탄의 인수처럼 의미 없는 행동으로 보였을지도 모른다. 그 당시까지만 하더라도 충분히 그럴 수 있었다.

이 상황이 완전히 반전을 이룬 것은 2006년 11월 욜로텐-오스만 지역에서 대규모 가스전이 발견되면서부터다. 이 가스전은 차후 이름이 갈키니쉬로 바뀌었는데, 개발 당시 세계 5대 가스전 중 하나라는 놀라운 평가를 받았다. 그로 인해서 투르크메니스탄의 가스 매장량은 2.3tcm에서 2011년 17.5tcm까지 엄청난 증대를 이루게 된다. 이것이 어느 정도냐 하면, 2008~2014년 기간 동안 전 세계 가스 매장량 증대분에서 투르크메니스탄이 차지한 비중이 무려 59.8퍼센트나 되었고, 이로 인해 세계 4위 가스 보유국으로 올라올 수준이었다. 그런데 중국이 이런 '황금싸라기' 지역을 미리 선점하고 있었던 것이니 정말이지 '대박'을 맞이한 셈이었다.

양국의 관계가 어느 정도로 돈독한지는 투르크메니스탄 대통령들의 행보를 보면 알 수 있다. 2012년 당시 대통령이었던 사파르

무라트 니야조프Saparmurat Niyazov가 중국의 국가주석이었던 후진타오에게 국보인 한혈보마(페르가나 말, 혹은 적토마)를 선물했다. 2014년에는 새롭게 대통령이 된 구르반굴리 베르디무하메도프Gurbanguly Berdimuhamedov가 시진핑 주석에게 역시 같은 선물을 했다. 이 한혈보마는 투르크메니스탄 역사에서 특수한 위상을 차지하는 국보와도 같은 것이다. 이를 대통령들이 연달아 중국에게 선물했다는 것은 양국의 긴밀한 관계를 보여주는 단면이라 할 수 있다.

중국의 가스시대는 바로 이 투르크메니스탄의 막대한 양의 가스로부터 시작된다. 이미 2000년대 중반 이후 CNPC, 시노펙, CNOOC의 주도하에 가스 개발을 직접 진행해 물량을 중국으로 빨아들이고 있다. 때문에 이전까지만 하더라도 사실상 없다시피 했던 중국의 PNG(Pipeline Natural Gas, 파이프라인 천연가스) 수입량은 2009년부터 급증하기 시작했다. 2014년 중국 PNG 수입 물량 27.4bcm 중 22.3bcm이 바로 투르크메니스탄 물량이었으니, 사실상 거의 모든 부분을 이쪽에 의존하고 있다고 해도 과언이 아니다.[31]

중국의 계획은 이것이 끝이 아니다. 현재 파이프라인 A와 B를 통해서 물량을 수입하고 있는데, 2014년에 완공된 C가 서서히 가동률을 올리고 있고, 2016년에는 D까지 완공이 된다. 결국 이 4개 라인이 모두 완공되었을 때 중국으로 최종적으로 들어오게 되는 투르크메니스탄 PNG 물량은 연간 약 100bcm. 중국 정부의 천연가스 수요 목표가 2020년 420bcm이니 2014년(170bcm)보다 250bcm이 증대되어야 하는데, 그중 약 40퍼센트에 해당하는 비중이 투르크메니스탄으로부터 오게 되는 것이다.

물론 모든 것이 계획대로 흘러가지는 않을 확률이 높다. 아무래도 기술적 측면에서 많이 부족한 양 국가이기 때문에 일정상의 차질이 발생할 수 있다. 그러나 에너지 수출에서 국가 수익의 대다수를 얻어내는 투르크메니스탄이기에 그들로서도 성공적인 가스 수출을 이루는 것은 매우 중요한 문제다. 따라서 시점의 문제일 뿐, 결국 대규모의 가스가 중국으로 유입될 것이고, 그것이 중국이 가스시대로 나아가는 데 큰 역할을 할 것이라는 점은 틀림없어 보인다.

러시아와 중국의
에너지 밀월관계가 시작되다

투르크메니스탄에 이어 중국판 가스시대를 주도할 두 번째 요인은 바로 러시아산 가스 수입이다. 상식적으로만 생각한다면 국경을 맞대고 있고, 게다가 공산주의라는 이념을 오랫동안 공유했던 러시아와 중국이 가스를 거래한다는 것은 당연해 보인다고 할 수 있다. 그렇지만 놀랍게도 양국은 지금까지 거의 거래를 하지 않았다. 러시아가 전 세계 가스 수출 물량의 약 20퍼센트를 차지할 정도로 최대 수출 국가로서의 입지를 유지해오고 있음에도 중국과의 거래는 없었다.

사실 중국과 러시아 간에 가스 거래를 성사시키기 위한 노력이 지금까지 전혀 없었던 것은 아니었다. 2000년대 중반 이후 꾸준하게 협상을 해왔던 것으로 보이는데, 가격 등을 포함한 계약 조건상의 이견이 컸기 때문에 오랜 기간 동안 마무리되지 못했다.

양국이 가스 거래에 미온적인 태도를 취해왔던 이유는 여러 가지가 있다. 그중에서도 가장 대표적인 것은 양측 모두 가스 거래에 굳이 관심을 가질 만한 상황이 아니었다는 것이다. 중국은 에너지 소비구조에서 가스에 대한 의존도가 높지 않았고, 러시아 역시 에너지 수출구조에서 유럽이라는 절대적인 고객을 보유하고 있었다.

그런데 2014년 5월 21일 엄청난 소식이 세상을 놀라게 했다. 10년 가까이 별다른 진전 없이 지루하게 이어오기만 하던 중국과 러시아의 가스 계약이 급작스럽게 마무리되어 공개된 것이다. 시진핑 국가주석과 블라디미르 푸틴Vladimir Putin 총리가 직접 참석한 가운데 양측은 2018년부터 가스 공급을 시작해 이후 최대 연간 38bcm까지 수출 물량을 확대한다는 합의에 서명했다. 계약 기간은 무려 30년이다. 물량 기준으로는 러시아 사상 최대의 수출 계약이었다. 관심사였던 가격에 대해서는 공개를 하지 않았지만, 양측이 드디어 거래를 시작했다는 것 자체가 크나큰 이슈가 될 수밖에 없었다.

그런데 이 놀라운 소식이 잠잠해지기 전, 중국과 러시아는 또 하나의 메머드급 계약을 발표했다. 같은 해인 2014년 11월 베이징에서 열린 APEC 정상회담에서 추가로 연간 30bcm의 가스 공급계약을 체결한 것이다. 푸틴이 직접 발표해 반드시 지켜질 계약임을 과시했다. 앞선 38bcm 계약은 '동쪽' 라인을 통해 들어오고, 이번 연간 30bcm 계약은 '서쪽' 라인을 통해 들어오기로 했다. 10년 가까이 계약 합의에 큰 이견을 보이던 양측이 약 6개월 사이에 완전히 달라진 기류를 형성하며 대형 계약을 두 건이나 터뜨리는 놀라운 반전을 보여준 것이다.

도대체 무슨 일이 있었기에 이들은 대규모 가스 계약을 서둘렀던 것일까? 자세한 내막은 공개되지 않았지만 계약 시점에 양국의 정치적·경제적 상황을 살펴보면 어느 정도의 속내를 알 수 있다.

중국의 입장부터 살펴보면, 앞서 언급한 대로 그들은 '가스시대'를 열어가겠다는 중장기적인 목표를 이미 수립한 상황이었다. 때문에 자국 내에서 대량으로 생산되는 석탄에만 의존하고 있던 이전과는 완전히 다른 입장이 될 수밖에 없었다. 게다가 2020년에는 420bcm의 가스 수요를 달성하겠다는, 즉 2014년 대비 250bcm의 추가 가스를 확보하겠다는 구체적이면서도 공격적인 계획도 수립하고 있었기 때문에, 가스를 대규모로 보유하고 있는 러시아에게 이전과는 다른 전향적인 태도로 접근할 수밖에 없었던 것이다.

러시아 역시 중국처럼 급변한 정세를 맞이하고 있었다. 차이가 있다면, 중국이 능동적 변화였다면 러시아는 수동적 변화였다고 할 수 있을 텐데, 러시아가 최대 가스 수출지역으로서 확고히 확보하고 있었던 유럽과의 관계가 흔들리기 시작한 것이 문제의 발단이었다. 2014년 기준 러시아의 가스 수출에서 유럽으로 향하는 비중은 무려 92.8퍼센트에 이를 정도였으니, 유럽 시장은 러시아

경제에 있어서 대단히 큰 의미였다. 그런데 2014년 초에 발생한 우크라이나 크림반도 사태에 의해서 러시아-유럽 천연가스 수송 루트에 대한 불확실성이 증폭되자 러시아로서도 마음이 급해질 수밖에 없는 상황이었다.

우리에게 크림반도 사태란 그저 러시아와 우크라이나 간의 정치적 분쟁 정도로 파악되는 수준이지만, 이 사건은 유럽 전반을 긴장으로 몰아넣은 실로 엄청난 사건이었다. 우크라이나는 러시아의 가스가 유럽으로 넘어가는 파이프들이 결집되어 있는 주된 통로이기 때문이다. 통상 전체 물량의 40퍼센트 정도가 우크라이나를 통하는 것으로 파악되고 있다. 즉, 우크라이나의 지정학적 불안이 불거지면서 수송이 원활하게 되지 않을 경우에는, 수출하는 입장인 러시아와 수입하는 입장인 유럽 모두 에너지 수급 위기에 봉착하게 되는 상황이었다.

이 사태에서 한 가지 눈여겨볼 것은 긴장이 촉발된 상황 자체가 과거와는 조금 다르다는 것이다. 러시아와 우크라이나 간의 문제가 이번에 처음 발생한 것은 아니었다. 2006년과 2009년에도 가스 수출의 중단 여부가 거론될 만큼 정치적인 이슈가 발생한 바 있었다. 당시만 하더라도 러시아의 입장은 가스 수출을 중단시킬 수도 있다는 능동적인 입장에 서서 사태를 주도했다. 실제 러시아는 가스 수출가격을 인상하기 위해서 우크라이나 이외에 벨로루시 등의 국가에서 가끔 이런 트러블을 의도적으로 일으키곤 했다. 그러나 이번에는 우크라이나 사태로 러시아가 수세로 몰렸으니, 러시아로서는 경험이 많지 않은 수동적 상황에 처할 수밖에 없었다.

결국 러시아로서는 지금까지 과도하게 높았던 유럽에 대한 에너지 수출 의존도를 줄이기 위해 새로운 수요처에 대한 필요성이 급격히 증대되고 있었다. 그 상황에서 중국이라는 존재가 부각된 것이었고, 이런 배경이 양측의 생각보다 빠른 합의를 도출하게 만든 것이다. 이 두 건의 계약을 통해 거래되는 68bcm 규모의 가스 물량은 중국뿐만 아니라 러시아에게도 의미가 상당히 크다. 러시아의 2014년 가스 전체 수출 물량은 202bcm인데, 이것의 33.7퍼센트에 해당할 정도의 대규모이기 때문이다. 즉 절대적으로 유럽에게 의존하던 과거의 행태에서 크게 벗어날 수 있는 기회를 중국을 통해서 순식간에 찾은 셈이다.

물론 이 가스 공급이 실현되기까지는 꽤 시간이 걸릴 것이다. 표면적으로 내세운 공급시점은 2018년인데, 통상 이런 대규모의 사업은 계획 대비 늦춰지는 경우가 다반사이다. 그러나 확실한 것은 양 국가의 가스 공급이 머지않아 시작된다는 것이다. 이미 2015년 6월 29일에는 중국 헤이룽장 헤이허시에서 중국-러시아를 잇는 동부 천연가스 라인에 대한 기공식이 있었다. 게다가 러시아 최대 국영가스회사인 가즈프롬이 파이프의 건설과 운영에서 오랜 경험과 기술을 축적한 세계 최고 수준의 기업이라는 것 또한 이 계약을 현실화시키는 데 큰 도움이 될 것이다.

세계 최대의 셰일가스 보유국,
중국에 부는 셰일혁명

중국이 가스시대를 여는 데 있어 투르크메니스탄과 러시아가 깊숙하게 개입되어 있다는 사실은 적잖이 놀랄 만한 일이다. 그러나 중국판 가스시대를 가능케 하는 세 가지 요인 중에서도 가장 관심이 많이 갈 만한, 그리고 상당한 충격으로 다가올 것이 바로 중국도 미국과 같은 셰일혁명을 준비하고 있다는 것이다. 이미 CNPC, 시노펙, CNOOC 등 중국의 3대 국영 에너지기업이 모두 개발에 참여하고 있을 정도로 중국의 셰일 열풍은 만만치 않다. 그렇다면 궁금한 부분은 과연 중국이 최첨단 기술과 대규모 자본이 필요한 셰일가스 개발을 성공해내는 것이 가능하겠느냐는 것이다.

일단 개발의 가능성을 차치하고서라도 중국에 있어 개발의 당위성만큼은 충분히 있다. 세계 최대의 셰일가스 보유국은 종주국 미국이 아니라 중국이기 때문이다. EIA에 따르면 2013년 기준 전 세계 셰일가스 매장량 187tcm 중에서 약 20퍼센트 가까운 물량인 36tcm이 중국 땅에 묻혀 있다. 이는 세계에서 가장 많은 물량으로서, 미국의 24tcm보다 많다. 3대 국영석유기업이 모두 뛰어들어서라도 개발을 해야만 하는 이유라고 할 수 있다.

서구의 언론은 지금까지 중국의 셰일가스 개발 성공 가능성에 대해서 매우 인색한 평가를 내리고 있다. 매장량이 많은 것은 사실이지만 여러 가지 제반 여건이 갖추어지지 않은 탓에 단기간 내에 개발할 가능성은 매우 낮다고 본 것이다. 그 대표적인 근거로서 중국의 물 부족 상황, 더 깊고 캐기 어려운 셰일가스층의 위치, 가스파이프 인프라의 부족, 기술적인 부분 등이 주로 지적되었다. 이 때문에 중국이 2015년 6.5bcm의 셰일가스 생산목표를 발표했을 때 이를 눈여겨보는 사람이 거의 없을 정도였다.

그런데 놀라운 소식이 들려왔다. CNPC와 시노펙이 모두의 예상을 뒤엎고 셰일가스의 개발에 성공한 것이다. CNPC는 쓰촨 남서부와 윈난 자오통에서의 신규 생산을 통해 2015년 총 2.6bcm의 생산이 있을 것이라고 발표했고, 뒤이어서 시노펙 또한 펄링 지역에서 5bcm이 생산된다고 발표했다. 이를 합치게 되면 7.6bcm가 생산되어 기존 계획을 뛰어넘는 수준을 달성하게 되는 셈이다. 대체 이들은 문제로 지적되었던 네 가지 요인을 어떻게 해결하고 생산에 성공하게 된 것일까?

먼저 살펴볼 부분은 중국의 물 부족 현상에 대한 것이다. 중국의 셰일가스 매장량 중 4분의 1에 가까운 물량이 쓰촨 지역에 존재한다. 쓰촨 주변의 충칭, 구이저우, 후난, 후베이 등 남서부 지역을 포함하면 절반에 해당하는 대규모 물량이 그 주변에 묻혀 있는 것으로 알려져 있다. 이 지역들은 중국 내에서도 가장 물이 풍부한 곳이다. 이 지역만 잘 개발해도 미국만큼의 셰일가스를 뽑아내는 데에는 무리가 없다고 할 수 있다.

쓰촨성은 한자로 사천성四川省이다. 말 그대로 4개의 강이 흐르는 지역이라는 의미다. 중국 최대의 강인 양쯔강을 포함해 민장

강, 자링강, 퉈강이 이곳을 지나기 때문에 물이 적지 않다. 안타까운 이야기이기는 하지만 2015년에는 쓰촨 지역에 70년 만에 최대 폭우가 쏟아져 홍수 사태를 맞기도 할 정도였다. 사막으로 뒤덮인 북서부 지역이면 모를까 최소한 쓰촨 지역에서만큼은 셰일가스 개발에서 물 부족이 큰 문제가 되지는 않을 것으로 보인다.

그렇다고 해서 남서부 지역에서 무조건 대량생산이 가능하다고 판단하기에는 조심스러운 부분이 여전히 있다. 일단 셰일가스 개발이 지금보다 더 활발해질 경우 농업용수 부족 문제가 발생할 수 있고, 환경오염에 관련된 문제 또한 해결해야 하기 때문이다. 셰일가스 개발지역의 경우 개발 당시 포함되는 화학약품 때문에 수질오염 문제가 발생하는 경우가 많고 이를 해결할 제도가 마련되어 있지 않다. 실제로 이런 어려움 때문에 중국 국토자원부 토지광물매장량관리센터에서는 "중국 셰일가스 발전의 가장 큰 어려움은 기술, 자원의 문제가 아니라 제도의 문제"라는 말을 남기기도 했다. 어찌되었든 중국이 국가 전반적으로 물 부족 국가이기 때문에 셰일가스의 개발이 어렵다고는 할 수 없다.

두 번째 문제로 지적되는 부분, 즉 흔히 'drilling depth'라고 표현되는 매장 지역의 지층 대비 깊이 문제에 대해서도 조금 더 생각해볼 부분이 있다. 일반적으로 미국에 비해 중국의 셰일가스 매장 깊이는 3배 정도에 이르는 것으로 알려지는데, 이렇게 될 경우에는 당연히 생산원가가 높아질 수밖에 없다는 문제에 직면하게 된다. 즉 미국의 개발원가가 약 1.5~2달러/mmbtu라고 한다면 중국은 5달러/mmbtu 정도가 된다는 것이다. 개발 업체의 입장에서 이는 분명 부담이 될 수 있는 요인이다.

그렇지만 동시에 같이 감안해야 할 것이 아시아 지역의 가스가격은 미국보다 많이 높다는 것이다. 러시아와 중동이 아시아의 국가에게 판매하는 가스가격은 대다수 석유와 연동되어 있다. 즉 50달러/bbl을 기준으로 석유가 판매된다면 등가로 환산되어 가스는 7~8달러/mmbtu 정도로 판매된다는 것이다. 러시아와 중동의 가스는 대다수가 석유와 동반 생산되는 수반가스이기 때문에 그렇다. 실제로 아시아의 대표 가스 가격지표로서 활용되는 일본의 가스 수입가격은 2015년 5월 기준 8.8달러/mmbtu로 계산되었다.

이를 감안할 때 설사 중국 지역이 5달러/mmbtu의 셰일가스 생산단가를 보인다고 하더라도 큰 문제가 안 된다고 할 수 있다. 일단 자국이 선박으로 수입하는 액화천연가스보다는 저렴하기 때문이다. 아직 미국만큼 대량생산을 이루지 못한 데다가 가스 인프라도 많이 부족한 부분을 감안한다면 중국의 생산단가는 이보다 더 높을 수도 있다. 다만 현 시점에서는 충분히 개발할 만한 상황이 조성되어 있고, 추후 더욱 생산량이 많아진다면 자연스럽게 원가가 하락하는 것도 감안해야 하기 때문에 매장 위치가 깊다고 해서 생산이 불가하다고는 할 수 없는 것이다.

결국 물 부족이나 매장 깊이를 논할 때 우리가 감안해야 하는 것은, 이러한 상황을 미국 중심으로만 해석해서는 안 된다는 것이다. 중국도 나름대로 장기적인 관점에서 경제적·정치적인 판단을 내려서 현재 셰일가스를 개발하고 있고, 실제 미량이지만 생산에도 성공했다. 중국이 수조 원이 되는 투자금액을 공격적으로 투자하는 데에는 그만큼의 투자판단과 이유가 있다는 것을 간과해서는 안 된다.

사실 이보다 가장 큰 문제로 지적되었던 것은 기술적인 문제이다. 미국이 셰일가스층의 존재를 이미 1800년대에 알았음에도 불구하고 그보다 약 200년이 지난 시점에서야 본격적으로 생산을 하게 된 이유는 바로 기술적인 부분 때문이었다. 수평시추와 수압파쇄는 그만큼 현대 석유와 가스 개발 산업에서는 획기적인 기술혁명이라고 할 수 있다. 그런데 원천기술도 없고, 미국에게 기술을 의존하지도 않는 중국이 어떻게 셰일가스를 개발할 수 있겠느냐는 것은 당연히 나올 수밖에 없는 질문이다.

이에 대한 대답은 'M&A'라고 간단하게 정리할 수 있다. 페트로카자흐스탄을 인수할 때도 그랬지만, 중국은 엄청난 현금을 바탕으로 자신들이 원하는 것들은 어떻게든 얻어낼 만한 여력을 보유하고 있다. 셰일과 관련한 기술의 습득에서도 어김없이 그들은 이와 같은 카드를 꺼내 들었다.

2011년 시노펙은 캐나다의 셰일 생산 업체인 데이라잇 에너지 Daylight Energy를 21억 달러에 인수한 바 있다. 물론 그렇게 큰 금액은 아니라는 것에서 알 수 있듯이 셰일의 메이저 업체를 인수한 것은 아니었다. 그렇지만 중국이 상당히 이른 시점에서부터 셰일 생산

기술을 가진 업체들을 인수하면서 기술 획득에 대한 의지를 보여 왔다는 것만큼은 이를 통해 확인할 수 있다. 게다가 그 정도 인수로 끝난 것도 아니었다.

2011년 CNOOC은 미국의 대표 셰일 생산 업체인 체사픽Chesapeake으로부터 역시 대표 셰일생산 지역인 텍사스 이글포드 내의 셰일 프로젝트 지분을 33퍼센트 인수한 바 있다. 이듬해인 2012년에는 시노펙이 역시 미국의 메이저 개발 업체인 드본 에너지Devon Energy로부터 5개의 셰일 개발지역 지분 33퍼센트를, 뒤이어서는 3대 국영 석유기업 중 대장격인 CNPC가 2012년 캐나다 엔카나Encana로부터 셰일가스전의 지분 49.9퍼센트를 인수했다.

화룡점정이라 할 수 있는 일은 2012년에 벌어졌다. CNOOC이 캐나다의 대표적인 셰일 개발 업체이자 캐나다 6위 에너지 개발 업체였던 넥센Nexen을 151억 달러에 인수한 것이다. 한화로 약 15조 원에 이르는 대규모 딜이었는데, 이는 당시만 하더라도 중국 역사상 최대 규모의 해외 M&A로 기록되기도 했다.

중국의 셰일 기술 확보에 관해서 보였던 확실한 노선은, 미국에 개발을 요청하기보다는 막대한 자금력을 바탕으로 빠르게 그들의 기술을 따라잡는 패스트 팔로워fast follower로서의 모습이다. 그렇게 몇 년간 기술과 경험을 취득한 것이 2015년부터 중국 셰일가스 생산을 일부나마 가능하게 만든 원동력이 될 수 있었다.

실제로 영국의 에너지 전문 업체인 글로벌 에너지Global Energy는 2014년 중국 시노펙의 경우 'Model 3000 Fracturing Vehicle'이라는 자체적인 수압파쇄 기술을 개발해 실제 셰일가스전에서 사용하고 있고, 미국보다 50퍼센트가량 낮은 제조단가 덕택에 북미 지역으로 일부 수출까지 되고 있다고 전한 바 있다. 그만큼 그들의 기술발전 속도는 생각보다 빠르다.

마지막으로 지적되는 부분은 중국 내 가스파이프라인의 설치량이 부족하다는 것이다. 실제로 미국과 중국의 국토 면적은 유사한데, 미국에는 49만 킬로미터의 가스파이프가 설치된 데 반해 중국은 4.3만 킬로미터에 불과한 것으로 추정된다. 미국의 10분의 1도 안 되는 수준이다. 이럴 경우 설사 셰일가스를 개발한다고 하더라도 원하는 지역으로 원활하게 운송을 하는 데 큰 제약요인이 될 수밖에 없다.

이는 단번에 해결될 수 있는 것이 아니다. 그러나 중국이 가스시대를 열고 투르크메니스탄과 러시아로부터 가스 수입을 결정하면서 가스파이프라인 구축에 계속해서 대규모 투자를 하고 있다. 두 국가로부터 가스를 받아오기 위해 설치되는 가스파이프라인은 셰일가스 개발지역과 연결될 가능성이 높다.

무엇보다 중국의 셰일가스 개발을 평가할 때 염두에 두어야 할 부분은, 그들은 아직 가스 소비에 있어서 미국에 비해 걸음마를 뗀 단계 정도에 불과하다는 것이다. 미국은 2014년 기준 760bcm가량의 가스를 소모하고 있고 그중 300bcm가량이 셰일가스인 것으로 파악되고 있다. 그에 비해서 현재 중국의 가스 소비량은 약 180bcm이고 그중 셰일가스는 매우 소량만을 차지할 뿐이다. 전체

가스 소비만 본다고 하더라도 미국 대비 아직 4분의 1에도 미치지 못한다. 그렇기 때문에 그들의 인프라가 벌써부터 미국에 근접해 있으리라 기대하는 것 자체가 비교의 기준점이 잘못된 것이라고 할 수 있다.

2020년까지 가스시대를 열어감에 있어서 그들이 설정한 목표 역시 전체 가스 소비는 420bcm, 그중 셰일가스는 80bcm(12차 5개년 계획상)이다. 이는 현재의 미국과 비교해본다고 하더라도 크게 못 미치는 수준이다. 중국은 지금부터 자신들이 세운 계획에 맞게 가스 개발과 인프라 구축을 해나가도 충분히 그 정도의 목표는 달성할 수 있을 것이다.

정리해보자면, 2020년까지 중국은 420bcm의 가스 수요를 달성하겠다는 목표를 세웠고, 이는 2014년 170bcm의 수요 대비 250bcm의 추가 가스를 확보해야만 이룰 수 있는 목표다. 이는 세 가지의 경로를 통해서 주로 달성될 것이다. 약 100bcm은 투르크메니스탄의 갈키니쉬 가스전에서 유입되고, 약 70bcm은 러시아와의 동서 라인 가스 수입계약으로부터 유입되며, 나머지 80bcm은 셰일가스의 개발을 통해서 이루게 될 것이다. 이것이 그들이 가스시대의 개막을 위해서 준비한 부분이라고 할 수 있다.

물론 이렇게 산술적으로만 될 수 있는 것은 아니다. 투르크메니스탄의 가스는 개발과 파이프라인 구축에서 여전히 계획된 시점을 맞출 수 있을지 의심스럽고, 러시아의 파이프라인 또한 장기적으로 70bcm을 달성하겠다는 것이기 때문에 2020년에 바로 모든 물량을 다 받을 것이라고는 보기 어렵다. 셰일가스 개발 역시 많은 난관에 봉착해 있다. 실제로 중국은 2020년 셰일가스 개발 목표를 30bcm까지 낮춰야 한다는 발표를 한 적도 있었다. 물론 이후 CNPC의 셰일가스전 개발로 인해서 다시 목표치를 올릴 수 있다는 긍정적인 보도를 내놓기도 했지만, 개발이 쉽지 않다는 것만큼은 충분히 느낄 수 있다.

한 가지 우리가 확인할 수 있는 큰 부분은, 어찌되었든 중국의 가스시대는 상당히 현실감 있게 다가오고 있다는 것이다. 2020년 420bcm을 달성할 수 있을지 없을지는 지켜봐야 하지만, 정부와 3대 국영석유기업의 적극적인 개발 의지에 의해 분명히 지금보다 가스에 대한 의존도가 높아지는 중국을 점진적으로 보게 될 가능성이 높다. 그리고 세계 최대의 에너지 소비국이 이와 같은 가스시대로의 진입을 본격화·현실화하고 있다는 것만으로도 전 세계 에너지 소비 패턴에 의미가 크다.

전기차에서
3차 산업혁명을 바라보다

모터쇼가 되어버린
세계 최대의 가전쇼

　　　　　　매년 1월 미국 라스베이거스에서는 CES (Consumer Electronics Show)가 열린다. 한국에서는 이를 가전쇼라고 부르는데, 명실공히 그 시대의 모든 IT 제품의 트렌드뿐만 아니라 미래의 모습까지도 볼 수 있기 때문에 흔히 이를 '세계 최대의 가전쇼'라고 부르기도 한다. 따라서 당대 최고의 IT 업체뿐만이 아니라, 유수의 언론·학계 인사들이 이 자리에 모여 연초부터 후끈한 분위기를 만들어내곤 한다.

　그런데 2014년부터 흥미로운 일이 발생했다. CES의 개막을 알리는 기조연설자로 누가 맡게 될 것인가는 항상 세간의 관심을 끌었는데, 2014년의 기조연설자 중 한 명이 세계 최고 수준의 자동차 업체인 아우디Audi의 회장 루퍼드 슈타들러Rupert Stadler였던 것이다. IT 업체가 아닌 자동차 업체의 대표가 기조연설자가 되었다는 것만으로도 충분히 이슈가 될 만한 상황이었다. 그리고 그는 그 특이성 못지않게 의미심장한 말을 남기면서 세상의 큰 변화가 시작되고 있음을 알렸다. 이를 요약하자면 다음과 같다.

"자동차의 1세대는 그저 달리는 기계를 개발한 것(created a machine)이었습니다. 이어진 2세대는 기계를 길들이는 것(taming)이었고요. 즉 자동차에 대한 신뢰감을 높이는 가운데 일상생활에 녹아들 수 있게 한 것이었죠. 3세대는 오늘까지도 계속되는 일인데, 안정성, 효율성, 기술력 그리고 고급스러움(safety, efficiency, technology and luxury)을 계속 증대시키는 것이었습니다. 그러나 지금 우리는 중대한 변화에 직면해 있습니다. 자동차의 기동성에 대한 개념을 재정립(redefining mobility)해야 하는 4세대가 다가왔으니 말입니다."

자동차는 흔히 킬러 애플리케이션killer application의 시대적 결정체라 불린다. 킬러 애플리케이션이란 등장과 동시에 기존에 존재하던 아이템들을 획기적으로 밀어내고 세상을 바꾸어놓는 사물을 이른다. 변화의 범주를 크게 해서든 작게 해서든 모두 사용할 수 있는 표현인데, 자동차는 가장 큰 범주에서 사용될 수 있는 경우다. 왜냐하면 산업혁명 자체가 항상 자동차의 발전과 함께 등장했기 때문이다. 1차 산업혁명을 이끈 것은 증기기관'차'였고 2차 산업혁명을 이끈 것도 내연기관'차'였다.

자동차가 킬러 애플리케이션의 결정체이자 기술의 최종 집약체가 되는 가장 큰 이유는 인간에게 '움직이는 공간'이라는 편의를 주기 때문이다. 기본적으로 이동의 시간을 단축해주면서 생산성에서 큰 이점을 제공해줌과 동시에 사적인 공간을 확보해주었다. 이동과 동시에 무언가를 할 수 있는 '새로운 시간'을 창조해주었다는 측면이 인간에게는 언제나 큰 매력으로 다가올 수밖에 없었다. 그렇기 때문에 항상 자동차산업에서 벌어지는 기술 변화는 시대적으로 주목해야 할 만한 충분한 당위성을 가진다.

그런데 그 큰 변화가 현재 발생하고 있다고 세계적인 자동차 브랜드의 회장이 당당하게 언급을, 그것도 모터쇼가 아닌 가전쇼에서 한 것이다. 동시에 기동성mobility을 재정립해야 한다고 했는데, 그렇다면 정보기술(IT)-자동차-기동성은 어떤 연결고리를 가지고 있는 것일까? 슈타들러의 연설에서는 그에 대한 중요한 힌트가 하나 들어 있다. 바로 연결성connectivity이라는 표현이 그것이다.

스마트홈 혹은 스마트폰을 생각한다면 이해하기 쉬울 것이다. 외부에서 휴대폰으로 집의 온도를 조절하고, 집 내부의 감시 카메라를 돌아가게 만들고, 혹은 밥솥의 취사 기능을 작동시키는 등의 기술은, 쉽게 말하자면 인간과 기기를 연결하는 개념이다. 그렇다면 스마트카를 생각해보자. 외부에서 차의 시동을 걸거나 차 내부의 온도를 미리 조절하는 것이다. 바로 자동차와 사람을 연결하는 것인데, 이를 위해서는 필수적으로 정보기술이 요구된다. 자동차와 IT가 점차 융합을 택하는 이유다.

하지만 슈타들러 연설의 함의를 살펴보면 연결성이 이 정도로 끝나는 건 아닌 것 같다. 조금 더 진보를 해보자. 우리가 원하는 장소로 가기 위해서는 내가 직접 운전대를 잡아야만 한다. 그 시간 동안 다른 일은 할 수도 없고 해서도 안 된다(운전 중 휴대폰을 사용하면 과태료를 물어야 한다). 그런데 자동차에 장착된 기술에 의해서 목적지까지 자동차가 스스로 운전을 해서 가게 된다면? 그렇게 될 경우 사람은 또 한 번 '시간'을 확보하게 된다. 그 시간에 부족한 잠을 잘 수도, 읽고 싶은 책을 읽을 수도, 혹은 노트북으로 업무를 봐도 될 것이다. 생산성 측면에서 또 한 번의 어마어마한 증대가 이뤄지는 것이다.

흔히 이를 무인카라고 이르는데, 아마 대다수의 사람들은 이게 마치 영화에서나 볼 수 있는 것처럼 꿈의 기술이라 생각할 것이다. 그렇지만 우리가 꿈꾸는 사이에 자동차 최고 선진국인 독일은 이를 이미 현실화시켰다. 무인차에서 가장 많이 앞서 있다고 평가받는 메르세데스-벤츠Mercedes-Benz는 수차례 무인차의 시내 주행을 성공시킨 뒤 2014년에는 시속 80킬로미터까지 달릴 수 있는 미래 트럭Future truck을 선보이기도 했다. 그뿐이 아니다. 독일 교통장관 알렉산더 도브린트Alexander Dobrindt는 2015년 무인차의 고속도로 주행을 위한 법규정을 마련할 예정이라고 밝힌 바 있다.

벤츠 얘기가 나왔으니 이야기를 하나 덧붙여보자면, 사실 2015년 CES의 기조연설자 중 한 명은 또 다른 자동차 빅 브랜드인 메르세데스-벤츠그룹의 회장 디터 제체Dieter Zetsche였다. 그가 한 이야기도 다르지 않았다. 그는 연설 중에 "자동차는 지금까지 수송의 목적을 지닌 수단으로서 발전해왔지만, 앞으로는 핵심적인 이동 공간mobile vital space으로 자리매김하게 될 것이다"라는 의미심장한 말을 남겼다. 그러면서 그가 공개한 미래형 콘셉트카 'F015 luxury in motion'에서는 우리가 일반적으로 알고 있는 차량 내부와는 전혀 다른 모습을 볼 수 있었다. 넓은 시트뿐만이 아니라 출입문 내측에 모니터가 설치되어 있고, 그것에 더해 차량 내부의 IT 기기를 조정할 수 있는 키패드까지 마련해 상상한 것 이상의 기술을 선보이기도 했다.

이런 움직임이 어디 완성차 업체에서만 나왔겠는가. 이에 뒤질세라 21세기 IT의 대표 업체라 할 수 있는 애플의 부사장 제프 윌리엄스Jeff Williams는 같은 해인 2015년 언론과의 인터뷰에서 "자동차가 최종적인ultimate 모바일 기기의 형태"라고 언급하며 사실상 전기차 시장 진출을 선언하기도 하였다.

결국 시대적으로 자동차와 IT가 융합하는 방향성은 이미 이뤄지고 있다고 할 수 있다. 지금이야 자동차에 장착된 내비게이션 정도가 IT의 큰 기술이라 할 수 있겠지만, 서서히 노트북, 전화기, 그리고 무인 자동차를 가능케 하는 기술들이 장착될 것이다.

그런데 이렇게 자동차와 IT가 결합하는 큰 흐름, 이를 스마트카라고 통칭하고 있는 세상에서 한 가지 간과하는 부분이 있다. 자동차에 IT 기술이 장착되기 위해서는 필수적으로 필요한 부분이 있다. 바로 전기다. 즉 스마트카라는 흐름은 전기차의 탄생과 궤를 같이할 수밖에 없다는 것이다.

에너지와 기술 혁명의 결정체인 전기차

스마트카를 위해서는 전기가 왜 필요할까? 사실 우리가 현재 타고 있는 내연기관차에도 배터리가 없는 것은 아니다. 다만 문제는 용량이다. 현재 대다수 납축전지로 장착되어 있는데, 통상 이 배터리의 용량은 0.5kwh 내외다. 지금까지는 내연기관차 자체가 그다지 많은 전기를 필요로 하지 않기 때문에 이 정도로도 크게 문제될 것이 없었다.

다만 스마트카가 되기 위해서는 배터리 용량 증대의 필요성이 절대적이다. 많은 IT 기기가 내재되는 만큼 이를 구동시키기 위한 새로운 전력이 많이 필요하기 때문이다. 하루에 선진국 기준으로 1인당 사용하는 가정용 전력 소비량이 5kwh 내외라는 것을 감안한다면, 현존하는 내연기관차로는 스마트카를 실현해낼 가능성이 거의 없다는 것을 알 수 있다.

그런데 내연기관차가 아닌 전기차로 세상의 차량이 변화하기 시작한다면 얘기는 조금 달라진다. 자동차가 내장할 수 있는 전력의 용량이 기존 대비 크게 증대되기 때문이다. 현재 시점에서 판매되고 있는 배터리 용량 기준으로 본다면, 순수하게 배터리로 만 구동되는 BEV(Battery Electric Vehicle, 흔히 '순수 전기차'라고 부름)의 경우에는 통상 20kwh 이상이, 배터리와 내연기관이 혼재해 있는 PHEV(Plug-in Hybrid Electric Vehicle)의 경우는 약 10kwh 내외가 탑재된다. 내연기관차의 납축배터리와는 비교도 안 되는 용량이다.

물론 현재 전기차에 탑재되는 배터리는 대다수 자동차를 구동하는 데에만 사용되기 때문에 여분의 용량을 확보한다는 것은 여전히 쉬운 이야기가 아니다. 실제로 1세대 전기차의 경우 차량 내 에어컨을 많이 사용하게 될 경우는 1회 주행 시 항속거리가 줄어드는 웃지 못할 상황이 벌어지곤 했다. 이렇게 본다면 전기차라고 해서 무조건 소비할 수 있는 전력이 많아진다고 할 수 없을지도 모른다.

그렇지만 기술이란 항상 진보하게 마련이다. 우리가 새롭게 전기차를 주목해야 하는 이유는 이 부분을 해결해낸 새로운 전기차들이 2016년 이후부터 본격적으로 출시되기 때문이다. 앞선 전기차들을 1세대라고 부른다면 2016년 이후의 모델들은 2세대라고 할 수 있을 텐데, 핵심은 배터리 탑재 용량의 증대가 될 것이다. 일부 메이저 전기차 배터리 업체가 배터리 가격을 획기적으로 낮추는 데 성공하면서 차량 내에 탑재할 수 있는 배터리 용량을 크게 늘릴 수 있는 여력을 확보한 것이 계기다. 2015년 세계 최대의 모터쇼인 NAIAS(North American International Auto Show, 흔히 '디트로이트 모터쇼'

라고 부름)에서는 전기차의 선발 주자인 미국 GM(정확히 말하자면 GM의 계열사인 쉐보레Chevrolet)이 60kwh의 배터리가 탑재되는 순수 전기차 '볼트Bolt'를 공개해 세상을 놀라게 했다.

이 정도의 용량이라면 얘기가 많아 달라진다. 물론 일단 1회 주행당 항속거리를 크게 증대시킨다는 부분이 부각될 것이지만, 그 외에 우리가 기대하는 '여분의 배터리 용량'이 존재하게 될 가능성이 그만큼 증대되기 때문이다. 또한 대다수의 전기차는 충전이 가능한 리튬이온 기반으로 개발된다는 부분도 중요 요인이다. 설사 이례적으로 전력 소비가 많은 날이 있더라도 충전을 통해서 이를 해결할 수 있기 때문이다. 따라서 여러모로 60kwh의 전기차가 현실화된다는 것은 스마트카 출현에 있어서 많은 의미를 제공한다.

그렇기 때문에 전기차의 출현, 혹은 전기차의 상용화라는 부분은 스마트카의 보급에 있어서도 결정적인 전제사항이 될 수밖에 없다.

이와 관련해서 한 가지 아쉬운 점을 이야기하자면 우리가 전기차의 개념에 대해서 접근할 때 일반적으로 잘못 판단하는 부분이 있다는 것이다. 전기차를 '에너지' 패러다임으로만 접근하려 한다는 부분에서 그렇다. 즉 전기차가 완성차라는 시장 내에서 내연기관차 대비 제공하는 이점이, 뛰어난 연비 혹은 무공해적인 측면이라고만 생각하는 경향이 아직까지도 크게 자리 잡고 있다. 때문에 일각에서는 '저유가시대가 온다면 신재생 에너지의 한 부류인 전기차의 장점도 상실되는 것이 아니냐'는 의견을 제시하기도 한다.

하지만 사실은 그렇지 않다. 전기차가 시대적으로 에너지 패러다임에 주는 큰 의미도 있지만, 앞서 소개한 것처럼 '기술 패러다임'에 주는 의미가 비교할 수 없을 만큼 크다는 사실을 잊어서는 안 된다. 전기차는 시대적인 흐름에서 스마트카라는 개념과 함께 출현할 수밖에 없는 IT 기기로서 파악하는 것이 더 옳다.

동시에 우리는 이 에너지와 기술이 동시적으로 만들어낸 역사적인 산업혁명의 흐름에 대해서도 다시 한 번 생각해볼 필요가 있다. 1차 산업혁명의 출현에서는 증기기관차가 대단한 역할을 한 것이 사실이지만, 사실 석탄이라는 에너지원이 없었다면 그렇게 큰 흐름을 만들어낼 수는 없었을 것이다. 2차 산업혁명도 마찬가지다. 내연기관차가 탄생하는 데 더 좋은 에너지 효율에 낮은 가격이라는 이점을 제공한 석유의 존재감은 절대적이었다.

그렇다면 이제 이와 같은 연결고리를 만들어볼 필요가 있을 것 같다. 자동차가 만들어내는 또 한 번의 변화의 물결, 즉 자동차와 IT가 융합하는 이 대대적인 흐름이 3차 산업혁명으로 연결된다는 것이다. 그러한 과정에서 절대적으로 필요한 전기를 공급하는 에너지원은 가스다. 이미 세계 에너지 시장에서 천연가스가 차지하는 비중은 점점 증대하고 있음을 앞서 밝혔고, 세계 최대 에너지 소비국 중국이 가스시대를 본격화하는 만큼 그런 흐름은 더욱 거세질 가능성이 높다는 것 또한 설명했다. 증기기관차가 석탄으로 움직였고 내연기관차가 석유로 움직였다면, 전기차는 가스로 움직일 수밖에 없는 큰 배경이 이미 조성되어 있는 셈이다.

특히 20세기 초반 석유의 시대가 본격화된 결정적인 계기는 7공주파의 공격적인 저유가전쟁이었다는 사실을 상기할 필요가 있다. 즉 이로 인해 촉발된 저유가는 사람들로 하여금 석탄을 버림과 동시에 효율성이 보다 높은 석유를 필연적으로 사용하게 만들었고, 궁극적으로는 글로벌 에너지 소비에서 석유가 차지하는 비중이 급격하게 증대되는 결과를 낳았다. 경제성과 대중성에 기반한 대규모 소비의 촉발은 결국 세상을 바꾸는 큰 흐름으로 작용하게 된다.

가스의 시대가 막 열리려 하는 지금도 비슷한 상황이 벌어지고 있다. 미국 셰일가스와 투르크메니스탄 등 중앙아시아의 대규모 가스전 발견 등으로 인해 가스가격이 낮아진 것이다. 그리고 이미 미국에서는 탈석유시대 속에서 석유 기반의 인프라를 가스 기반의 인프라로 교체하는 대규모 움직임이 2005년부터 발생했다. 석유의 시대가 막 시작되었던 20세기 초반과 유사한 양상이 아닐 수 없다. 이같은 미국의 대규모 가스 소비 행태는 '3차 산업혁명＋전기차(스마트카)＋가스의 시대'라는 흐름을 앞당길 수 있는 결정적인 계기로 작용하게 될지도 모른다.

그렇다면 관심은 자연스럽게 이쪽으로 쏠릴 것이다. 또 한 번의 산업혁명이라는 흐름을 유도할 수 있는 기술혁신의 아이템이 실제 전기차라고 가정해보자. 하지만 1세대 전기차 시장은 사람들에게 새로운 세상을 보여주는 데 분명 실패하고 말았다. 즉 1세대 전기차는 '혁명'이라는 말을 붙이기 민망할 정도로 기술적 부재가 두드러졌기에 소비층으로부터 외면받을 수밖에 없었다. 이런 상황에서 대체 2세대는 1세대 대비 얼마만큼의, 혹은 어떤 부분의 발전이 이루어졌기에 이전과는 다른 판도를 조성한다고 기대할 수 있을까? 그리고 그 기술발전의 핵심에는 무엇이 있을까?

그런데 이 모든 전개에 앞서서 미리 조사해봐야 할 부분이 있다. '과거를 돌아보지 못하는 자에게는 미래도 없다'고 했다. 때문에 1세대 전기차 시장이 우리에게 어떤 의미를 남겼는지를 먼저 파악하는 것이 중요하다. 지금까지 무슨 문제가 있었기에 사람들을 실망시켰고, 혹은 무슨 장점을 찾아냈기에 성능의 추가적인 개선이 가능할 수 있었는지, 결국 1세대 시장에 대한 개괄적인 이해부터 선행되어야 다음 이야기를 풀어나갈 수 있을 것이다.

전기차가 처음 등장한 것은 1800년대의 일이다. 놀랍게도 당시만 하더라도 승용차 시장에서 전기차는 내연기관차와 치열하게 점유율 경쟁을 펼치고 있었다. 하지만 1900년대 초반 포드의 등장과 함께 내연기관차의 압도적 우세라는 판세가 나타났고 아직까지도 그 흐름은 전 세계적으로 이어지고 있다. 이런 역사를 살펴봤을 때 2010년 즈음 GM, 닛산Nissan, 포드, 테슬라Tesla 등이 출시한 전기차들이 세상에 처음 등장하는 것은 분명 아니라고 할 수 있다. 하지만 이들 차량에는 20세기 이후 진보된 기술력이 들어갔으며 이를 바탕으로 처음으로 내연기관차의 절대적인 점유율에 기조적인 도전을 시작했다는 취지에 의미를 부여해야 하기 때문에 1세대라는 표현을 붙이고자 한다.

1세대 전기차를 이야기할 때 사실 우리에게 가장 익숙한 이름은 GM의 '볼트Volt'다. GM은 현재 세계 완성차 시장에서 판매랭킹 순위를 다투는 저명한 업체일 뿐만 아니라 미국이라는 세계 최고의 브랜드 파워도 보유하고 있기 때문이다. 그렇지만 1세대 시장을 주름잡은 브랜드는 의외로 볼트가 아니었다. 압도적인 판매량 1위를 기록한 차량은 닛산 리프LEAF이고, 가장 큰 센세이션을 불러일으킨 업체이자 2위는 테슬라 모델 SModel S였다.

이 두 차량의 공통적이면서도 의외의 특징은 전기차 모델의 형태가 PHEV가 아닌 BEV였다는 것이다. 이 부분이 의외의 요인으로서 꼽히는 이유는 1세대 전기차 시장이 처음 열릴 때만 하더라도 배터리와 내연기관이 공존하는, 마치 2개의 심장과 같은 시스템을 지닌 PHEV가 조금 더 전기차 시장에서 매력을 발휘할 것이라고 대다수가 예측했기 때문이다.

전기차가 처음 시장에 출현했을 때 다수의 불안감을 샀던 가장 큰 요인은 바로 항속거리였다. 항속거리란 1회 충전 시 주행할 수 있는 최대 거리, 즉 시쳇말로 주유소에서 '만땅'을 채운 이후에 운행할 수 있는 거리를 의미한다. 통상 내연기관차는 항속거리가 적어도 500킬로미터 이상은 된다. 그런데 BEV의 경우에는 고작 150킬로미터 내외에 불과하다. 이는 운전자로서는 당연히 우려되는 부분이다. 혹시 주행 중에 고속도로에서 차가 멈추기라도 한다면 큰 문제가 될 수밖에 없다. 게다가 전기차는 내연기관차의 주유소에 비해 충전소 인프라도 턱없이 부족하고 충전 시간도 너무 길었다.

그나마 PHEV는 이 문제에서 조금은 자유로울 수 있다. 이 차량이 배터리만을 이용해서 주행하게 된다면 항속거리는 BEV보다 훨씬 적은 60킬로미터밖에 안 된다. 그렇지만 배터리로 더 이상 차량을 구동할 수 없게 되면 일반 주유소에서 휘발유를 채운 다음, 그 연료로 배터리를 충전하여 차량을 다시 사용할 수 있는 것이 PHEV의 특징이다. 항속거리의 우려로부터 어느 정도는 자유로울 수 있는 것이다. 이런 부분 때문에 전기차 시장 초기만 하더라도 PHEV의 판매량이 BEV를 앞설 것으로 많이들 예측했다. 그리고 완성차 업체들도 이런 부분을 감안해 PHEV 모델을 더 많이 준비했다.

그러나 실제 판세는 예상과 크게 달랐다. 전 세계에서 1세대 전기차 중 가장 많이 판매를 한 차량은 PHEV가 아닌 순수 전기차(BEV) 닛산 리프였기 때문이다. 물론 리프도 1회 충전에 항속거리가 150킬로미터 내외에 불과하다는 문제는 똑같이 존재했다. 그렇지만 막상 시장이 열리고 나니 의외로 이는 큰 문제가 되지 않았다. 실제 구매자들은 전기차를 두 번째 차(2nd-car), 즉 차량이 이미 한 대 있는 상황에서 추가적으로 한 대 더 구매하는 용도로서 더 많이 생각했기 때문이다. 부연 설명을 하자면 이미 장거리를 뛸 수 있는 자동차를 한 대 보유하고 있는 가정에서는 두 번째 차량을 구매할 땐 마트를 가거나 출퇴근용으로 쓸 수 있는 도시용 자동차를 찾는 경우가 많다. 그런 용도라면 항속거리는 크게 중요하지 않기 때문에 순수 전기차를 구매하더라도 그와 같은 단점이 크게 문제 되지 않았던 것이다.

오히려 이런 관점에서는 BEV가 PHEV보다 더 나은 선택이 된다. 무엇보다 심장이 2개가 아닌 1개인 만큼 가격이 더 저렴하다는 부분이 부각된다. B2C 아이템, 즉 소비자에게 직접 판매되는 아이템에 있어서는 판매가격이라는 요인이 큰 의미를 차지할 수밖에 없다. 실제 1세대 전기차 판매 시장을 본다면 '3만 달러의 장벽'이라는 부분이 구매자에게는 꽤 의미를 부여하는 듯 보인다. 판매가격의 앞자리에서 숫자 2를 보여주는, 즉 2만 달러 대에 진입하는 순간 판매량이 급증하는 모습을 보여줬기 때문이다. 실제 리프는 2013년 3만 달러의 장벽을 허물고 판매가격 2.9만 달러를 찍은 순간부터 GM 볼트를 제치고 압도적인 전기차 판매 1위로 등극했다. 같은 시점에서 볼트의 판매가격은 3.9만 달러였으니 차이가 꽤 컸었다.

그리고 충전과 관련한 문제도 의외로 크게 부각되지 않았다는 것 또한 빼놓을 수 없는 요인이다. 순수 전기차는 판매가 시작될 때만 하더라도 충전에 대한 많은 부담이 있을 것이라는 지적이 끊임없이 나왔었다. 그렇지만 사실 전기차의 충전은 내연기관차의 휘발유 주유가 아닌 휴대폰 충전과 비슷한 경우로서 이해해야 한다. 가정에 전용 충전기를 비치하면 밤에 자는 동안 충전시키는 것으로도 충분히 이를 대체할 수 있기 때문이다. 보통 휴대폰도 하루 1회 충전 정도로도 큰 무리 없이 사용하고 있다. 더군다나 자동차는 휴대폰처럼 항상 사람과 같이 다니지는 않기 때문에, 즉 집의 차고에 들어가 있는 시간이 오히려 더 많기 때문에 더욱 충전에 대한 부담은 줄어들게 된다.

결국 아예 도심용 두 번째 차량으로서 전기차를 구매한다면, 반쪽짜리의 PHEV보다는 확실한 장점을 제공할 수 있는 BEV가 더 큰 매력으로 다가왔던 것이다. 바로 이러한 요소가 의외로 리프의 판매호조를 만들어낸 주요 원인이 되었다.

그렇다면 리프는 전 세계적으로 얼마나 팔렸을까? 리프 판매량은 처음 듣는 사람이라면 꽤나 놀랄 만한 숫자일 것이다. 〈EV 세일즈EV Sales〉 집계 기준에 따르면 2014년 기준으로 6만 대나 된다. 참고로 한국에서 '국민차'라고 불리는 현대 쏘나타의 2014년 연간 판매량이 이와 유사한 7만 대였다. 물론 이는 국내 판매만 집계한 숫자이기 때문에 글로벌로 집계를 한 리프와 단순 비교할 바는 아니지만, 전기차의 '불모지'에 살고 있는 한국인들의 입장에서는 '의외로 많다'라고 표현할 만한 수준은 될 것이다.

테슬라 모델 S도 빼놓을 수 없는 1세대의 특징이었다. 판매량에서는 뒤졌을지 모르지만 세상에 더욱 많이 알려진 전기차는 리프보다 모델 S였을 정도로 이 차량의 인기는 놀라움 그 자체였다. 모델 S는 사실 일반인들을 타깃으로 한 중형차가 아닌 준럭셔리 스포츠카였다. 판매가격도 1억 원을 넘나드는 수준이었다. 그런데 이 차량은 2014년 전 세계적으로 3만 대가 넘는 판매량을 기록했을 뿐만 아니라, 2015년 들어서는 압도적 1위였던 리프와 유사한

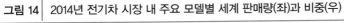

그림 14 | 2014년 전기차 시장 내 주요 모델별 세계 판매량(좌)과 비중(우)

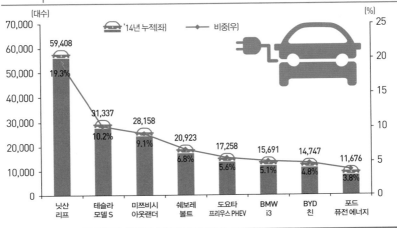

자료: 수치는 EV Sales 인용

판매량을 보이고 있을 정도로 높은 인기를 누리고 있다. 그야말로 열풍이었다.

테슬라라는 브랜드를 말할 때 CEO인 엘론 머스크Elon Musk를 빼놓을 수가 없다. 잡스가 세상을 떠난 이후로 가장 많은 사람들의 인기와 관심을 얻은 CEO라고도 할 수 있을 텐데, 새로운 세상을 향한 그의 혁신적인 움직임과 또 그에 수반한 대단한 기술력은 테슬라라는 회사뿐 아니라 그들의 차량인 모델 S의 이미지에 '럭셔리'라는 별칭이 자연스럽게 붙도록 만들었다. 항간에는 머스크가 영화 〈아이언맨Iron man〉의 주인공인 토니 스타크Tony Stark의 롤모델이었다고 알려지기도 했다. 이 '럭셔리'라는 이미지에 자극을 받은 구매층은 자동차 마니아와 부유층이었다.

게다가 우리에게 많이 알려진 고급 스포츠카에 비교해도 전혀 뒤떨어지지 않을 정도의 차량 스펙은 놀라움 그 자체였다. 특히 시속 0킬로미터에서 100킬로미터까지 도달하는 시간이 4.4초밖에 걸리지 않는다는 매력은 자동차광들을 열광하게 만들었다. 마치 애플 마니아와 유사한 테슬라 마니아들도 속속들이 생겨났다. 이들은 스스로 유튜브에 기존 스포츠카와 경주를 해도 뒤지지 않는 모델 S의 '위엄'을 잇달아 동영상으로 올리면서 테슬라라는 브랜드가 세계적으로 알려지는 데 혁혁한 공을 세우기도 하였다.

테슬라가 차량만 잘 만든 것은 아니었다. 그 외 디자인, 마케팅, 가격전략 등을 치밀하게 잘 세운 부분도 인정받아야 한다. 그중에서도 사람들이 가장 우려했던 충전에 대한 걱정을 줄여주었다는 것이 테슬라의 열풍에서 큰 역할을 했다. 바로 슈퍼차저Super Charger라는 특유의 기술이 그것이다. 슈퍼차저는 단 20분 내에 배터리의 50퍼센트, 40분 내에는 80퍼센트까지 충전을 가능하게 해줬는데, 리프가 완충까지 통상 6~8시간 걸린다는 것을 감안한다면 어느 정도로 빠른 속도인지를 짐작할 수 있다.

이를 보유하고 있는 곳을 슈퍼차징 스테이션Super Charging Station이라고 부른다. 이 슈퍼차징 스테이션은 미국 전역에 고르게 분포되어 있다. 특히 테슬라 차량을 구매한 고객이라면 이를 누구나 무료로 사용할 수 있다는 이점을 제공한 것이 결정적이었다. 또한 2015년 들어서는 90초 만에 배터리를 완충된 것으로 교체해주는 시스템도 갖추었으니, 결국 구매 고객에게는 대단히 매력적인 아이디어였다고 평가할 수 있는 부분이다.

　1세대 전기차 시장에서 인기를 끈 차량이 닛산 리프와 테슬라 모델 S만 있는 것은 아니다. SUV로서는 가장 많은 인기를 끌었던 미쯔비시Mitsubishi의 아웃랜더Outlander PHEV는 2014년 한때 유럽과 일본 시장에서 리프의 판매량을 앞질렀을 정도다. 그리고 GM의 볼트 또한 빼놓을 수 없는 인기 차량이었다. 물론 GM은 2014년 이후로는 다른 모델들 대비 부진을 면치 못했지만, 가장 빠르게 전기차 시장에 대응했던 완성차 업체인 만큼 2세대 전기차 모델 역시 가장 빨리 런칭을 앞두고 있어 앞으로도 주도적인 업체로서의 위상을 이어갈 것으로 기대받고 있다.

　물론 1세대 전기차 시장을 호평 일색으로 마무리 지을 수는 없다. 리프 정도를 제외하고는 모두 손익분기점에 크게 미치지 못하는 수익성을 보였다는 것만 거론하더라도 산업의 여전한 '비현실성'은 상당히 부각된다. 테슬라가 흑자 상황을 일부 만들어냈던 것도 사실은 정부보조금과 세금감면에 의존했기 때문이라는 것을 간과해서는 안 된다. 일부 모델을 제외하고는 차량 판매량 역시 크게 기대에 미치지 못했었다. 완성차 시장 내에서 전기차의 침투율도 2014년 말에 들어서야 0.5퍼센트를 넘어설 정도밖에 안 됐다. 애초 5퍼센트까지도 달성 가능하다는 기대치와는 거리가 멀어도 한참 멀다. 그 외에도 많은 문제점들이 발견되며 아직도 갈 길이 멀다는 일정 수준의 한계가 1세대 전기차 시장을 통해서 여실히 드러났다.

그렇지만 이제는 전기차가 꿈에서만 다니는 것이 아니라, 실제로 도로 위에서 많이 목격되는 현실이 되었다는 것만으로도 1세대 전기차 시장은 어느 정도의 성과를 거둔 셈이다. 그리고 닛산 리프와 테슬라 모델 S와 같이 의외로 많은 인기를 끌었던 차량이 등장했다는 것 또한, 이들의 성공을 토대로 삼아 이후를 기약할 수 있다는 희망을 남겨줬다는 측면에서 분명 긍정적으로 바라봐야 할 것이다. 즉 판매가격과 충전 문제 등 단점이 있었음에도 불구하고 구매자들은 전기차가 지닌 훌륭한 승차감, 높은 연비, 그리고 미래 시대에 미리 편승하는 얼리 어답터early adopter로서의 세련된 이미지 등의 장점에 매력을 느낀 것이 사실이다. 2세대 전기차 시장이 기대되는 이유는 바로 이런 부분 때문이다.

그리고 1세대 전기차 시장이 우리에게 남긴 큰 의미가 한 가지 더 있다. 전기차 종주국들을 공급과 수요 양측에서 모두 위협하며 급부상하는 국가가 있는데, 의외로 아직 개도국 수준에 머무르고 있는 중국이다.

전기차 대국을 꿈꾸는 중국

중국이 가스시대를 꿈꾸고 있다는 것은 적잖이 놀라운 현상이라 할 수 있다. 무엇보다 선진화된 미국의 에너지 시스템을 남들보다 빠르게 따라잡고 있는 것이기 때문이다. 경제발전 수준 자체는 선진국과 여전히 큰 격차를 보이고 있는 것이 사실이지만, 그럼에도 불구하고 그들의 잠재력과 이에 동반한 올바른 성장 방향은 모두의 주목을 끌기에 충분하다. 그런데 중국이 가스에서만 그런 모습을 보이는 것은 아니다. 에너지와 기술의 혁명이 될 수 있는 전기차 시장에서도 그들의 성장속도는 예상했던 것보다 훨씬 빠르다.

중국은 전기차 생산에서도, 그리고 소비에서도 이미 대국이 되어 있다. 전 세계 전기차 공급 시장에서 볼 때, 세계 유수의 완성차 브랜드들과 필적할 정도의 판매량을 보이는 중국 차량은 꽤 있다. 이미 4위에 올라 있는 BYD의 친[Qin]이 있고, 그 외에 베이징기차(BAIC), 칸디[Kandi]의 차량 판매도 가끔씩 우리를 놀라게 하고 있다. 그리고 이미 수요 시장에서는 점유율 20퍼센트를 상회하면서 미국, 유럽과 더불어 사실상 3대 수요 시장을 형성해두고 있다.

'BYD와 베이징기차라면 알겠는데 도대체 칸디는 어떤 기업이지?'라는 질문이 있을 수 있다. 그렇기 때문에 중국의 전기차 시장을 설명할 때 가장 먼저 칸디에 대해서 이야기할 텐데, 사실 이들을 먼저 봐야 하는 이유가 있다. 칸디를 이해하면 중국 정부의 전기차 시장 확대 의지를 잘 파악할 수 있기 때문이다.

바이크 셰어링[bike-sharing]에 대해서는 잘 알려져 있다. 우리나라에서도 심심치 않게 볼 수 있는 시스템인데, 어느 한 장소의 대여소에서 자전거를 빌려 탄 뒤, 반납은 꼭 빌린 장소가 아닌 대여소가 있는 다른 곳에 해도 되는 시스템이다. 바이크 셰어링은 자전거 이용이 많은 중국에서는 이미 꽤 많이 보급된 시스템이다. 그런데 중국 정부는 이를 자전거가 아닌 전기차로도 시도하고 있다. 바로 EV 셰어링EV-sharing 프로그램인데, 이를 주도한 전기차 업체가 바로 칸디다. 그리고 이는 중국에서 2014년부터 성공적인 흐름을 보여 주고 있다.

EV 셰어링 프로그램이 가장 먼저 실시된 지역은 바로 항저우다. 항저우는 바이크 셰어링을 중국에서 가장 먼저 시도한 지역이기도 하다. 아마도 그들이 가진 경험에 의존하기 위해서 EV 셰어링도 먼저 시작한 것으로 보인다. 칸디는 이 프로그램의 취지에 맞게 시내용 차량이라 할 수 있는 씨티카city car를 자체적으로 제작하여 프로그램에 활용하기 시작했다. 차량의 스펙은 일반 차량에 비해 형편없이 떨어졌지만 어차피 셰어링에만 사용될 것이기 때문에 낮은 가격과 높은 항속거리만이 관건이었다. 이들의 전기차는 판매가격이 700만 원 이하였고 항속거리는 리프를 뛰어넘는 160킬로미터였으니 충분히 목적에 부합하는 조건을 지녔다고 볼 수 있다. 전기차 모델명은 KD 5010과 5011이었다.

그런데 놀라운 일이 벌어졌다. 프로그램이 시작된 지 얼마 안 된 2014년 6월, 칸디의 전기차가 무려 1,414대의 판매 대수를 기록해 월간 판매 대수 세계 7위에 등극한 것이다. 9월에는 6,771대를 팔아 글로벌 판매 순위에서 리프와 거의 근접한 2위까지 올라섰다. 물론 셰어링 프로그램에 사용된 차량이기 때문에 일반 대중에게 판매가 되었던 것은 아니다. 하지만 셰어링 프로그램이 성공적으로 작동하고 있었기 때문에 이를 유지하기 위해 많은 차량이 사용된 것이니, 중국 정부가 의도한 전기차 프로젝트는 어느 정도의 성과를 거둔 셈이다. 세계적으로 유례없는 국가 단위의 대규모 시도가 성공적으로 안착된 것이었다.

일반 대중에게 이 프로그램이 어필할 수 있었던 가장 큰 이유는 역시 경제적 이득에 있었다. EV 셰어링 프로그램은 메인 모델이 휘발유가 아닌 전기로 가는 차량이고 또한 정부의 지원을 받고 있었기 때문에 상대적으로 낮은 사용요금을 대중에게 제공할 수 있었다. 칸디 차량을 대여해 25킬로미터를 주행하면 요금은 20위안가량이다. 한국 돈으로는 약 3,500원에 해당하는데, 25킬로미터 정도의 거리면 서울 여의도에서 송파까지 가는 거리이니 어느 정도로 요금이 저렴한지를 짐작할 수 있다. 참고로 항저우 시내에서 택시를 이용해 25킬로미터를 이동할 경우 요금은 85위안, 즉 1만 5,000원가량이 든다.

중국 정부는 항저우에서의 성공적인 안착에 만족하지 않고 있다. 이를 토대로 EV 셰어링 프로그램을 상하이를 비롯해 하이난, 장수, 산둥, 청도에도 보급하기로 결정을 내렸다. 즉 중국 전역에서 전기차의 사용량을 늘릴 수 있도록 유도한다는 방침을 세웠다고 해석할 수 있다.

중국 정부가 전기차 보급을 최대한 확대시키려는 의도는 명백하다. 지속적으로 심각하게 제기되고 있는 환경 문제를 해결하기 위해서다. EV 셰어링이 각 지역에서 성공적으로 안착된다면 자연스럽게 휘발유 차량의 이용 빈도가 줄어들게 되고, 이를 통해 이 산화탄소 배출을 줄이면서 환경오염을 줄일 수 있다는 계산이다. 그뿐만 아니라 전기 사용량의 증대는 현재 추진 중인 가스시대와 도 일맥상통한다. 이렇듯 중국 정부의 적극적인 전기차 보급 의지 는 중국이 전기차 대국으로 성장해가는 데 큰 요인으로 작용하고 있다.

그렇다고 중국 전기차 시장이 단순히 정부 주도에 의해서만 성 장하고 있는 것은 아니다. 민간 단위에서도 전기차의 판매가 적 잖이 발생하고 있고, 유수의 완성차 업체들이 전기차 모델을 중국 내에서 잇달아 공개하면서 이런 흐름을 더욱 가속화시키고 있다.

그 많은 민영 전기차 업체 중에서도 BYD는 아마 우리에게 가장 익숙한 이름일 것이다. 이미 2차전지 업체로서, 그리고 워런 버핏 Warren Buffett이라는 세계 최고의 투자자가 많은 지분을 보유하고 있 는 기업으로서 많이 알려져 있는데, 그들은 전기차 판매 시장에서 도 '친'이라는 PHEV 모델을 바탕으로 중국을 잠식하고 있다. 2015 년 5월까지 친이 판매된 차량 숫자는 약 1만 2,000대이다. 이는 세 계 4위에 해당하는 수치이며, 점유율로 보자면 약 8퍼센트를 차지 하고 있어 명실공히 1세대 전기차 시장의 대표 모델로 볼 수 있는 수준이다. 물론 해외 시장에서 본격적으로 판매되지 않고 있는 만 큼 실제 글로벌 유수의 대표 전기차들에 대항할 만한 스펙을 갖추 고 있는지는 여전히 의문점으로 꼽히고 있지만, 일단 중국 내에서 의 인기만큼은 확실히 놀라운 모습을 보여주고 있다.

BYD 친의 판매 호조를 단순히 '잘 팔린다'라는 사실에만 국한해서 볼 것은 아니다. 조금 더 의미 있는 현상으로 해석될 수 있는 것은, 개발도상국으로서 여전히 개인의 소득이 세계적인 수준에 이르지 못한 중국 국민들이 BYD를 산다는 것 자체가 큰 놀라움이라는 것이다. 물론 정부의 보조금이 지급되고 있기는 하지만 전기차에 대한 인식 수준이 많이 올라와 있다는 것을 확인할 수 있다.

2세대 전기차 시장에서는 BYD 외에도 많은 완성차 업체들이 중국의 전기차 붐 조성을 위해서 적극적으로 뛰어들었다. 사실 BYD는 중국 완성차 판매에서 5위 안에 들지 못하는 업체다. 그들보다 더 인지도가 높은 완성차 업체들이 그만큼 많다는 것을 의미하는데, 1위는 상해기차, 2위는 동풍기차, 3위는 장안기차가 현재 상위에 랭크되어 있다. 아직 이들은 이렇다 할 전기차 모델을 1세대 시장에 내놓지 못했다. 다만 2세대 시장부터는 판이 바뀐다. 대다수 상위권 업체들이 첫 모델들을 내놓으면서 시장 공략에 나서기 때문이다. 이는 중국 전기차 시장의 추가 성장과도 긴밀하게 연결될 수 있다. 메이저 업체들이 진입한다는 것은 그만큼 그들의 인지도와 마케팅 능력을 바탕으로 시장을 확대시킨다는 것이므로 이를 간과해서는 안 된다.

중국 민간 전기차 시장에서 발 빠르게 움직이고 있는 것은 자국 완성차 업체만이 아니다. 해외에서도 적극적인 움직임을 보이고 있고, 그중에서도 가장 앞서 있는 업체가 바로 엘론 머스크의 테슬라다. 물론 중국 자동차 시장은 아직 외국자본에 완전히 공개되어 있지 않은 폐쇄적인 성격이 잔존해 있다. 그럼에도 불구하고 머스크는 중국 시장의 잠재적 능력을 간파하고 해외 업체로서 누구보다 먼저 뛰어든 뒤 적극적인 마케팅을 진행하고 있다. 머스크가 중국 시장을 어떻게 생각하고 있는지는 2014년 4월 중국 현지를 방문했을 때의 인터뷰를 통해서도 알 수 있다.

"차후 3~4년 내에 우리는 중국에 현지 공장을 만들 것입니다. 중국은 테슬라의 미래에 있어서 매우 중요한 요소입니다. 그렇기에 충전소를 포함해 대규모 투자를 중국에 단행할 예정입니다. (중략) 아마 중국 전기차 시장은 미국만큼, 혹은 그 이상으로 커질 것입니다. 사실 이렇게 되더라도 별로 놀라울 일도 아니죠."

이 발언만을 보더라도 머스크가 시대를 미리 내다볼 줄 아는 유능한 CEO라는 사실을 새삼스럽게 알 수 있다. 그로부터 몇 개월이 채 지나지 않은 2014년 9월 중국의 전기차 판매량은 1만 1,991대로서 1만 921대의 미국을 실제로 넘어섰다. 이는 단순히 일회적인 현상도 아니었다. 2015년 상반기 기준의 판매량으로 보더라도 중국은 이미 5만 4,846대를 판매해 5만 4,338대의 미국보다 오히려 소폭 앞서 있다. 이처럼 막대한 인구를 바탕으로 빠르게 성장하고 있는 중국 전기차 시장은 결국 머스크의 예측대로 미국마저도 조만간 뛰어넘게 될 것으로 보인다.

언뜻 보면 이상하게 느낄 수도 있다. 전기차에서도 럭셔리 모델에 속하는, 그래서 미국 현지에서도 1억 원을 넘나드는 가격을 지닌 이 차량이 과연 중국에서 제대로 팔릴 수 있을까라는 의문이 나올 수 있다. 하지만 슈퍼 리치super rich가 많은 중국인들은 곧바로 테슬라에 열광했고, 2014년 6월에는 958대를 판매하는 데 이르렀다. 이는 그달 테슬라 모델 S의 글로벌 판매의 24퍼센트에 해당하는 높은 비중이었다.

물론 중국 내의 테슬라 열풍이 오래 지속되지는 않았다. 오히려 중국인들은 BYD 친에 더 많은 선호를 보이고 있다. 일각에서는 6월의 놀라운 판매 기록은 중국 슈퍼 리치들이 차를 운행하지도 않고 차고에 세워둘 목적으로, 즉 그저 갖고 싶은 아이템이었기 때문에 산 것이라는 보도를 하기도 했다.

그럼에도 불구하고 머스크의 중국에 대한 공략 의지는 지속적으로 강하게 나타나고 있다. 단기적으로 성과가 달성되지 않는다고 해서 버릴 수 있는 중국 시장이 아니기 때문이다. 공식적인 집계로만 약 14억이 되는 세계 최고의 인구를 지닌 시장이라는 것 자체만으로도 큰 매력이고, 또한 전기차 시장의 성장속도도 예상보다 빠르다는 부분을 머스크가 모를 리 없다. 게다가 테슬라의 세 번째 전기차 모델(model S, model X에 이어서 model 3로 알려짐)은 기존 대비 좀 더 낮은 가격을 토대로 대중을 타깃으로 하는 전기차가 나올 계획이다. 그때는 진정으로 중국 시장이 큰 의미가 될 수밖에 없으니, 지금이라도 시장을 선점해둬야 할 필요성은 머스크에게도 충분히 있었을 것이다.

　중국 시장에 대한 테슬라의 여전한 의지는 슈퍼차저의 설치 계획만 보더라도 알 수 있다. 2013년까지만 하더라도 중국 내에는 슈퍼차저가 한 대도 설치되지 않았지만 2015년에는 65개로 급증했다. 인프라를 미리 설치한다는 것은 시장 공략의 명백한 의지다.

　칸디와 BYD, 테슬라를 통해서 우리가 파악할 수 있는 가장 의미 있는 현상은, 중국의 경우 국가 주도에 의해서 시장이 확대되고 있을 뿐만 아니라 민간에서도 전기차에 대한 많은 관심과 인기를 보여주면서 또 다른 시장 확대의 요인을 만들어내고 있다는 것이다. 사실 현재 1세대 전기차 시장의 성장을 주도하고 있는 축이 미국, 일본, 서유럽과 같은 기존 선진국들이라는 것을 감안할 때, 아직 개발도상국가 수준에 머무르고 있는 중국이 동등한 입지에서 명함을 내밀고 있다는 것은 상당히 의외의 현상이기도 하다. 이는 시작에 불과한 것일지도 모른다. 막대한 인구를 바탕으로 한 그들이기에, 또 2세대 시장에서는 기존 완성차 메이저들이 속속 신모델을 발표하며 마케팅을 강화하는 상황이기에 중국 시장의 성장 속도는 오히려 앞으로가 더 빨라질 가능성이 높다. 앞으로 중국 시장을 선점하고자 하는 해외 메이저들의 움직임은 더욱 기민하고 영리해질 것이다.

　여기서 한 가지 짚고 싶은 것은, 테슬라의 슈퍼차저 스테이션은 그들의 공략 의지를 이야기한다고 앞서 언급한 바 있는데 실제로 중국 외에 의미 있게 배치시킨 곳은 미국과 북·서유럽이 전부다.

최근 들어 일본, 호주에 대해서도 공략 의지를 높여가고 있는데, 2014년에는 각각 2개, 5개에 불과했던 것을 2016년에는 15개, 20개로 늘렸다. 하지만 동유럽을 비롯해 남미, 아프리카, 중동에는 단한 개도 설치하지 않고 있다.

그럼 우리나라는 어떨까? 인접 국가인 중국과 일본에 최근 들어 저렇게 공격적인 설치를 진행하고 있다면 한국에 진출할 법도 하지 않을까? 우리는 개도국은 일단 넘어설 만큼 경제적으로는 선진국 대열에 포함될 수 있는 국가이니 테슬라에게도 의미 있는 시장이지 않을까? 그러나 애석하게도 우리나라에는 슈퍼차징 스테이션이 단 한 곳도 없다. 중국과 일본에는 저렇게 강한 공략 의지를 보이는데 한국은 그렇게 큰 관심이 없다고 할 수 있는 단면이다. 물론 2015년에 한국 시장으로의 신규 진출을 선언한 만큼 2016년경부터는 스테이션 설치와 차량 판매까지도 기대되고 있지만, 머스크가 중국을 방문해 공략을 시작한 것이 2014년 4월이었다는 것을 생각할 필요가 있다. 엄밀히 말해 그들에게 한국 시장은 그렇게 의미 있는 마켓이 아니라는 것이다.

사실 당연한 이야기다. 14억 인구 대국의 중국과 세계 10위권인 1.3억 명의 인구를 보유한 일본에 비교해 5,000만 한국의 내수 시장은 너무 작기 때문이다. 설사 한국을 선점하지 못한다고 하더라도 대세에는 큰 지장이 없다는 판단이 먼저 섰을 수밖에 없다. 영리를 추구하는 기업 입장에서는 합리적인 판단이다.

문제는 현재 전기차 시장에 대한 우리의 싸늘한 반응이다. 한국에는 아직까지도 전기차는 꿈에 불과한 아이템이라고 생각하는 사람들이 대다수다. 우리나라의 도로에서 전기차라고는 광고판을 붙인 프로모션용을 제외하고서는 찾아보기 힘들고(사실 그마저도 찾아보기 쉽지 않다), 전기차 충전소가 있는지 없는지도 모르는 것이 현실이다. 하지만 이는 한국이 작은 시장이니만큼 글로벌 메이저들이 진출 의지를 보이지 않았기 때문에 나타난 현상이다.

우리가 보유한 글로벌 완성차 기업인 현대기아차 역시 지금까지 전기차에 대한 큰 진출 의지를 보이지 않았다는 것 또한 이런 현실에 일조했을 것이다. 게다가 그들은 오히려 현실화 시점이 전기차보다 더욱 먼 것으로 파악되는 수소차에 많은 여력을 할애하고 있는 듯도 싶다. 때문에 우리는 가끔 전기차와 수소차를 비슷한 수준의 꿈으로 인식하기도 한다. 메이저 공급자의 마케팅과 판매능력은 시장 형성에 큰 역할을 할 수밖에 없다. 그런 관점에서 본다면 이들도 '전기차 디스카운트discount'에 한몫한 셈이다.

그뿐만 아니라 전기차 산업에 대해 정부도 적극적으로 주도하지 못했는데 누진세라는 독특한 전기요금 제도와 높은 수준의 유류세 등 다수의 현실적인 제약 요인들이 많기도 했다. 이 모든 요인이 통합적으로 작용하여 1세대 전기차 시장에서 한국은 공급과 수요 모두에서 최후진국 수준이 될 수밖에 없었던 안타까운 현상이 벌어진 것으로 판단된다.

그래서인지 우리나라 사람들은 충전소, 누진세, 유류세, 자동차 업체의 기술 등 다수의 요소들을 토대로 전기차에 대해 부정적인 생각을 많이 하는 것이 현실이다. 그러나 냉정히 말해 이런 것들은 우리나라만의 문제다. 북미, 서유럽뿐만 아니라 중국과 일본, 호주에 수없이 깔린 테슬라의 슈퍼차저 스테이션 개수를 생각해야 한다. 테슬라만이 아니라 기타 완성차 업체들도 서로 충전 인프라 시장을 선점하기 위해 적극적으로 나서고 있다. 게다가 그들 국가의 전기요금은 누진세가 적용되지 않으며, 유류세도 우리처럼 그렇게 과도하게 발생하지 않는다. 그렇기 때문에 이미 리프 같은 차량이 연간 6만 대씩 판매되고 있는 것이다. 그런 글로벌 트렌드에서 단순히 한국에 전기차가 들어오기 힘들기 때문에 전 세계에도 전기차가 안 팔릴 것이라고 생각하는 것은 정말 큰 오산이다.

우리의 태도와 상관없이 전 세계는 벌써 2세대 전기차까지 개발하는 단계로 성장해 있다. 몇몇 국가들은 만만치 않은 인프라까지 장착하고 있을 정도다. 우리로서는 상상하기 어려운 놀라운 이야기를 하나 해볼까? 2015년 1분기 기준으로 본다면 노르웨이의 전체 차량 판매 중에서 3분의 1 정도는 전기차다. 네덜란드 역시 20퍼센트를 넘나드는 수준이다. 이들의 경우, 이미 1세대 시장에서 이 정도 판매 수준을 보였기 때문에 2세대에서는 그 효과가 더욱 커질 것이다. 그에 비해서 본다면 전기차에 대해 모르쇠로 일관하며 아주 늦은 대비를 하고 있는 한국의 현실은 정말 큰 아쉬움과 걱정이 들 수밖에 없다. 그리고 이것이 진정으로 3차 산업혁명의 시작으로서 새로운 에너지 시대의 시발점이 된다면 우려감은 더욱 높아진다.

손바닥으로 가린다고 하늘이 없어지는 것은 아니다. 우리가 주춤한다고 올 것이 오지 않는 것도 아니다. 우리의 인식이나 대응과 상관없이 기술과 소비 측면에서 전기차 시장의 성장속도가 계속해서 빨라지고 있다는 사실은 변함이 없다. 우리가 모르는 사이 지금 이 시간에도 어떤 나라는 전기차 기술개발의 새로운 장을 열고 있을지도 모른다.

2세대 전기차의 신호탄을 쏘아 올린 2015 디트로이트 모터쇼

2008년 미국에서 시작된 서브프라임 금융 사태가 전 세계 경기를 침체로 몰고 들어갈 무렵, 누구도 예상하지 못했던 충격적인 사건이 하나 벌어졌다. 당시 세계 최대의 자동차 그룹이었던 미국 GM이 2009년, 한국으로 치자면 파산보호신청이라고 할 수 있는 Chapter 11을 신청한 것이다. 조금 더 격하게 표현하자면 사실상의 부도를 맞은 것과 다름없는 상황이었다.

이후 미국 정부가 회생 작업을 주도하는 가운데 과도했던 부채 및 사업구조를 과감하게 정리했고, 결국 그 과정을 버텨낸 끝에 지금의 정상적인 GM이 재탄생할 수 있었다. 그런데 GM은 혹독한 구조조정의 과정 속에서도 전기차 사업은 버리지 않고 끝까지 유지시켰다. GM은 2009년 4월 27일에 발표된 발표문에서 "네 가지 핵심 브랜드를 통해 판매에 집중하는 한편, 친환경 에너지 절감기술 개발을 지속한다"고 발표한 바 있었다. 또한 당시 CEO인 프리츠 헨더슨Fritz Henderson은 "쉐보레 Volt와 같이 최근 달성한 놀라운 신기술에 대한 투자로부터 수익을 확보할 것"이라고 직접 언급하기도 하였다.

그리고 끔찍했던 GM의 파산보호신청 사태가 6년가량 지난 2015년 1월. 어려운 과정 속에서도 전기차 기술에 대한 애착만큼은 버리지 않았던 그들은 결국 디트로이트 모터쇼에서 세상을 깜짝 놀라게 할 만한 전기차를 발표하기에 이르렀다. 애초 사람들은 이 자리에서 계열사인 쉐보레를 통해서 Volt 2, 즉 2016년형 Volt를 공개할 것이라고만 예상하고 있었다. 물론 그것만으로도 세간의 관심은 충분했다. 1세대 전기차 시장을 가장 먼저 열었던 것과 동시에 대표모델로서 존재해왔던 Volt가 새로운 모습으로 등장하는 것도 나름대로 의미를 지녔다. 그러나 정작 그들은 Volt 2가 아니라 2017년형으로 공개될 것으로 알려진 'Bolt'를 공개하면서 전문가와 기자들을 놀라게 했다(한국식 표기로는 Volt와 Bolt는 '볼트'로 똑같이 표현된다. 때문에 영어식 표기로서 두 차량의 구분을 두고자 한다).

Volt 2는 사실 Volt 1과 크게 다를 것이 없는 모델이다. 물론 개선된 디자인이 사람들의 관심을 크게 끌었고, 그 외 세부 스펙이 조금씩 개선된 부분은 있었지만, 기본적으로 Volt라는 토대는 달라진 것이 없었다. 그러나 완전히 다른 차량인 Bolt를 공개한다는 것은 누구도 예상하지 못한 일이었다. 이 차량은 Volt 시리즈와 달리

PHEV가 아닌 BEV 형태로 제작된 차량인데, 가장 놀라운 부분은 항속거리가 200마일, 즉 322킬로미터에 달한다는 것이었다. 앞서 언급했다시피 1세대 BEV 모델들의 통상 항속거리가 150킬로미터 내외였다는 것을 감안한다면, 무려 2배 이상 스펙이 증대된 것이니 사람들을 놀라게 하기에 충분했다.

이 정도 기능이라면 당연히 차량 가격이 비쌀 것이라 생각할 것이다. 실제로 300마일이 주행거리인 테슬라 모델 S의 가격은 1억 원(8만 달러부터 시작)에 육박했다. 하지만 GM 측은 사람들이 생각하지 못한 가격을 공개하며 또 한 번 놀라게 만들었다. Bolt는 3만 달러에 불과할 것이라고 발표한 것이다. 이 정도면 현재 닛산 리프가 2.9만 달러에 팔리고 있는 것과 거의 다를 바 없고 테슬라 모델 S보다는 반값보다도 더 낮은 획기적인 수준이었다. 때문에 GM의 CEO 매리 바라Mary Barra는 Bolt를 소개하는 자리에서 "This is a real game changer", 즉 "진정으로 전기차 판도를 바꿀 차량이다"라는 공격적인 발언을 하기도 했다.

사실 Bolt가 이때 처음으로 세상에 알려진 것은 아니다. 매리 바라 이전에 GM CEO였던 댄 애커슨Dan Akerson은 2013년 12월 《비즈니스위크Business Week》와의 인터뷰에서 항간의 소문으로만 떠돌던 사실에 대해서 이미 공식적으로 답한 바 있다. 핵심 내용은 2016년에 배터리로 200마일을 갈 수 있는 전기차가 3만 달러 수준의 가격으로 공개된다는 것이었다. 사실 이것이 Bolt였다. 2015년 1월 모터쇼에서 GM이 세상을 놀라게 한 것은 사실 이미 1년 전에 공개한 것을 확인하는 수준에 불과했다. 단지 우리가 이에 대해서 무관심했을 뿐이다.

그렇다면 어떻게 이런 차량이 나올 수 있었을까? 이들의 기술 진보는 대체 어디에서 비롯된 것일까? 디트로이트 모터쇼에서 그들은 첨단경량소재, 공기역학을 고려한 설계가 있었음을 언급했지만, 핵심은 전기차 배터리 성능의 증대다. 전임 CEO 애커슨은 이미 "주행거리 증대를 가능케 한 요인 중 하나는 배터리 기술의 증대다"라며 앞서 밝혔다. 완성차 업체가 부품 업체의 기술 증대를 직접 언급했다는 것은 꽤나 큰 의미를 지닐 수밖에 없다.

왜 전기차에서는 배터리가 중요할까? 기본적으로 전기차 가격의 3분의 1은 배터리이기 때문이다. 따라서 배터리의 용량은 늘리면서 동시에 차량 가격은 반대로 떨어뜨린다면 차량의 스펙은 획기적으로 개선된다. 물론 기존 내연기관차 시장에 익숙한 우리에게 부품이 차량의 핵심요인이 될 수 있다는 개념은 참으로 생소하다. 통상 내연기관차의 핵심기술은 항상 2만 개가 넘는 부품의 스펙과 납품을 잘 관리하고 또 뛰어난 조립기술을 보여주는 것이었다. 그러나 전기차는 구조가 완전히 다르다. 부품 개수가 일부에서는 2,000여 개까지 떨어진다. 관리해야 하는 스펙과 납품의 중요성도 이전과는 완전히 달라진다. 또한 적어진 부품 가운데 약 3분의 1을 차지하는 것이 배터리이기 때문에 이 기술이 핵심적일 수밖에 없다.

Bolt의 획기적인 스펙 개선은 테슬라와 비교해볼 때 더욱 부각된다. 2017년에는 앞서 언급한 테슬라의 세 번째 모델도 공개될 예정이다. 물론 일부에서는 2018년형이라고 얘기하기도 하지만 2017년부터 공개 및 생산에 들어가는 것에는 큰 무리가 없어 보인다. 이 모델 3도 Bolt와 똑같이 200마일을 주행할 수 있는 차량이다. 기존 모델 S의 경우는 워낙 일반인들이 접근하기 힘든 높은 가격을 제시했기 때문에, 이번에는 대중들이 쉽게 구매할 수 있는 차량을 만든다는 것이 그들의 목표였다.

그런데 문제가 있다. 가격이 3.5만~4만 달러 수준에서 제시될 것이기 때문에 역시 대중들이 쉽게 접근할 만하지 않다는 것이다. 아마 앞으로도 테슬라는 가격에서만큼은 다른 차종 대비 이점을 발휘하기 어려울지도 모른다. 그들은 중대형 배터리가 아닌 우리가 일반적으로 사용하는 소형 배터리를 이용하기 때문이다. AA 사이즈 배터리 7,000개를 한꺼번에 꽂아서 쓴다고 보면 된다. 이럴 경우 규모의 경제 혹은 비용 측면에서 보면, 중대형 대비 손실이 있을 수밖에 없어 앞으로도 테슬라에게는 제약요인이 될 가능성이 높다. 아마도 모델 3의 가격이 더 높은 이유도 이 때문일 것이다. 어찌되었든 GM의 야심작 Bolt는 2세대 전기차의 선두 주자로서 시장의 큰 반향을 기대케 하고 있다.

그뿐만 아니라 닛산의 CEO인 카를로스 곤Carlos Ghosn 역시 비슷한 시점에서 리프 2를 공개하겠다고 발표했다. 아직 닛산은 GM 대비로 볼 때 구체적인 무엇을 공개하지는 않았지만, 역시 항속거리 증대를 최고 목표로 두고 이를 개선시킨 2세대 모델을 공개할 것으로 기대되고 있다. 곤은 1999년 닛산이 르노Renault에게 인수되었을 때 무자비한 구조조정을 진행했음에도 단 한 가지, 전기차 사업부만은 건드리지 않고 지속적으로 육성시켰다. PHEV가 아닌 BEV만을 개발하라고 지시한 것도 곤의 전략이었다. 이런 오랜 배경 속에서 전기차 부문 최고 기업이 된 닛산은 절대 우습게 볼 수 없는 기업이다. 그렇기 때문에 상대적으로 GM 대비 조금 늦는다는 아쉬움이 있음에도 불구하고 1세대 시장을 지배했던 이들이 새로운 모델을 내놓는다는 것은 필연적으로 시장의 관심을 불러일으킬 것이다.

이모저모로 볼 때 2017년 전후로 1세대와는 완전히 판이 다른 2세대 전기차량이 공개되는 것만큼은 확실해 보인다. 그리고 2016년 내에는 GM을 필두로 1세대 시장을 지배했던 닛산과 테슬라까지도 일제히 2세대 모델을 내놓는다. 일단 차량의 스펙이 우수한 데다가 항속거리라는 측면에서도 기존의 내연기관차 대비해 크게 뒤떨어지지 않는 수준까지 상승시킬 것이기 때문에 1세대 때와는 다른 시장 영향력을 보이게 될 가능성이 높다.

가만히 있을 독일이 아니다

아마 대한민국의 많은 남성들, 특히 자동차를 좋아하는 사람들에게는 대다수 독일 차량에 대한 로망이 있을 것이다. 그것이 전형적인 클라스class를 자랑하는 벤츠가 될 수도 있고, 세련된 느낌이 가미된 BMW일 수도 있다. 곡선의 미로 유명한 아우디도 있고 '가성비(가격 대비 성능비율)'로 친다면 전 세계에 따를 수 없는 기술을 자랑하는 폭스바겐Volkswagen도 있다. 이 모든 차량들은 독일의 자동차 브랜드다. 물론 그 외에도 많은 럭셔리 혹은 스포츠카 브랜드들이 있는데, 어찌 되었든 간에 독일차가 보여주는 고급스러움, 세련됨, 기술력 등은 이미 세간에 정평이 나 있다.

그런데 의문스럽게도 이렇게 내연기관차 시장을 꽉 휘어잡았던 독일의 명품 브랜드들이 1세대 전기차 시장에서는 모두 명함을 내밀지 못했다. 이미 시장 선점이라는 측면에서 보더라도 앞서 소개한 GM, 닛산, 테슬라 혹은 중국의 BYD에게도 주도권을 완전히 내줬을 정도다. 그뿐만 아니라 최근까지도 세계적으로 인기를 얻었다고 할 만한 이렇다 할 차량을 내놓지 못하는 수준에 머무르고 있으니, 항상 시대를 앞서 나갔던 그들의 위상을 떠올려 본다면 새삼 놀랍기까지 하다.

그나마 벤츠는 테슬라의 파워트레인을 그대로 유지해 B-class ED를 일찌감치 내놓았지만 처참한 실패를 맛보았다. 뒤늦게 PHEV 모델로 승부를 걸어보려고 한 아우디도 마찬가지다. 폭스바겐은 전 세계의 국민차라 불릴 만큼 가장 대중적이면서도 기술적 인지도가 높은 골프Golf의 전기차 형태인 'e-골프e-Golf'를 내놓았다. 하지만 동급의 BEV라 할 수 있는 닛산 리프 대비 현저하게 뒤

떨어지는 스펙 때문에 글로벌 차량 판매 10위 안에도 들어오기 버거운 수준에 그치고 있다. BMW도 마찬가지다. 그나마 i3와 i8이라는 모델이 훌륭한 스펙과 세련된 디자인을 바탕으로 시장에서 높은 인지도를 보여주고 있지만, 역시나 판매량 측면에서는 기대에 많이 미치지 못하고 있다.

이들이 이렇게 1세대 전기차 시장에서 뒷전으로 밀려난 이유는 무엇일까? 여러 가지를 지적할 수 있겠지만 역시 가장 결정적이었던 것은 전기차 시장을 너무 안이하게 바라봤다는 것이다. 1999년 닛산은 엄청난 구조조정하에서도 전기차 사업부만큼은 끝까지 보호하라는 CEO 곤의 특별대우가 있었기 때문에 결국 리프라는 1세대 최고의 작품을 만들어낼 수 있었고, GM 역시 2009년 파산보호 신청이라는 절체절명의 상황 속에서도 미래형 친환경차 시장에서 1위가 되겠다는 중장기 그림을 버리지 않았기에 Volt를 내놓을 수 있었다. 미래 시대를 가장 먼저 꿈꾸며 대다수가 불가능하다고 손가락질을 할 때에도 전기차 개발과 양산에 소홀히 하지 않았던 머스크의 테슬라 역시 마찬가지다. 결국 이들은 어려운 상황에서도 최고가 되겠다는 목표를 유지했기 때문에 지금의 위상을 갖출 수 있었다.

그러나 독일의 저 대단한 4개 명품 브랜드들은 그렇지 않았다. 모순적으로 아우디의 CEO 슈타들러가 2014 CES의 기조연설에서 언급한 자동차 개발의 1세대, 신뢰감을 높이며 일상이 된 2세대, 효율·안정·기술·고급스러움을 더한 3세대, 그리고 새로 시작된 4

세대의 구분에서 그들은 아직도 3세대에 머물러 있었던 것이다. 그게 바로 지금까지 전기차 시장 내에서는 실패를 맛볼 수밖에 없었던 가장 큰 원인으로 지적할 수 있었다.

다만 2세대 전기차 시장에서는 판이 달라질 것으로 기대된다. 이미 이들은 1세대의 실패를 인정하고 빠르게 시장을 따라잡으려는 움직임을 보이고 있다. 물론 앞선 선두 주자들도 가만히 서 있는 것은 아니기에 이를 따라잡기란 쉬운 일이 아니다. 특히 전기차에서는 IT가 많이 가미될 수밖에 없는데, 보통 IT에서는 1년 이상의 기술 격차면 사실상 따라잡기 힘들 정도의 장벽임을 감안한다면 더욱 우울한 현실일 수도 있다.

그렇지만 이들이 누구인가. 지금까지의 전 세계 완성차 시장에서 범접할 수 없는 성역을 구축했던 럭셔리 브랜드들이 아닌가. 시장 진입이 조금 늦을지는 몰라도 사실상 그들이 보유한 자동차에 대한 기술과 노하우를 감안한다면 반대로 현재의 상위 브랜드들도 그리 안심할 만한 상황은 되지 못할 것이다. 그리고 사실 그런 부분은 BMW가 i3라는 모델을 통해서 잘 보여줬다.

i3는 애초부터 타깃이 남달랐다. 같은 전기차 시장 내의 모델을 설정한 것이 아니라 동급 해치백hatchback 시장의 최강자라 할 수 있는 폭스바겐의 골프 시리즈를 골랐다. 즉 전기차가 아니라 내연기관차를 상대로 선택한 것이다. 특히 그중에서도 골프 시리즈의 최고 럭셔리 모델인 골프 GTD가 타깃이었다. 골프 GTD는 대중적인 해치백 브랜드 내에서도 누구도 따르지 못할 만큼의 스펙을

자랑해왔던 모델이다. 얼마나 차량을 잘 만들었으면 '빈자의 포르쉐'라는 별칭이 붙을 정도였을까. 그런 모델을 타깃으로 삼는 것은 어떻게 본다면 i3에게는 애초부터 너무 과도한 수준이었을지도 모른다.

그러나 막상 i3의 스펙이 공개되자 모두 깜짝 놀랐다. 골프 GTD에 비해서 볼 때 의외로 그렇게 뒤지는 부분이 보이지 않았던 것이다. 마력은 동일한 가운데 비록 토크와 최고속력은 상대적으로 모자랐지만, 낮은 공차 중량을 바탕으로 제로백에서는 오히려 앞서는 모습을 보였다. 그러면서 제시된 차량 가격 역시 유사한(조금 더 비싸기는 했지만) 4만 달러 수준이었으니 일반인들로서는 디자인 등 기타 여건만 맞는다면 i3를 선택해도 될 만큼 예상외로 뛰어난 구성을 선보였다. 실제로 독일의 유명 자동차 매거진《아우토빌트 AutoBild》는 2013년 10월 동급의 차량에서 수년째 평가 1위를 기록하고 있었던 폭스바겐의 골프 GTD를 밀어내고 BMW i3에 1위 평가를 내리기도 했다.

그들이 이 정도의 차량을 구성할 수 있었던 것은 차체의 중량을 탄소섬유라는 경량 물질로 바꾸고, 동시에 진보된 BMS(Battery Management System)을 활용하여 배터리 연비를 타사 대비 끌어올릴 수 있었기 때문이었다. 물론 i3의 차량 판매가 GTD와 유사해지는 것과 같은 일은 벌어지지 않았다. 전기차에 대한 대중의 인지도와 충전 및 판매 인프라망을 비교해볼 때 그건 아직까지는 불가능에 가까운 일일지도 모른다. 하지만 2015년에 진입하면서 BMW i3의 판매량은 점점 가속도가 붙고 있다. 상대적으로 높은 가격 대비로도 이 정도 선전할 수 있었던 것은 자동차에 대한 오랜 노하우와 기술력, 그리고 BMW라는 프리미엄 브랜드의 위력이 잘 반영되었기 때문이라는 사실은 누구도 부인하지 못할 것이다.

이는 BMW만 그런 게 아니다. 벤츠, 아우디, 폭스바겐 모두 마찬가지다. 그리고 이들은 2세대 시장에서는 분명 1세대와 다른 움직임을 보이게 될 것이다. 폭스바겐의 CEO 마틴 빈터콘Martin Winterkorn은 2018년까지 최고의 전기차 업체가 되겠다는 목표를 이미 공식화했다. 그리고 이를 달성하기 위해 2세대 시장에서는 골프의 전통적인 인기 모델인 파사트Passat, 폴로Polo, 골프 GT 등을 모두 전기차 형태로 투입하겠다는 목표를 발표했다.

아우디 역시 마찬가지로, CEO 슈타들러는 PHEV 중심으로 전기차 시장에 대응하겠다는 목표를 밝혔고, 이미 공개된 A3 e-tron 이후 Q7, A6, A8을 차례로 전기차로서 런칭했다. 사실 아우디는 폭스바겐의 계열사다. 판매량에서 글로벌 수위를 다투는 폭스바겐과 아우디의 프리미엄이 더해진다면 전기차 시장에서의 파급력은 더욱 강해질 가능성이 농후하다고 할 수 있다.

시장이 커지는 것은 단순히 소비가 증대되는 것으로만 이뤄지는 것은 아니다. 즉 소비자가 가만히 앉아서 합리적 판단하에 해당 시장을 선택하기까지 기다린다고만 해서 되는 것은 아니다. 그만큼 공급자의 마케팅과 판매망 및 인프라 구축을 통해 수요를 이끌어내려는 노력을 하는 것이 중요하다. 이런 측면에서 본다면 기존 완성차 시장의 최고 등급인 독일 명품 브랜드들이 본격적으로 시장에 진입한다는 것은 큰 의미를 차지한다고 볼 수 있다. 아직 어떤 모델이 어떻게 인기를 끌게 될지는 알 수 없지만, 독일의 럭셔리 완성차 업체들은 분명 보이지 않는다고 무시할 수 있는 대상이 아님을 잊어서는 안 된다. 2세대 전기차 시장이 기대되는 또 하나의 분명한 이유다.

셰일가스-전기차-탈석유시대의 도래

지금까지 〈1차 산업혁명-증기기관차-석탄〉에 이어 〈2차 산업혁명-내연기관차-석유〉, 그리고 이어서 탄생 가능한 〈3차 산업혁명-전기차-가스〉의 연결고리에 대해 살펴봤다. 그리고 킬러 애플리케이션이자 기술의 집약체이며, 산업혁명의 결정체로 존재해온 '차'라는 아이템이 다시 한 번 스마트카, 전기차라는 미명하에 현대의 모든 기술이 결집되고 있음을 밝혔고, 이와 함께 에너지 역시 때마침 가스시대로 전환되는 과정에 놓여 있다고도 밝혔다. 그렇기 때문에 지금이 3차 산업혁명으로 가는 길일 것이라는 예측을 해보았다. 하지만 이런 논리를 전개하는 과정에서 당연히 나올 수 있는 질문이 있을 것이다. '전기차의 등장과 가스의 시대는 무슨 연결고리지?'

전기차 등장의 가속화는 탈석유시대라는 연결고리와 이어서 볼 경우 조금 더 이해가 빠를 수 있다. 전 세계에서 석유를 가장 많이 쓰는 산업은 어디일까? EIA 데이터 기준으로 볼 때 세계 석유 소비에서 수송이 차지하는 비중은 2013년 기준 무려 56퍼센트에 이른다. 그만큼 석유 소비에서 수송이 차지하는 비중은 절대적이다. 얼핏 생각하기에도 세계적으로 탈석유시대가 일어난다고 하더라도, 자동차에 들어가는 석유는 무엇으로 대체할 수 있을지 질문한다면 언뜻 대답이 떠오르지 않는 것도 사실이다.

분명한 것은 스마트카 개념의 전기차가 세상에 많이 도입될수록 수송에서 석유가 차지하는 비중은 점차 감소하게 된다는 점이다. 이 현상에 대해서는 두 가지 관점에서 볼 수 있는데, 일단 아주 작게는 차량의 연비 측면이다. 2000년대 중반 이후로 전 세계 메이저 완성차 업체들이 차량의 경제성을 향상시키기 위해, 그리고 환경오염을 해결하기 위해 연비에 각별히 신경 쓰게 되었고, 실제로 이로 인해서 2005년 이후 자동차의 연비는 크게 증대되었다. 미국 기준으로 볼 때 1993년부터 2003년까지 연비의 개선 폭은 +3.9퍼센트에 불과했지만, 그 이후 2003년부터 2013년까지는 동수치가 무려 +22.0퍼센트에 이를 정도였다. 연비의 향상이 연료의 소비를 감소시킨 만큼 탈석유시대의 한 부분을 차지했음에 틀림없다.

그런데 여기에 더해서 기존 내연기관차 대비 우월한 연비를 자랑하는 전기차가 점점 더 많이 사용된다는 가정을 더해보자. 전 세계 자동차 연비가 더욱 오르게 되면서 동시에 석유 소비가 줄어드는 것은 당연한 현상이다. 2015년 9월 유럽을 강타한 디젤 자동차 배기가스 조작 파문도 향후 전기차 시장에 영향을 줄 것으로 보인다.

그렇지만 좀 더 넓은 의미에서의 접근이 필요할 것 같다. 반드시 연비와 관련된 부분에서만이 아니라, 앞서 언급한 대로 세상의 모든 기술이 자동차로 결집되는 스마트카가 탄생된다면 자연스럽게 석유 소비의 비중은 떨어지게 된다는 것이 더 의미 있다. 왜냐하면 스마트카는 대규모의 전기를 필요로 하는 만큼 전기차 형태로 등장하는 것이 필연적이기 때문이다. 현 세대에서 전기는 원자력, 석탄, 가스를 주로 이용하여 만든다. 석유를 이용하는 발전은 가격 문제로 점점 하락 추세에 놓여 있고 이미 석유 인프라도 많이 교체되고 있다. 때문에 전기차가 세상에 많이 보급되면서 자연스럽게 전기 소비가 증대된다면, 이는 필연적으로 석유 소비의 감소를 불러일으킬 수밖에 없다는 결론으로 연결된다.

이를 미국의 셰일가스와 연관을 짓는다면 이러한 현상은 더욱 뚜렷해진다. 미국은 저가의 셰일가스 덕택에 전기가격이 다른 나라보다 매우 낮다. 이를 토대로 미국 전기생산에서 가스가 차지하는 비중은 점진적으로 증대되어 2014년 기준으로는 21.7퍼센트까지 도달하더니 2015년에는 가스 발전이 석탄 발전을 넘어서기도 했다. 필연적으로 전기차 이용이 증대되면서 전기 소비가 많아지게 된다면 이는 가스 소비의 증대로도 연결된다는 것을 파악할 수 있다. 절묘하게도 '3차 산업혁명-전기차-가스'라는 그림에 대한 구색이 맞아떨어지는 셈이다.

물론 많은 시간을 필요로 할 것이다. 전기차든 가스든 이는 단순히 개인 소비의 행태만 바뀐다고 해결될 것이 아니라, 국가의 인프라 자체가 많이 바뀌어야 소비의 본격화를 부를 수 있기 때문이다. 그래서 아주 단시간 내에 탈석유시대가 발생하면서 가스의 시대가 올 것이라고 예측하는 것은 아니다.

전기차의 시대가 도래하는 것도 시간이 필요한 것은 마찬가지다. 안전성에 대한 인식 전환과 도로와 충전망 등 인프라 교체는 그렇게 단시간 내에 이뤄질 요인들이 아니다. 그리고 철저히 소비자 관점에서 접근해본다고 하더라도 자동차의 평균 수명이 기본적으로 7년 이상이라는 것도 감안해야 한다. 휴대폰이야 기본적으로 2년에 한 번씩 바꾸기 때문에 피처폰에서 스마트폰으로의 교체가 빨랐을지 모르지만 자동차는 완전히 다른 이야기일 수밖에 없다. 이런 요인들을 감안할 때 애초에 1~2년 만에 어떤 큰 변화를 기대하기는 어렵다.

그렇지만 큰 차원에서 변화가 태동 중인 에너지의 100년 사이클이 진행형이라는 것을 잊어서는 안 된다. 시간의 문제만이 있을 뿐이지 방향성은 명확하게 나와 있다는 것이다. 그리고 석유는 지금에서야 막 정점을 치고 내려오고 있는 상황이 아니라는 것도 큰 의미가 있다. 석유는 이미 1970년을 정점으로 글로벌 에너지 소비 비중에서 하락세를 면치 못하고 있다. 같은 기간 가스가 지속적으로 치고 올라오면서 현실적인 대안이 되어가고 있는데, 그런 현상이 발생한 지도 벌써 40년이 다 되었다. 어느 정도는 이미 뜸을 들여놓았다는 해석도 가능하다. 따라서 우리는 앞으로 십수 년 내에 마치 석유가 석탄을 대체했던 것과 같은 급격한 변화를 목격하게 될지도 모른다.

경제학은
역사가 경제학을 필요로 하는 것보다
훨씬 더 역사를 필요로 한다.

- 찰스 킨들버거Charles P. Kindleberger

제3장

———

오일의 공포가
다가온다

저유가는
축복이 아니라 공포다

저유가의
양면성

　　　　　　　　우리나라는 기름 한 방울 나지 않아서 필
요한 에너지원의 거의 대부분을 수입에 의존해야 한다. 2014년에
원유만 940억 달러어치를 수입했다. 국제유가가 하락하기 전에는
1,000억 달러를 넘기도 했다. 이는 우리나라 총 GDP의 6퍼센트에
달하는 어마어마한 금액이다. 1970대 오일쇼크에 대한 트라우마
도 아직 생생하다. 그래서 많은 사람들이 저유가는 우리에게 축복
이라고 인식하는 경향이 있다.

　기획재정부와 여러 국내 연구기관들도 유가하락은 우리 경제에
전체적으로 긍정적인 영향을 미칠 것이라고 분석하고 있다. 유가

가 10퍼센트 떨어지면 GDP의 0.4퍼센트에 달하는 실질소득증대 효과가 있고, 또한 원자재 수입비용 하락으로 기업 수익성이 증대되어 투자가 늘고 생산이 확대될 것이라는 전망이다.

　국제유가가 떨어지면 에너지와 원자재 수입가격이 하락하여 경상수지와 기업 채산성에 도움이 된다. 주유소의 기름값이 떨어지면 개인의 가처분 소득도 늘어나고 그만큼 소비 여력이 증대될 것이다. 유가하락이 우리 기업과 개인, 국가 모두에게 혜택을 준다는 것이다. 과연 그럴까? 이러한 장밋빛 전망을 그대로 받아들여도 될까? 저유가가 우리 경제에 축복이라면 가만히 앉아서 이 상황을 즐기기만 하면 될까? 그렇다면 과거 저유가 시기에도 이 같은 상황이 연출되었을까? 정말 고유가는 우리 경제에 저주였고 저유가는 축복이었을까? 대답은 '그렇지 않다'이다.

　우리나라는 정유, 화학, 조선, 기계, 철강, 건설 등 중화학공업의 비중이 매우 높다. 이들의 매출액은 유가에 연동되거나 비례하기 때문에 유가가 상승하면 이익을 낼 수 있는 여지가 늘어난다. 그런 상황이 2000년대였다. 2014년 하반기 유가가 급락하기 이전까지 고유가시대가 10년 이상 이어지고 있었는데, 그 당시 중화학공업 업체의 이익은 지속적으로 증가했다. 사상 최대의 호황이었다는 표현도 자주 등장했다. 기업의 이익이 증대되니 고용과 투자가 활성화되어 임금과 소비가 늘어나 개인소득도 증대되었다.

　수출 증대로 경상수지 역시 계속 증가하면서 나라의 주머니도 두둑해졌다. 석유 한 방울 나지 않는 나라지만 원유를 수입해 정제한 다음 다양한 석유제품을 생산해냈고, 이 같은 석유제품은 한동안 반도체, 전자제품, 선박을 제치고 우리나라 수출 품목 1등을 차지했다. 최근 유가하락으로 선두를 내주긴 했어도 석유화학제품까지 합치면 대한민국 수출의 독보적인 1위는 석유 관련 제품이다. 우리나라는 2014년 512억 달러어치의 석유제품과 483억 달러어치의 석유화학제품을 수출하였는데 이는 전체 수출의 17.4퍼센트에 달해 10.9퍼센트의 반도체와 8.5퍼센트의 자동차를 압도했다. 유가가 떨어지기 전인 2013년에는 18퍼센트, 2012년엔 18.6퍼센트에 달했다. 그래서 유가가 상승하면 수출액이 따라서 올라간다. 고유가는 수입 물가를 자극하고 경상수지를 악화시켜 경기악재로 작용한다는 면보다 중화학공업에 집중된 우리 경제에 호재로 작용하는 측면이 더 크다고 할 수 있다.

유가에 울고 웃는 산업구조

그렇다면 저유가 상황은 어떨까? 당연히 고유가 때와는 반대 현상이 나타난다. 우리나라의 주력산업인 중화학기업의 매출액은 대부분 유가에 연동되어 있기 때문에 유가가 떨어지면 매출액도 감소한다. 최대 수출 품목인 석유제품과 석유화학제품의 수출액이 감소하면 우리나라 총 수출액도 줄어든다. 수출이 국가경제의 버팀목인 우리나라로서는 충격이 아닐 수 없다. 저유가 현상이 장기화되면 상황은 더욱 어려워진다. 중화학산업이 장기 침체를 겪을 수밖에 없다. 기업들은 투자와 비용을 줄여야 하고, 고용을 감축할 뿐만 아니라 구조조정으로 인한 대량해고 사태도 불가피해진다. 일부 기업은 부도를 면치 못할 수도 있다.

에너지 수출에 의존하는 나라와 중화학공업의 비중이 큰 국가는 우리보다 더 큰 충격을 받을 것이고, 섬세하게 연결된 현재의 지구촌 경제에서 그 영향은 고스란히 우리나라에 수출 감소와 금융 충격 등의 형태로 전해질 수밖에 없다. 이러한 전 세계적인 대규모 경기침체 사태는 1982년 멕시코 모라토리엄moratorium이 낳은 중남미 줄부도 사태, 1997년 IMF로 대변되는 아시아 금융위기, 2008년 미국 금융시스템의 붕괴 등 대략 10년에 한 번 꼴로 나타났던 일들이다.

과거에도 저유가는 세계경제에 도움이 되지 못했다. 장기적으로 배럴당 20달러 수준에 머물렀던 1985년부터 2000년까지 16년간의 저유가 상황을 보자. 얼핏 생각하기에 이 시대에는 에너지 수요가 꽤 많았을 것 같다. 그렇지만 이 기간 동안 에너지 수요의 연누적성장률은 1.9퍼센트에 불과했다. 통상적으로 3퍼센트 이상은 되는 세계 명목 GDP 성장률에 한참 못 미쳤던 것이다. 즉 에너지는 가격이 떨어졌다고 무조건 수요가 촉발되는 것은 아니라는 것이 이를 통해서도 잘 드러나는 셈이다.

오히려 통념과 달리 장기 시계열(1965~2014년)로 에너지 수요 성장률과 GDP 성장률을 같이 그려보면 사실상 똑같이 움직인다. 계산해보면 같은 기간 에너지 수요와 GDP 성장률의 상관계수는 무려 0.87로 산출된다. 통상 0.5를 넘으면 상관성이 높다고 판단하기 때문에 상관계수가 0.87이라면 거의 동일한 변수라도 봐도 무방할 정도다. 여기에서 재미있는 결론이 나온다. 세계의 석유 수요는 '가격'에 의해서 결정되는 것이 아니라 '경기'에 의해서 결정된다는 것이다. 왜 이런 결론이 나올까? 주유소의 휘발유 가격이 떨어지면서 가처분 소득이 일정 수준 오르는 것보다 중화학산업에 소속된 고용인력이 해고되었을 때의 소득 감소가 전체 경제로 본다면 더 아플 수밖에 없기 때문이다. 즉 석유 수요에 있어서 더 중요한 요인은 주유소 휘발유 가격이 아니라 한 집안 가장의 실직이나 얇아진 월급봉투라는 의미다.

이를 입증하는 또 다른 데이터도 있는데, 2000년 이후 에너지 수요와 유가의 상관관계를 그려보면 이 역시 0.70으로 높게 산출된다. 즉 역사상 최대 수준의 고유가 시점에서 사람들은 가격에 부담을 느끼기는커녕 오히려 에너지를 많이 사용했다는 것이다. 이유는 간단하다. 고유가 덕택에 중화학산업과 개발도상국이 호황을 누리면서 수요를 확대할 수 있는 체력을 갖추었기 때문이다. 이렇듯이 저유가가 축복이라는 근거는 어떤 측면에서도 증명하기 어려운 가설이다.

얼핏 주변만 둘러보아도 저유가 상황이 전개된 이후 우리나라에서 그다지 즐거운 일들이 벌어지지 않고 있음을 알 수 있다. 한때 취업준비생들에게 최고의 기업으로 꼽혔던 정유 업체들은 최악의 적자를 면치 못하고 있고, 고유가시대에 이익과 주가가 급등했던 화학 업체들 역시 사상 최악의 실적을 보이고 있다. 유조선과 시추선을 건조하여 이익을 챙겼던 조선·기계 업체들은 잇따른 수주 취소와 유동성 악화를 겪고 있다. 한국경제의 '신화'라고 불렸던 철강 업체들 또한 장기 침체 속에서 재무적인 위험에 시달리는 상황이다. 영업이익으로 대출이자도 못 갚고 빚으로 버티는 '좀비 기업'이 급속도로 증가하고 있는데 이 중 상당수가 중화학 업체이다.

 이 정도만으로 상황이 끝나는 것은 아니다. 경제는 하나의 궤로 묶여 있다. 그래서 이 업종에 포함된 사람들만 피해를 보는 것이 아니다. 경기부진에 시달리는 많은 기업의 직원들이 지갑을 닫게 되면 전체 소비가 축소된다. 소비가 축소되면 B2C 기업, 혹은 자영업자의 수익 감소로까지 연결된다. 이는 곧 국가의 소비 감소로 이어지고 이로 인해 주식, 부동산, 상품, 제품 등 많은 자산과 재화의 가격이 하락하고 앞서 말한 디플레이션의 위험은 더욱 고조된다. 가격하락은 다시 기타 기업의 수익감소로 연결되고 이에 따른 비용감축과 인력조정 등 또 다른 악순환이 시작된다.

전염되는 오일의 공포
: 한국이 무풍지대일 수 있겠는가

이 악순환의 고리가 기업경제에서만 국한되는 것은 아니다. 어쩌면 이보다 더 무서운 후폭풍이 다가올 수 있으니, 바로 금융이다. 2010년을 전후로 세계경제에서 못난이 취급을 받는 많은 국가들 중에서 빠지지 않는 대표적인 나라가 그리스일 것이다. 2008년 글로벌 금융위기 때부터 불거진 수익 악화, 정치 문제, 과도한 부채에 따른 경제침체는 시간이 갈수록 극심해졌고, 아직까지 궁극적인 해결점을 찾지 못한 채 시한폭탄 같은 상황에 봉착해 있다.

그리스는 전 세계 GDP에서 차지하는 비중이 2퍼센트 남짓에 불과하다. 이 작은 나라의 행보를 두고 지난 8년간 전 세계 경제석학들이 갑론을박을 펼치고 있고, 글로벌 주가도 그리스 관련 뉴스에 따라서 춤을 추기도 한다. 이것은 지구촌 경제가 금융으로 '연결'되어 있기 때문이다. 그리스가 디폴트^{default} 상황으로 가면 그리스에 투자한 유럽 등 외국의 은행들이 큰 손실을 입게 된다. 해당 국가의 국민들도 여차하면 유동성의 위기를 느껴 뱅크런(은행에서 순간적으로 돈을 인출하는 일)을 불러일으킬 수 있다. 이는 그 나라 금융시스템에 혼란을 일으켜 전 기업과 국민이 충격에 빠질 것이다.

이렇게 실물과 금융이 촘촘히 엮인 21세기 지구촌 경제에서 한 기업이나 나라가 저유가의 충격으로 쓰러지게 되면 연관되어서 넘어지는 기업과 나라들도 속출할 수밖에 없다. 한 나라가 겪는 오일의 공포는 곧 다른 나라로 이어지고, 그 전염력과 충격은 과거보다 훨씬 더 강해질 것이다.

그런데 불행하게도 그 오일의 공포를 현실로 만들 수 있는 상황이 2014년 전후로 하나 포착되었는데, 바로 저유가의 여파로 큰 위기에 처한 브라질의 국영석유기업 페트로브라스와 이에 크게 의존하고 있는 브라질 경제 전체다. 브라질의 위기는 그리스와는 비교할 수 없을 정도다. 브라질의 GDP는 전 세계 10위 이내에 진입해 있는 수준이다. 더욱이 한국이 브라질에 투자한 채권 금액만 해도 7조 원 이상이다. 만약 브라질이 디폴트에 빠지게 된다면, 1982년 멕시코로 인한 중남미 줄부도 사태 이후 약 30년 만에 글로벌 경제는 최악의 '이머징 국가의 붕괴'를 목격하게 되는 것이다.

저유가가 불러온
브라질의 경제위기

브라질의 경제위기는
정말 스캔들 때문일까?

IMF의 2015년 전망치 기준으로 볼 때 브라질의 GDP는 약 2조 달러로 세계 8위에 올라 있는 경제대국이다. 인구는 약 2억 명으로 세계 5위를 점하고 있다. 세계경제에서 차지하는 비중이 꽤나 큰 이 나라의 경제 사정이 2014년에 들어서면서부터 심상치 않게 흘러가고 있다.

브라질 중앙은행은 2015년 경제성장이 자국 통화인 헤알real화 기준으로 전년 대비 마이너스를 기록할 것이라는 암울한 전망을 내놓았다. 그해 6월에는 마이너스 성장이 1.1퍼센트까지 확대될 것이라고 전망했다. 우울함이 더욱 짙어지고 있던 상황. 여기에 더해 글로벌 경제 전문지인 《파이낸셜타임스》가 충격적인 보도를 내놓았다. 전 세계 기축통화인 달러화 기준으로 본다면 브라질의 경제성장이 전년 대비 23퍼센트까지 축소될 것이라는 예측이었다. 브라질의 경기 상황이 나빠져 헤알화가 급격히 약세로 접어든 것까지 감안한다면 브라질 경제의 부담이 실제로는 더욱 커진다고 지적했다. 도대체 이 나라에 무슨 일이 벌어지고 있기에 이런 충격적인 보도까지 나오게 된 것일까?

사실 글로벌 언론과 분석기관이 다루는 브라질 이슈는 지우마 호세프Dilma Rousseff 대통령과 연관된 '정치 스캔들'이다. 2014년 3월부터 이러한 이야기들이 연이어 터져 나오기 시작했는데, 사태의 시작은 2006년 당시 호세프가 대통령 비서실장이자 국영석유기업 페트로브라스의 이사회 의장으로 재임하던 시절, 미국의 한 정유설비를 지나치게 비싼 가격에 사온 것에 대해 비리 의혹이 불거지면서부터였다.

2014년 11월에는 페트로브라스와 몇몇 하청업체의 계약에서 검은 돈이 세탁되어 정치자금으로 흘러 들어간 경위가 포착되었고, 이로 인해서 수십 명의 정치인이 조사 및 구속되는 상황까지 이른 것이었다. 그야말로 브라질의 2014년은 비리로 점철된 해였다.

호세프 대통령의 정치적 입지는 크게 흔들렸다. 탄핵에 대한 논의까지 흘러나왔다. 정치적으로 불안정한 상황을 외국인들이 좋아할 리가 없었다. 이때부터 브라질 통화를 비롯한 자산들에 대한 매각 행진이 이어졌고, 헤알화는 최악의 정정불안이 있었던 2004

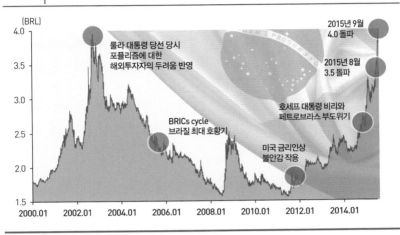

그림 15 | 브라질 헤알화 변동 추이

(BRL)

- 룰라 대통령 당선 당시 포퓰리즘에 대한 해외투자자의 두려움 반영
- BRICs cycle 브라질 최대 호황기
- 미국 금리인상 불안감 작용
- 호세프 대통령 비리와 페트로브라스 부도위기
- 2015년 8월 3.5 돌파
- 2015년 9월 4.0 돌파

년 이후 최저로 떨어졌다. 중남미 국가들의 사회주의와 포퓰리즘은 오랜 기간 동안 많은 의혹을 양산해왔기 때문에, 브라질과 관련된 스캔들은 수도 없이 많다. 여기에서 궁금한 부분은 정말 스캔들이 브라질 위기의 핵심이냐는 것이다. 정치적 불안정은 국가경제에 악영향을 끼칠 수밖에 없다. 그러나 스캔들은 스캔들일 뿐, 경제의 기반까지 흔들 수 있는 이슈는 아니다. 대체 브라질의 비리와 스캔들은 어떤 것이기에 한 나라의 경제가 23퍼센트나 감소할 것이라는 전망까지 나오게 된 것일까?

브라질의 스캔들에서 흥미로운 점은 국영석유기업인 페트로브라스가 지속적으로 등장한다는 것이다. 이 기업은 도대체 어떤 특수한 위치에 있기에 브라질의 모든 비리의 중심에 있을까? 결론부터 말하자면 페트로브라스는 브라질 국가경제의 핵심이자 흥망성 쇠의 키를 쥐고 있는 곳이다. 이 기업의 불안정성을 키운 핵심요 인은 스캔들이 아니라 유가의 급등과 급락이다. 2000년대는 유가 의 상승기였다. 2000년대 초반 20달러이던 유가는 150달러까지 올 라갔고, 리먼 사태의 충격을 딛고 난 2010년 이후로도 100달러를 넘나들며 고유가 상태를 유지했다. 한 시대를 풍미한 이 고유가시 대는 '자원이 풍부한 개발도상국가가 국영석유기업을 설립'한 경 우에는 '대박'이었던 시절이다. 보유한 유전의 가치가 급등하면서 국가경제가 확대될 수 있는 결정적인 기회를 가만히 앉아서 맞은 것이다. 여기에다 보유하고 있는 석유 매장량도 증가하면 어떨까? 즉 가격(P)의 상승효과뿐만 아니라 물량(Q)의 증대효과까지 더해 진다면? 실제 그런 '대박'을 맞은 대표적인 국가와 기업이 바로 브 라질과 그들의 국영석유기업 페트로브라스였다.

페트로브라스는 심해유전, 그러니까 육지에서 한참 떨어진 깊 은 수심의 바다에 있던 유전을 2000년대 들어서 지속적으로 발견 했다. 당시 이 유전은 브라질뿐만 아니라 전 세계적으로도 화두였 다. 이전까지만 하더라도 높은 채굴비용 때문에 현실적으로 개발 할 수 없다고 취급받던 유전들이 유가 상승세를 타면서 충분히 개 발할 만한 가치를 얻었기 때문이다. 유가 50달러 시대에서는 채굴 원가가 80달러인 심해광구는 개발 가치가 없었지만, 100달러 시대 에는 얘기가 달라진다. 이 사실에 기반 하여 브라질은 열심히 심 해유전에 대한 개발에 나섰고 2006년과 2009년에는 각각 '투피'와

'리브라'라는 대규모 광구 개발에 성공하였다.

브라질이 보유한 유전의 가치(유가 × 석유 매장량)는 2000년대 초반만 하더라도 2,000억 달러 수준에 머물렀는데 심해유전 발견 후인 2010년에는 3조 달러까지 상승하였다. 10년 사이에 한 국가가 보유한 자원의 가치가 무려 15배나 급등하는 놀라운 일이 벌어진 것이니 브라질 정부는 흥분할 수밖에 없었다. 브라질을 바라보는 투자자들도 같이 흥분했고, 때문에 BRICs라는 신조어가 나올 정도로 전례 없는 각광을 받기 시작했다.

생각지도 못했던 큰 자산을 얻게 되었을 때 개인이나 국가가 내리는 선택은 크게 다르지 않을 것이다. 그저 가만히 앉아서 그 수익만을 바라보는 소극적인 선택을 하는 경우는 드물 것이다. 대부분은 이 자산에서 발생되는 수익을 바탕으로 조금 더 큰 계획을 짜게 될 것이다. 더군다나 부국강병이라는 큰 포부를 안고 있는 정치인들은 더욱 그럴 것이다. 브라질 정부도 다르지 않았다. 그들은 확장된 유전의 가치를 담보로 하여 국력 증대를 향한 야심찬 선택을 하였고, 그 첫 번째로 PAC 프로젝트를 가동했다.

PAC는 일종의 경제성장촉진 프로그램인데 개발도상국가에서 흔히 이뤄지는 정부 주도의 경제개발 계획이다. 이 프로젝트는 호세프 대통령 이전의 룰라 다 실바Lula da Silva 대통령에 의해 2007년 처음 시작되었다. 호세프는 바통을 이어받아 2010년에 2차 계획을 내놓았다. 브라질 정부가 주도한 경제계획의 가장 핵심적 프로젝트라 할 수 있다.

이 프로젝트의 내용을 잘 살펴보면 브라질 당국이 경제개발을 위해 어느 쪽에 주력하고 있는지 파악할 수 있다. 그들이 집행하기로 결정한 총 투자금액은 1.6조 헤알. 당시의 달러 기준으로 환산한다면 9,000억 달러, 한화로는 무려 1,000조 원에 이르는 어마어마한 규모다. 이 전체 투자금액 중 60퍼센트가 넘는 1조 헤알이 바로 에너지 관련 투자에 집중된 것이다.

이를 통해서 브라질 정부의 의도를 명확하게 확인할 수 있다. 뜻하지 않게 급증한 석유 매장량의 가치를 막대한 투자를 통해서 현금으로 현실화시키고 이로써 국부의 증대를 이루겠다는 것이다. 그렇게 확보하게 될 국부는 정부의 자금줄이 될 것이고, 이는 브라질 궁극의 목표인 복지정책의 기반으로 활용할 생각이었다.

그런데 PAC 프로젝트에 필요한 1,000조 원에 이르는 막대한 자금은 어디서 확보했을까? 기본적으로는 해외조달이 그들의 선택이었다. 정부의 보증으로 해외자금을 채권 등의 형식으로 끌어와 개발자금으로 쓴 것이다. 그들에게는 막대한 신규개발 유전들이 있었기 때문에 가능한 선택이었다.

당시만 하더라도 대다수가 유가는 계속해서 오를 것이며, 최소한 100달러의 고유가시대 역시 계속 이어질 것이라고 생각했기에 과도한 차입이라 생각하지 않았다. 지금은 기억이 가물가물하지만 2008년 당시 세계적인 투자은행인 골드만삭스와 상품투자의 귀재라 불리는 짐 로저스^{Jim Rogers}는 유가가 무려 200달러까지 갈 수 있다는 전망을 내놓았을 정도로 당시 분위기는 뜨거움 그 자체였다.

브라질 정부의 과감한 드라이브가 PAC를 통해서만 걸렸던 것은 아니었다. 유전 개발은 정부의 자금으로 진행된 부분도 있었지만 국영기업인 페트로브라스의 자체 투자를 거친 것도 있었다. 페트로브라스는 어떻게 새로운 현금을 확보할 수 있었을까? 여기서 브라질의 두 번째 선택을 확인할 수 있는데, 바로 페트로브라스를 주식시장에 상장시키는 것이었다.

2010년 페트로브라스는 기업공개(IPO)를 통해 무려 645억 달러, 약 70조 원 규모의 신주를 발행했다. 외부로부터 투자자를 끌어들이면서 기업의 소유권을 일부 내주는 대신 645억 달러의 현금을 확보하게 된 것이다. 이 상황에서 브라질 정부 역시 새로 발행된 주식의 일부를 받으면서 정부 지분을 40퍼센트에서 60퍼센트까지 끌어올렸다. 그 대가로 국가가 보유하고 있는 유전을 페트로브라스로 넘겼다. 결국 페트로브라스 입장에서는 유전을 얻음으로써 기업 자본은 대폭 끌어올리고, 정부는 이 거대 석유회사의 지분을 크게 늘릴 수 있었으니 누이 좋고 매부 좋은 셈이었다.

이 선택은 글로벌 자본 시장에서도 의미가 컸다. 일단 신주발행 규모 자체가 역대 최대였다. 그뿐만 아니라 상장 이후 페트로브라스의 시가총액은 7공주파의 대장인 엑손모빌과 중국 국영석유기업인 페트로차이나PetroChina에 이어 석유기업으로서는 세계 3위의 자리로 바로 올라섰다. 쉘과 쉐브론을 각각 4, 5위로 밀어낼 정도였으니 이들의 상장이 어느 정도 파급효과를 지녔는지 짐작이 가능하다.

물론 페트로브라스의 자금조달이 순수하게 자본의 추가 상장을 통해서만 이뤄진 것은 아니었다. 그들도 정부와 마찬가지로 해외 자금 조달 시장에서도 활발하게 움직였다. 국영은행의 자금도 끌어다 썼다. 그 결과 2006년부터 2014년까지 그들의 총차입금(단기+장기 차입금)은 66억 달러에서 1,326억 달러까지 증대되었다. 8년 사이 차입금 조달이 무려 20배나 증가했다. 즉 페트로브라스의 자본과 부채 모두를 증대시키고 이를 통해 확보된 막대한 현금을 유전 개발에 쏟아붓겠다는 선택을 한 것이다.

심해유전의 가치 증대는 브라질에게는 하늘이 주신 기회나 마찬가지였다. 가만히 앉아서 유가상승과 매장량 증대라는 호재로 유전 가치가 3조 달러 가까이 상승했기 때문이다. 그들은 개발한 석유를 세계 시장에 가져다 팔기만 하면 '떼돈'을 벌 수 있다는 꿈에 젖을 수밖에 없었다. 그렇기 때문에 정부가 PAC 프로젝트를 통해 조 단위에 가까운 달러자금을 투입하는 것도, 페트로브라스가 몇 천억 달러에 가까운 현금을 단기간에 끌어들여서 개발자금으로 투입하는 것도 모두 정당화될 수 있었다.

그러나 이 장밋빛 꿈은 한순간에 무너졌다. 단 한 가지 현상, 바로 유가의 급락 때문이다. 100달러에서 절대 움직일 것 같지 않던, 혹은 200달러까지도 갈 수 있다고 전망되던 유가가 2014년 하반기부터 떨어지기 시작해 반 토막이 날 때까지 속수무책으로 주저앉고 말았다. 이와 함께 몇 년간 막대한 자금을 쏟아부은 그들의 꿈도 신기루처럼 사라졌다.

　문제는 그것이 끝이 아니라는 것이다. 좋을 때야 문제가 안 되지만 안 좋을 때 항상 문제가 되는 것이 바로 부채다. 빌려온 돈은 이자까지 쳐서 갚아줘야 하는데, 생각한 만큼 돈을 벌지 못하게 된다면 이 빚은 채권자들의 거센 독촉으로 돌아온다. 경제에 엄청난 충격이 될 수밖에 없다. 이런 상황을 지켜보자면 마치 버블이론의 대가 찰스 킨들버거Charles P. Kindleberger가 누차 주장했던 것처럼 광기와 패닉은 정말 종이 한 장 차이인 것처럼 느껴지기도 한다.

독이 되어 돌아온
심해유전

　　　　　　사실 좀 더 정확히 표현하자면 페트로브라스가 발견한 유전은 보통 심해deep-sea가 아닌, 더 깊숙한 곳에 자리한 초심해ultra deep-sea유전이었다. 이 두 가지는 유전 개발에서 결정적인 차이를 만들어낸다. 채굴비용이 현저히 다르기 때문이다.

　통상 초심해유전은 5,000피트, 즉 1.5킬로미터 이상의 깊이에 존재하는 유전을 이른다. 1,500피트(500미터)에서 5,000피트 사이가 심해유전으로 불리고, 그 아래는 천해shallow-sea유전으로 구분된다. 채굴비용의 차이를 일원화해서 말하는 것은 굉장히 어렵다. 석유를 바다에서 캐올 때에는 단순히 리그를 깊이 꽂는다고 해서 되는 것이 아니라, 플랫폼도 설치해야 하고 파이프도 육상으로 연결해야 하기 때문이다. 매장량이 제각기 다르다는 것도 큰 요인이다. 다만 이런 것들을 총체적으로 감안한 초심해유전의 대략적인 채굴원가는 배럴당 약 70~80달러에 이르는 것으로 알려져 있다.

브라질 초심해유전의 평균 수심은 무려 8,000피트에 육박한다. 아프리카 희망봉 근처의 유전들과 비슷한 수준일 정도로 상당히 깊다. 그런 면에서 볼 때 배럴당 70~80달러의 개발비용이 들어간다는 추정이 크게 틀리지 않을 것으로 보인다. 실제 에두아르도 브라가Eduardo Braga 브라질 에너지장관도 2015년 5월 인터뷰에서 80달러 이하에서는 초심해유전의 채산성이 발생하지 않는다고 말하기도 했다.

문제는 여기에서 시작된다. 유가가 50달러였던 시대에 80달러의 채굴비용이 들어가는 유전은 사실상 가치가 없다고 평가됐다. 브라질은 100달러였던 시대에 엄청난 자금을 쏟아부어 투자를 했으나 예상치 못하게 유가가 반 토막 나버린 것이다. 게다가 그 자금의 대다수는 해외부채였다. 그렇다면 이 빚은 대체 무슨 수로 갚아야 할까? 설사 석유를 더 뽑아 올린다고 하더라도 생산되는 만큼 오히려 적자 폭이 확대되는 우울한 상황이다. 이것이 바로 페트로브라스를 위기로 몰아놓은 결정적인 이유다.

그들의 부채가 어느 정도로 위험해져 있는지는 수치로 잘 나타난다. 앞선 단락에서 신7공주파의 투자가 고유가 시기에 상당히 과도했음을 지적하며 첫 번째 증거로 들었던 것이 과도한 투자 수준을 파악하기 위해 살펴봤던 자본투자/매출액 비율이었다. 신7공주

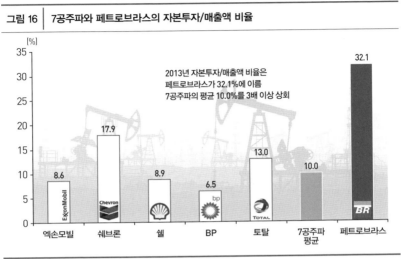

그림 16 │ 7공주파와 페트로브라스의 자본투자/매출액 비율

2013년 자본투자/매출액 비율은
페트로브라스가 32.1%에 이름
7공주파의 평균 10.0%를 3배 이상 상회

자료: 수치는 각 사 인용

파의 경우 자본투자/매출액 비율이 2000년에는 9.7퍼센트였지만 2013년에는 2배 넘는 20.3퍼센트에 도달했다. 이 자체도 상당히 높은 수치에 해당한다. 그러나 페트로브라스는 아예 이런 수준을 뛰어넘는다. 2013년 기준 이들의 비율은 무려 32.1퍼센트에 달했다.

기업이 미래 성장을 위해서 투자를 한다는 것은 물론 긍정적인 일이다. 그러나 매출액의 30퍼센트 이상이 자본투자로 들어간다는 것은 과도한 수준임에 틀림없다. R&D 비용이 많은 IT 기업도 통상 이 정도까지는 도달하지 않는다. 이런 과도한 투자는 기업 내 현금부족으로 연결될 수밖에 없다. 기업이 벌어들이는 영업현금인 EBITDA(법인세 이자 감가상각비 차감 전 영업이익)와 자본투자(capex)의 차이를 보면 이를 더욱 잘 알 수 있는데, 페트로브라스는 이미

2009년부터 2014년까지 지속해서 EBITDA보다 자본투자가 더 많았다. 즉 벌어들인 돈보다 투자하는 돈이 더 많았다는 것이다.

어느 기업이나 이런 일이 발생할 수 있지만 문제는 그 당시가 100달러에 근접한 고유가시대였다는 것이다. 어느 때보다 석유기업이 돈을 많이 벌었던 순간 그 현금을 투자금으로 모두 써버린, 심지어는 그 이상으로 써버린 기업이 바로 페트로브라스다. 심지어 신7공주파의 자본투자 합계치를 보더라도 페트로브라스처럼 과도한 투자를 진행한 경우는 없었다.

또 한 가지의 재무지표인 순차입금(총차입금 - 현금)에서도 문제는 여실히 드러난다. 2014년 기준 페트로브라스의 순차입금은 1,064억 달러다. 무려 100조 원이 넘는 금액이다. 그런데 7공주파의 5개 메이저 기업의 합계 순차입금은 같은 시점에서 1,154억 달러다. 이 매머드급 5개 석유기업의 순차입금 합계치와 페트로브라스 한 기업의 순차입금이 유사할 정도이다.

순차입금/EBITDA 지표도 같은 상황을 보여준다. 그들은 이미 2012년 2.8배를 기록하며 국제 신용평가기관인 S&P가 제시한 가이드라인(2.5)을 넘어섰는데, 이에 그치지 않고 2013년 3.6에 이어 2014년 4.8까지 지속 확대일로에 놓여 있었다. 재무적으로 이미 위험한 상황에 도달했다는 것을 알 수 있다. 페트로브라스는 앞으로 위기에 처할 기업이라기보다 이미 위기에 빠져 있는 기업으로 분류하는 것이 더 적절할 정도다. 그런데 2015년 들어서 유가가 더 하락하고 있다. 위기 수준의 농도가 점점 더 짙어진 것이다.

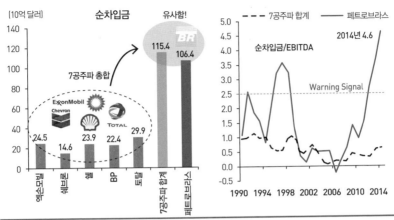

그림 17 | 7공주파와 페트로브라스의 순차입금 및 순차입금/EBITDA 비교

자료: 수치는 각 사 인용

　이 상황에서 위기의 신호탄을 쏘아 올린 것은 아우렐리우스 캐피탈Aurelius Capital Management이라는 미국의 헤지펀드였다. 그들은 유가 급락이 현실화된 2014년 12월 29일 깜짝 발표를 했다. 페트로브라스가 당시 발표하지 않았던 2014년 3분기의 실적을 2015년 3월까지 공개하지 않는다면 채권계약 위반에 의거하여 디폴트, 즉 채무불이행을 공식화하겠다는 폭탄선언을 한 것이다.

　이런 일이 벌어지게 된다면 한 기업만의 문제로 끝나지 않는다. 채권규정상 디폴트를 선언하게 되면 같은 조건의 채권을 보유한 채권자들도 이에 동참할 수 있는데, 그럴 경우 페트로브라스는 순간적으로 약 536억 달러, 한화로 60조 원에 이르는 채권을 즉시 상환해야 하는 유동성 위기에 걸려들게 된다.

결국 올 것이 오고 말았다. 2015년 2월에 세계 3대 신용평가사 중에 하나인 무디스Moody's가 그들의 신용등급을 Baa3에서 Ba2로 두 등급 강등시켜버렸다. Baa3는 '투자적격'이라고 평가받을 수 있는 마지막 등급이다. 이는 페트로브라스가 세계 투자자들에게 공식적으로 안정적이라고 인정받을 수 있는 마지막 선을 지키지 못한 것으로 해석할 수 있다. 흔히 말하는 정크본드junk bond, 즉 쓰레기 채권으로 평가받은 셈이다. 브라질의 국영석유기업이자 한때 세계 3위 시가총액의 석유기업이었던 페트로브라스의 굴욕이었다.

또 다른 3대 신평사 중 하나인 S&P도 2015년 3월 페트로브라스의 신용등급 전망을 '부정적'으로 하향한 바 있다. 이는 근시일 내에 투자등급이 떨어질 수 있다는 경고였다. 이미 S&P는 그들을 투자적격의 마지막인 BBB-로 평가하고 있다. 즉 한 발짝만 더 움직이면 무디스에 이어 이들도 페트로브라스의 채권을 쓰레기로 평가하게 된다.

더욱이 이 두 거대 신평사의 등급하향이 큰 위기로 다가올 수 있는 것은, 페트로브라스에 2016년부터 시작해 속속 만기가 차는 채권이 다량 쌓여 있기 때문이다. 2015년까지는 그들이 보유한 채권에 대한 이자만 갚고 있는 상황이었다. 금액은 약 15억 달러 정도. 그렇게 크게 부담되지는 않았다. 그러나 2016년부터는 원금상환이 시작되면서 채권에서만 금액부담이 80억 달러로 증대된다. 그리고 2016~2021년 사이에는 만기채권이 계속 몰려 있어서 60억

~80억 달러 정도의 채권비용 부담이 지속적으로 발생된다. 가뜩이나 저유가 상황이기에 이익이 창출되지는 않고 있으며 이미 부채의 부담마저도 높은 상황이다. 여기서 채권자들의 빚 독촉을 견뎌내지 못하면 어떤 상황이 올까? 그리고 이미 저유가시대를 간파한 채권자들이 롤오버roll-over(채권의 만기를 연장해주는 것) 등 선행을 베풀어주지 않는다면 어떤 상황이 벌어지게 될까?

　문제는 여기서 끝이 아니다. 페트로브라스가 진행했던 심해유전의 개발은 브라질 경제의 핵심이었다. 그들이 망가지게 된다면 자연스럽게 그 피해는 브라질 경제 전체로 파급될 수밖에 없는 구조다.

페트로브라스의 위기는
브라질 전체의 위기

　　　　　　브라질은 개발도상국임에도 불구하고 독특한 경제구조를 갖춘 부분이 하나 있다. GDP에서 소비가 차지하는 비중이 60퍼센트 이상이라는 것이다. GDP는 소비＋투자＋정부구매＋순수출 이렇게 4개 항목으로 구성되고, 통상 선진국으로 갈수록 그중에서도 소비의 비중이 올라가는 모습을 보이는데, 이들은 막대한 인구를 기반으로 하여 이미 소비 비중이 상당히 높은 양상을 나타내고 있다. 따라서 기업이 차지하는 비중은 아직도 상대적으로 낮게 유지되고 있다.

브라질 정부의 PAC 프로젝트는 이런 독특한 경제 체질을 일부분 개선하려는 의미도 지니고 있었다. 즉 고속성장을 위해 정부와 대기업 차원의 대규모 투자를 유도하는 정책을 쓰고자 했던 것이다. 이를 위해 에너지 분야를 중심으로 인프라를 구축하면 경제에서 고정자산투자가 차지하는 비중을 자연스럽게 끌어올릴 수 있게 된다. 또한 에너지는 대규모 단위의 인프라 투자이기에 그에 파생되는 조선, 건설, 철강, 기계 등 2차 산업 중심의 하청업체들도 동시에 투자를 끌어올릴 수 있게 된다. 결국 이런 방식의 경제발전을 꾀했던 정부의 의도 중심에는 페트로브라스가 있었을 것이다.

실제로 2013년 기준 브라질 전체 고정자산투자 중에서 페트로브라스가 차지하는 비중은 11.2퍼센트까지 치고 올라왔다. 대규모 석유기업을 보유하고 있는 노르웨이, 러시아, 멕시코, 영국, 프랑스, 중국, 미국, 태국의 평균 수치는 7.1퍼센트에 불과하다. 그만큼 PAC 프로젝트에서 페트로브라스가 차지하는 의미가 크다고 볼 수 있다.

페트로브라스가 저유가 상황과 부담스러운 재무구조에 눌려 초심해유전에서 제대로 된 수익을 올리지 못한다면 어떤 일이 발생될까? 일단 먼저 발생되는 상황은 심해유전 개발에 동참했던 건설, 조선, 기계 등 협력업체들이 위기에 빠지는 것이다. 이들은 심해유전에 대한 투자가 이뤄져야 공급한 기자재에 따른 수익을 챙길 수 있는 구조다. 특히 미리 발주된 기자재는 만들어야 하는 만 큰 빚을 내서라도 물품을 만들어놓고 대기하는 상황인데, 갑자기 투자가 중단되어버리면 수익을 낼 수 있는 길이 사라진다. 그러면 결국 이들 역시 자금의 경색 속에서 위기에 직면하게 되고 이는 경기침체의 한 요인으로 작용할 수밖에 없다. 실제로 2015년을 전후로 브라질 건설 업체 몇 개는 이미 부도를 맞이한 상황이다.

또 다른 요인으로는 브라질 정부의 야심 찬 복지계획이 제대로 작동되고 있지 않다는 것이다. PAC 프로젝트의 성격 자체가 유전의 미래가치를 담보로 잡고 해외채권을 미리 끌어와 국가경제에 투자하는 것인데, 이 미래가치가 사라지게 된 만큼 이제는 채권이자뿐만 아니라 원금상환에 대한 부담까지 목을 조여 오게 된 것이다.

한 가지 주목해야 할 부분은, PAC 프로젝트 자금 중 60퍼센트는 에너지에 투자되었고 나머지의 대다수인 약 20퍼센트는 주택건설, 즉 '부동산' 자금으로 투입되었다는 사실이다. 브라질은 '내 생애 내 집 갖기(my home, my life)'라는 구호 아래 저소득층에게 부동산 자금의 지원을 실행한 바 있다. 특히 최빈소득층에게는 파격적으로 주택담보대출비율(LTV: Loan to Value)을 100퍼센트 보장해줬다. LTV란 결국 주택가격의 몇 퍼센트까지 대출을 통해 지원해주느냐를 정하는 비율이다. 즉 LTV를 100퍼센트 보장해줬다는 것은 최빈소득층의 경우 내 돈 한 푼 내지 않고 주택을 마련할 수 있는 기회를 제공했다는 것을 의미한다. 심할 만큼 공격적인 부동산 정책이었고 이 때문에 PAC 프로젝트 이후 브라질 주택가격은 3.5배 가까이 폭등했다.

하지만 경기가 침체되면서 주택가격이 하락하고, 정부가 이 상황에서 디플레이션을 막기 위한 추가적인 자금 지원을 하지 못하게 된다면 어떤 상황이 벌어질까? 최빈소득층은 정부의 보증금을 집값이 떨어지는 만큼 고스란히 빚으로 안게 되는 것이다. 브라질 경제구조에서 소비의 비중은 60퍼센트다. 일반 개인이 주택과 관련한 빚이 증대된다면 소비가 줄어드는 것은 명약관화다. 꼬리에 꼬리를 물듯이 이 현상은 추가적으로 주택가격을 하락하게 만들고, 또 다시 개인의 부담이 늘어나 다시 소비가 줄어들게 되는 악순환이 벌어질 것이다. 2008년 미국의 리먼 사태와 매우 유사하다.

이 같은 상황에도 불구하고 브라질 정부는 2015년 들어서 계속해서 금리를 끌어올리고 있다. 이미 6년 만에 최대치까지 올랐지만 금리인상은 계속되고 있다. 환율을 방어하기 위한 고육지책이다. 경기위축에 직면하면서 해외자금이 급속도로 이탈하여 헤알화는 끝없이 추락하고 있다. 자국 통화가 계속 떨어지면 외국인 투자자금이 추가로 이탈할 뿐만 아니라 국내 물가도 급등하게 되기 때문에 정부는 울며 겨자 먹기로 금리를 지속적으로 올릴 수밖에 없다.

그러나 금리인상은 부동산 시장에는 독약이다. 부동산 가격하락의 부담을 이미 크게 안고 있는 개인에게 이자금리까지 높이는 이중고를 안겨주는 결과를 가져오게 된다. 게다가 미국의 금리인상은 전 세계 달러 수요를 부추겨 개도국의 달러자금은 이탈시키고 헤알화는 더욱 떨어뜨릴 것이다. 이를 막기 위한 브라질의 선택은 추가 금리인상밖에 없다.

물론 유가가 다시 반등해 PAC 프로젝트를 돌아가게 해주는 상황이 조성된다면 브라질에는 더할 나위 없이 바람직한 일이다. 하지만 달러 강세는 필연적으로 유가하락을 조장하는 요인이다. 더욱이 미국과 사우디 중심의 기존 7공주파는 장기 저유가도 불사하겠다는 입장을 고수하고 있어 유가가 급등할 가능성은 매우 낮다. 따라서 브라질 위기는 현실화될 가능성이 높다.

세계경제 8위의 브라질이 경제위기에 빠지면 우리나라는 어떻게 될까? 우리와는 아무 관련성이 없을까? 저명한 경제사학자인 킨들버거 교수는 그의 명저인『광기, 패닉, 붕괴: 금융 위기의 역사Manias, Panics and Crashes: A History of Financial Crises』에서 이와 같은 말을 남겼다. "경제학은 역사가 경제학을 필요로 하는 것보다 훨씬 더 역사를 필요로 한다." 과거에 대한 공부가 미래에 대한 해답을 줄 수도 있다는 뜻이다. 그런 의미에서 볼 때 이 질문에 대한 대답으로 아주 좋은 케이스가 있다. 바로 1982년 멕시코의 모라토리엄 사태다.

데자뷰^{Déjà vu}
: 1982년 멕시코의 모라토리엄

모라토리엄은 라틴어로 '지체하다'라는 뜻의 'morari'에서 유래한 말인데, 빚 상환을 지체하여 채무불이행 상태가 된 것을 의미한다. 지금까지 전 세계에 이 모라토리엄의 상황은 수도 없이 많이 벌어졌는데, 그중에서도 우리가 주목해야 하는 사태가 바로 1982년에 발생했던 그 유명한 '멕시코 모라토리엄'이다.

지금도 멕시코의 경제규모는 세계에서 작지 않은 수준이다. 멕시코의 GDP는 IMF의 추정으로 약 1조 2,000억 달러 규모로서 2015년 기준 세계 13위에 올라 있다. 1조 4,000억 달러로 세계 11위에 올라 있는 한국과 비슷한 규모다. 1980년대 초반 멕시코가 세계경제에 지닌 의미는 남달랐다. 누구보다 빠른 성장을 토대로 세계경제의 중심축으로 자리 잡아갔는데, 1981년에는 전 세계 GDP 랭킹 8위까지 올랐을 만큼 대단했다. 2000년대에 BRICs가 있었다면 이 시대에는 멕시코가 있었다고 할 수 있다.

멕시코의 급격한 경제성장은 단기간에 이슈로 떠오른 것은 아니다. 1940년부터 국가주도형 발전전략을 사용하면서 1980년까지 꾸준한 성장을 이룬 케이스로, 40년간 연평균 GDP 성장률이 무려 6.2퍼센트에 달했다. 그 당시 멕시코는 마치 1970년대 이후 '한강의 기적'을 이룬 한국처럼 세계적으로 많은 찬사를 받음과 동시에 개발도상국의 롤모델로 인정받기도 했다.

멕시코의 경제발전이 제대로 불붙은 것은 1970년대 후반부터였다. 당시 어떤 이벤트 하나가 멕시코 경제에 대단한 기폭제로 작용했는데, 바로 대규모 유전의 발견이었다. 1976년 칸타렐^{Cantarell} 유전이 유카탄반도 앞 바다에서 발견된 것이다. 발견 당시의 추정 매장량은 400억 배럴이었고 이를 토대로 멕시코는 미국과 캐나다를 제치고 아메리카대륙 가운데 최대의 석유 보유국가로 등극하게 됐다. 이는 멕시코를 흥분의 도가니로 이끌기에 충분했다.

물론 매장량 자체가 대단하다는 것도 이슈가 되었지만, 또한 중요한 것은 유전의 발견 시기다. 1970년대는 야마니를 중심으로 중동의 주요 산유국들이 석유 수출을 무기로 삼아 국제유가를 급격하게 끌어올릴 때였다. 특히 1970년대 말 이란혁명 이후 OPEC 주요 회원국들의 산유량이 급격하게 줄어들면서 이른바 오일쇼크가 일어나고 있었다. 즉 멕시코로서는 유전 개발을 통한 물량(Q)의 증대뿐만 아니라, 석유가격(P)의 증대효과를 동시에 누리는 시기였다. 1980년을 전후로 이 멕시코 유전의 가치는 1,000억 달러 내외에서 2조 달러로 뛰었다. 5년도 안 되는 사이에 무려 20배 가까이 증대된 것이다. 1981년 멕시코의 GDP는 약 2,000억 달러였다. 즉 그들의 유전가치는 성장일로였던 자국의 경제가치 대비로도 10배나 높은 수준까지 도달했다. 정말이지 앉아서 '대박'을 맞았다고 할 수 있을 정도였다.

이 시점에서 멕시코 정부로서는 국부의 증대를 위해 무언가 과감한 결단을 내려야만 했다. 그리고 그때야말로 개발도상국의 틀을 벗고 세계 경제대국으로 성장할 수 있는 절호의 기회였다는 생각이 들었을 것이다. 게다가 1980년 당시는 미국을 비롯한 대다수 국가들의 실질금리(명목금리 − 물가상승률)는 마이너스였다. 부채를 일으켜서 실물에 투자를 하기에는 더 없이 좋은 금융환경이었다. 이 기회를 놓치지 않고 멕시코는 해외자금을 급격히 끌어당기면서 칸타렐 유전에 대규모 투자를 단행하기에 이른다. 이것이 바로 1980년을 전후로 멕시코 경제가 급격히 상승하게 된 핵심 원인이다. 이른바 '멕시칸 오일 붐Mexican Oil Boom' 시기였다.

하지만 그 붐은 거짓말처럼 순식간에 꺼졌다. 영원히 높을 것만 같았던 유가가 글로벌 경기침체와 사우디아라비아의 무서운 증산일로 정책으로 1982년 정점 이후 지속적으로 하락했기 때문이다. 어마어마하게 느껴졌던 유전의 가치는 유가하락과 함께 급격히 떨어지기 시작했다.

그뿐만이 아니었다. 이 시점에서 등장한 인물이 미국연방준비제도의 의장 폴 볼커였다. '인플레 파이터'라는 별칭에서도 알 수 있듯이 그는 취임 직후 4~5퍼센트대에 머물렀던 금리를 20퍼센트 수준까지 공격적으로 인상시켰다. 명분은 당시 높아질 만큼 높아졌던 미국의 물가를 잡아내겠다는 것이었는데, 결과적으로 멕시코는 이로 인해 자금조달비용이 급격하게 상승하는 충격을 맞았다. 불과 몇 년 전만 하더라도 '고유가/저금리'가 영원할 것이라 생각하여 해외자금을 급격하게 조달해왔는데, 직후 '저유가/고금리'라는 완전히 상반되는 경제상황이 연출되면서 경제위기가 발생한 것이다. 그리고 결국에는 멕시코 모라토리엄이라는 사태로 번졌다.

정말 놀랍지 않은가? 멕시코의 급작스런 위기가 놀랍다는 것이 아니라 멕시코와 브라질의 사태가 너무나 닮았다는 사실이……. 1982년의 멕시코와 2015년의 브라질. 비슷해도 이렇게 비슷할 수 있을까?

국가의 이름만 빼면 흥망성쇠에 이르는 모든 단계가 거의 똑같다. 일단 중남미에서 성장일로를 걷고 있었다는 것이 유사한 출발점이 된다. 그리고 이후 멕시코는 칸타렐, 브라질은 투피와 리브라라는 유전을 발견했는데, 그 직후 멕시코는 OPEC 감산 사태에 따른 유가급등을, 브라질은 BRICs의 폭발적인 성장세에 따른 유가급등을 맞이했다.

그리고 때마침 실질금리가 마이너스에 이를 정도로 금융조달 환경이 좋았기 때문에 두 국가 모두 유전 개발을 위해 해외에서 마음 놓고 자금을 빌려왔다. 실제로 멕시코의 대외부채 총액은 1976년 약 300억 달러에서 1981년 약 700억 달러까지 올라, 5년 새 2배 이상 증대됐다. 브라질 역시 2008년 2,000억 달러에서 2013년 5,000억 달러까지 2배 이상 증대가 되니 확대수준까지도 유사했다. 그리고 그 이후로는 '사우디'라는 공통 변수에 의해서 유가 급락 상황이 이어졌고, 이로 인해 국가경제가 큰 위기를 맞은 것이다.

1982년 멕시코 모라토리엄 사태는 이후 무서운 속도로 중남미 전체의 경제위기로까지 번졌다. 중남미 내 최대 경제국가인 멕시코가 급격한 위축 단계에 들어가게 되니 주변 국가들의 실물경기가 얼어붙고 자금경색이 부각되면서 아르헨티나, 브라질, 에콰도르, 페루, 베네수엘라까지 줄줄이 디폴트를 선언하기에 이르렀다. 그야말로 '줄부도' 사태가 발생한 것이다.

멕시코 사태가 그랬듯이, 혹시 브라질이 위기에 처하게 된다면 더불어 위기에 빠지게 될 국가들이 있지 않겠는가. 가능성은 높다. 또 하나 재미있는 유사점은 1981년 당시 멕시코의 세계 GDP 랭킹이 8위였는데, 2015년에 브라질도 똑같은 8위였다는 점이다. 당시 세계 8위의 경제대국 멕시코의 경제위기가 주변국들의 연쇄 부도로 이어졌듯이 브라질의 위기도 그에 못지않은 파급효과를 보일 것이다. 남미를 넘어 또 한 번의 글로벌 경제위기의 시발점이 될 수도 있다.

'오일의 공포'는 브라질로만 끝날 문제가 아니다. 브라질과 멕시코처럼 덫에 걸려든 국가가 추가로 존재할 가능성은 농후하다. 사실 이를 찾아내기 위해서는 또 다른 방대한 조사가 이뤄져야 하기 때문에 쉽게 결론을 내기는 어렵다. 다만 분명한 것은 경제에서 석유기업에 대한 의존도가 높은 국가일수록 이런 위기가 더욱 불거질 수밖에 없다는 것이다. 따라서 GDP에서 석유기업의 매출액 비중이 높은 나라들은 눈여겨볼 필요가 있다. 말레이시아의 페트로나스가 32.2퍼센트, 베네수엘라의 PDVSA가 26.0퍼센트, 태국의 PTT가 23.9퍼센트, 러시아의 3대 국영기업이 19.8퍼센트를 차지한다. 멕시코의 페멕스는 10.0퍼센트다. 언급된 대다수 국영석유

기업들은 이미 글로벌 신평사들로부터 투기등급, 혹은 투자적격에서 마지막 등급 정도의 박한 평가를 받고 있는 실정이다.

이쯤에서 다시 한 번 이름을 떠올려볼까? 'New seven sisters'라고 불렸던 신7공주파. 흥미롭게도 2000년대 이후 거침없이 기존 7공주파를 밀어붙이면서 세계 석유 시장의 패권을 빼앗아올 것만 같던 이름들이, 이제 와서는 위기를 우려해야 하는 대상으로 고스란히 나열되어 있다. 그리고 동시에 이것도 기억해야 한다. 그들을 위기로 몰아넣은 주범은 유가의 급등과 급락을 조장했던 미국과 사우디라는 사실을…….

새우등 터뜨릴 준비를 하고 있는
두 마리의 고래, 미국과 사우디

석유 시장의 본성은 약탈적이며 현재 이를 주도하고 있는 '큰손'들은 7공주파와 아람코, 즉 미국과 사우디이다. 작금의 저유가 싸움을 주도하고 있는 것도 그들이다. 그렇다면 그들은 대체 왜 이런 싸움을 조장하는 것일까? 이를 통해서 얻고자 하는 것은 무엇일까?

일단 앞에서 언급되었던 경제 저격수, 존 퍼킨스라는 인물을 다시 한 번 떠올려보자. 그가 주장한 저격수들의 행동은 매우 간단했다. 천연자원의 개발 여지가 충분한 곳에 → 갚을 수도 없을 만큼의 대규모 자금을 빌려주고 → 위기상황에 직면했을 때 자금상환을 요구한다 → 결국 갚지 못하게 된 상황에서는 천연자원을 채권의 대가로 몰수하고 → 이후 취득한 자산을 민영화해 현금화시키고 이익을 챙긴다. 어디까지 믿을 건지는 논란이 될 수밖에 없지만 중남미의 많은 국가들이 실제로 이러한 덫에 걸려서 장기간 고생을 해왔다는 것만큼은 분명한 역사적 사실이다.

멕시코도 크게 다르지 않았다. 모라토리엄을 선언한 후 경제위기에서 벗어나기 위해 자산매각과 자구책 마련을 서둘렀을 뿐만 아니라, 단기 중심의 해외채권 재발행을 통해 경제회생을 위한 자금마련에 나섰다. 그러나 떨어질 만큼 떨어진 신뢰도와 줄지어 일어나는 중남미의 국가부도 사태에서 원활하게 해외자금을 끌어올 수가 없었다. 경기침체의 상황은 길어지고 정부로서도 더 이상 쓸 카드가 없는 상황에 직면했다. 좀처럼 위기는 끝나지 않을 것처럼 보였다. 이때 혜성같이 등장한 인물이 1989년 미국의 재무장관인 니콜라스 브래디Nicholas Brady였다.

지금까지도 브래디는 중남미 줄부도의 악순환을 끊어낸 대표적 인물로 회자되고 있는데, 그가 쓴 정책은 매우 간단했다. 중남미 국가들에 대해서 만연하게 퍼진 불안감 때문에 해외자금 조달이 안 되는 것이 가장 큰 문제였던 만큼, 세계 최대 경제대국인 미국이 대신 보증을 서주면서 해외채권 발행을 도운 것이다. 더욱이 상환부담이 덜한 장기채권이었다. 이를 통해 발행된 채권을 '브래디 채권Brady bond'이라고 부르는데, 이로써 중남미에 다시 돈이 흘러들어와 경기침체에서 벗어날 수 있는 기회를 얻을 수 있었다.

미국이 이런 행동을 아무 이유 없이 했을 리는 만무하다. 막대한 채무보증을 서면서 명시한 것은 시카고학파의 경제논리였던 규제 철폐, 개방, 그리고 민영화였다. 그리고 이를 토대로 1992년에는 NAFTA(North American Free Trade Agreement), 즉 북미 3국인 미국, 캐나다, 멕시코 간의 FTA를 발동하게 된다.

이 FTA를 통해 미국이 얻고자 했던 것은 명확했다. 일단 더 많은 미국 제품을 멕시코에 파는 것이다. 이로 인해 2014년까지도 미국의 수출대상국가 1위는 캐나다고 2위는 멕시코다. 또한 저가의 지대와 임금이 제공되는 멕시코에 조립공장을 설립하여 낮은 가격에 공산품을 수입하는 효과를 얻을 수 있다. 즉 멕시코를 미국의 하청업체로 전락시키는 것이었다. 실제로 NAFTA 체결 후 중국과 동남아시아에 집중되어 있던 미국의 하청공장들이 대거 멕시코로 이동했고 지금까지도 그들은 미국의 최대 납품 국가 중 하나이다.

KOTRA가 2010년에 발표한 자료에 따르면, 가공부품fabricated parts, 조립제품assemblies, 소비재제품consumer packaged goods, 이른바 하청물품들의 미국 수출 중 가장 낮은 비용을 제공하고 있는 국가로 2009년까지 지속적으로 1등을 한 나라는 멕시코였다. 그리고 무역협회의 자료에 의하면 2014년 미국의 수입금액에서 멕시코는 중국과 캐나다에 이어 세 번째로 높은 비중을 차지하는 국가로 표시됐다. 즉 미국에게 멕시코는 저가의 물품을 대규모로 공급해주는 국가인 셈이다.

이 현상이 미국 경제에 주는 긍정적 파급효과는 생각보다 컸다. 1990년대 미국은 사상 최대의 경기호황을 뜻하는 '골디락스 goldilocks'를 맞이했다. 당시만 하더라도 대부분 이 호황의 원인을 이른바 IT/인터넷 혁명에 의한 급격한 생산성 증대로 생각했다. 그러나 이후 많은 경제학자들에 의해서 IT 분야의 생산성 급증만큼이나 지대한 영향을 미쳤던 또 다른 요인이 바로 이 저가 공산품의 지속적 유입이라고 분석되었다. 즉 저금리 상황이었음에도 저가 공산품에 의해서 낮은 물가를 유지한 것이 경제에 대단히 긍정적인 영향을 미쳤다는 것이다. 그러한 저가 공산품을 공급한 대표적 국가로 멕시코는 당연히 빠질 수 없는 대상이다.

이렇게 본다면 하나의 연결고리를 어렵지 않게 잡아낼 수 있다. 1976년 미국과 사우디아라비아가 경제협력체제를 구축한 이후 미국이 사우디에 준 대표적인 혜택은 정치·안보적 리스크를 책임져준다는 것이다. 경제적으로도 도움을 줬는데, 이란 중심의 시아파 계열 및 OPEC 내 강경파들이 미국의 제재로 인해 산유량이 감산된 틈을 타 사우디는 지속적인 증산기조를 장기적으로 이어가면서 지금까지 막대한 부를 조성해왔다.

사우디는 석유의 달러화 결제, 그리고 지속적인 증산에 따른 저유가 상황을 조성해 결론적으로는 멕시코 모라토리엄과 소련의 붕괴를 유도해냈다. 이 두 현상 모두 미국에게는 경제적·정치적으로 엄청난 이득을 안겨주었다. 지난 40년 동안 이들은 '누이 좋고 매부 좋은' 관계가 되어주고 있었던 것이다.

지금의 상황도 매우 유사하다. 멕시코와 마찬가지로 고유가의 덫에 걸려 오일의 공포를 목전에 두고 있는 국가가 브라질이다. 그들의 위기는 결국 미국의 셰일혁명과 사우디의 지속적인 증산에 의해서 조성되었다. 그렇다면 브라질의 위기가 이들에게 주는 이득은 무엇일까? 문제의 핵심이자 매듭을 풀어야 할 주체인 페트로브라스가 위기 탈출을 위해 '핵심자산 매각'이라는 마지막 방책을 꺼내 들었다는 것에 주목할 필요가 있다. 그들의 핵심자산이란 바로 심해유전이다.

　얼핏 생각하면 '채굴단가가 80달러에 이르는 유전을 누가 인수하려고 할까?'라는 의문이 제기될 수도 있겠지만 꼭 그렇지만은 않다. 유전 개발에서 채굴단가는 통상 토털코스트total cost를 의미한다. 즉 석유를 생산하고 있을 때 들어가는 인건비, 전기세, 운송비뿐만 아니라, 유전 개발을 위해 초기에 투입하는 석유 리그, 해상유전의 경우에는 이 석유들을 결집시키는 플랫폼, 그리고 이를 육상으로 운송시키는 파이프 등을 모두 포함하여 산출한 단가라는 것이다.

　그런데 통상 유전 전체 개발비용에서는 이 초기투자비용이 차지하는 비중이 상당히 높다. 그리고 심해와 같은 곳일수록 더 깊은 곳에서 작업이 가능한 리그를 투입해야 하고, 더 긴 파이프를 건설해야 하기 때문에 초기투자비용이 더 많이 들어간다. 많게는 70~80퍼센트까지도 이르는 것으로 알려져 있다. 반대로 말하자면 초기투자비용을 제외할 경우 이미 개발한 유전을 유지하는 데 드는 비용maintenance cost은 그다지 크지 않다는 것이다.

현금 확보가 급한 페트로브라스가 심해유전의 매각에 들어간다면, 현재 크게 낮아진 유가에서는 자신들이 개발한 유전을 저가에 매각하는 수밖에 없다. 초기투자비용을 다 회수하지 못하는 금액으로 누군가에게 넘겨야 한다는 것이다. 페트로브라스 입장에서는 답답할 노릇이지만 어쩔 수 없다. 당장 현금 확보를 통해 재무개선을 하지 못한다면 디폴트가 선언될 수도 있는 상황이기 때문이다.

이는 반대 입장에 서 있는 기업들, 즉 이를 인수하고자 하는 석유기업에는 군침이 흐를 만한 소식이다. 이미 개발되어 있는 유전을 한 번의 현금을 들여 인수하게 된다면, 그것도 낮은 유가 상황인 만큼 애초에 투자된 금액을 훨씬 하회하는 수준에서 저렴하게 인수하게 된다면, 그 이후로는 얼마 되지 않는 유지비용만 지불하고 마음대로 석유를 뽑아낼 수 있기 때문이다.

이는 어느 정도 현실화되고 있다. 브라질 재무장관 호아킴 레비Joaquim Levy는 2015년 3월 페트로브라스를 지원할 수 없으며(채무보증 불가) 자구책을 통해 생존하라고 지시했고, 결국 이들은 2015년 5월 심해유전의 매각이라는 방법을 택했다. 이어 브라질 에너지장관 에두아르도 브라가는 공개적으로 매각에 들어간다는 발표를 했다. 예상대로 그가 밝힌 유전의 원가는 80달러 수준이었다. 그런데 그 가격에 팔릴 리 없다. 2015년에 들어선 이후 유가는 50달러 내외를 횡보하고 있으니 그보다 훨씬 높은 가격을 지불할 리는 만무하다. 원가 이하로 유전을 내놓을 수밖에 없을 것이다. 그리고 정말 재미있는 사실은, 이 유전을 매입하려고 나선 기업들이 바로 기존 7공주파의 일원인 쉘과 토탈이라는 것이다.

어떻게 보면 매입에 나설 수 있는 기업은 이들밖에 없다. 화려하게 떠올랐던 신7공주파들은 유가급락 사태 이후 수익성 악화와 그에 따른 재무 악화로 고전을 면치 못하고 있다. 과도한 투자를 진행했던 만큼 이제 저유가에서 수익을 내기 어렵기 때문에 부실로 떨어내야 할 자산이 한두 개가 아닐 것이다. 브라질의 대규모 심해유전을 매입할 자금도, 또 그럴 여력도 없는 것이 그들의 현실이다. 그러나 재무구조가 안정적이고 현금이 많은 7공주파는 다르다. 결국 소수의 매입자는 이미 정해져 있다. 당연히 이런 시장에서는 구매하는 측의 힘buying power이 강할 수밖에 없다. 어느 정도로 가격을 낮추어 매입할 것인가만 남아 있을 뿐이다. 만약 브라질뿐만 아니라 다른 신7공주파가 무너진다고 해도 지금의 상황에서는 이와 다를 것이 없다.

이런 과정이 진행되면 7공주파는 다시 1980~1990년대와 같은 세계 석유 시장에서의 힘을 구축하게 된다. 점유율만 다시 얻을 수 있다면 이들에게 당장 저유가로 인해 수익이 악화되는 것은 큰 문제가 아니다. 이전 1985~2000년의 15년간 장기 저유가 상황도 버텨낸 경험이 있는 이들이다. 그리고 록펠러 시대 때부터 저유가를 유도해 도산을 이끌어내는 것은 그들의 전매특허와 같은 방식이었다. 이번이라고 다를 것은 없다.

또한 페트로브라스의 디폴트 분위기를 조성하고 있는 헤지펀드 아우렐리우스는 미국 기업이다. 그리고 재미있게도 그들은 지난

2010년 아르헨티나의 디폴트를 이끌어낸 헤지펀드 NML 캐피탈의 모기업이다. 중남미의 디폴트를 하나하나 이끌어가고 있는 그들은 마치 존 퍼킨스가 지적한 것처럼 마치 저격수의 임무를 수행하고 있는 것 같다.

단순히 '음모론'이라고 하기에는 과거와 상황이 너무나도 유사하다. 그리고 석유의 약탈적 자본주의 습성이 다시 한 번 잘 드러나는 상황이 벌어지고 있다. 변함없는 사실은 두 마리의 고래(미국과 사우디)는 자신들이 조성한 저유가를 바탕으로 새우등을 계속해서 터뜨리고 있다는 것이다. 마치 30년 전 이야기를 다시 듣는 것 같지 않은가.

그래도 석유생산은 늘어난다

국가가 부도로 갈수록 석유는 더 뽑아야 한다

위기상황에 직면해 있는 신7공주파, 즉 대표 개발도상국들을 보면서 이런 질문도 가능할 것이다. '그들이 국가부도까지 치닫게 된다면 정상적인 석유생산이 불가능해지면서, 즉 세계 석유공급이 줄어들면서 유가가 다시 오르지 않을까?' 그렇지만 현실은 정확히 그 반대로 흘러갔다.

1982년부터 1990년까지는 중남미의 줄부도가 이어지는 상황이었다. 그 국가들은 멕시코, 아르헨티나, 브라질, 에콰도르, 페루, 베네수엘라 등 산유국이었다. 위의 논리대로라면 이들의 산유량은 급격히 줄어들어야 할 것이다. 그러나 미국이 브래디 채권으로 그들을 살려주기 직전인 1990년까지, 즉 그들이 가장 어려웠던 1982년부터 1990년까지의 기간 동안 상기 6개국의 산유량은 오히려 10.2퍼센트 증대되는 의외의 결과가 나타났다. 장기 저유가가 이어진 1985년부터 2000년의 구간에서는 무려 48.1퍼센트가 증대되는 양상이 나타났다. 즉 경제가 가장 어려웠던 구간에서도 증산이 지속되었고, 저유가 상황에도 감산을 통해 유가를 끌어올리지 않고 오히려 물량을 더 뽑아냈다는 것이다.

대체 왜 이런 선택을 했을까? 이유는 아주 간단하다. 이들은 대다수가 석유를 비롯한 천연자원 수출이 수익의 핵심인 국가들이었던 만큼, 위기상황에서 오히려 산유량을 늘려 조금이라도 이득을 더 내려고 했기 때문이다. 이는 네덜란드병에 걸린 국가들의 모순적이면서도 불가피한 선택이었다.

이것은 악순환의 시작이다. 저유가로 인해 위기에 빠진 국가들이 오히려 산유량을 늘리면서 유가를 더 떨어뜨리고, 이로 인해서 다른 산유국들까지 피해를 입게 되는 상황이 연출될 수밖에 없기 때문이다. 2014년 하반기에 시작된 새로운 저유가 상황에서도 과거와 같은 이런 양상이 재현될 조짐을 보이고 있다.

이번 사태의 시발점이자 주인공 역할을 하고 있는 페트로브라스가 이런 단면을 적나라하게 보여주고 있다. 그들의 2015년 2분기 순이익은 전기 대비 89퍼센트나 급락하는 어닝 쇼크가 발생했다. 사실 저유가에서 실적이 잘 나올 리가 없으니 그다지 놀라운 일이 아닐 수 있다. 그런데 동시에 재미있는 발표도 하나 있었다.

산유량은 오히려 증대되었다는 것이다. 특히 전년동기 대비 석유 및 석유제품의 수출은 무려 92.8퍼센트나 증대되었다. 대체 왜 그랬을까? 어떻게든 수익은 확보해야 하니 물량을 늘려야만 하는데, 내수침체가 심각하다 보니 저유가 상황임에도 뽑은 물량을 해외로 보내야 하는 상황에 놓였던 것이다.

오리노코 벨트의 개발 이후 세계 최대의 석유 매장량 보유국가가 된 베네수엘라도 빼놓을 수 없다. 우고 차베스의 악수였던 '소셜리스트 플랜' 때문에 산유량은 2005년 일산 331만 배럴에서 2014년 269만 배럴까지 오히려 축소된 상황이었다. 그러나 2010년 이후 새롭게 외국자본을 끌어들이면서 유전 개발에 박차를 가했기 때문에 2015년부터는 생산량이 늘어날 것으로 예상되고 있다. 2019년 그들의 산유량 목표는 600만 배럴로 잡혀 있다.

현재 베네수엘라의 경제는 최악이다. 외국인 투자가 줄어든 데다가 산유량이 줄어들면서 경제 규모 자체가 줄어들고 있다. 이를 기반으로 하여 2015년을 전후로 한 시점에서 국제 신용평가사인 무디스와 S&P는 베네수엘라의 신용등급을 모두 CCC로 강등시킨 바 있다. CCC 평가를 내린 것은 사실상 국가부도 상태에 빠진 것이라고 경고한 것과 다름없는 수준이다. 그렇기 때문에 이들에게는 오리노코 벨트의 산유량 증대가 필수적이다. 이를 통한 수익 확보만이 경제위기에서 탈출할 수 있는 유일한 방법이기 때문이다.

어디 그뿐인가. 2015년 7월 미국과의 핵 협상이 타결되면서 시장으로 돌아오게 되는 또 하나의 빅 플레이어^{big player}란도 잊어서는 안 된다. 물론 그들이 오랫동안 수출 제재를 받아온 만큼 인프라의 노후화 등을 감안할 때 산유량이 단기간에 올라올 수 있을지는 의문이다. 그러나 이란은 어느 정도의 기간이 걸리든 간에 이전의 산유량을 차츰 회복시키면서 시장에 돌아올 것이다. 이들도 경기침체가 심각하기 때문에 이것저것 고민할 때가 아니다.

이란의 산유량은 2015년 일산 280만 배럴 수준으로 추정된다. 미국이 핵 문제와 관련하여 본격적으로 이란에 대한 제재에 들어갔던 2008년에 440만 배럴이었던 것을 감안한다면, 단기간에 160만 배럴까지 추가로 끌어올리는 것에는 문제가 없을 것이다. 실제 이란의 석유장관 비잔 남다르 잔가네Bijan Namdar Zanganeh는 핵 협상 타결 직후 공식석상에서 석유 수출만 하더라도 당장에 50만 배럴, 6개월 내에는 100만 배럴까지 끌어올리겠다고 발표한 바 있다.

그런데 정말 이 정도 물량 증대로 이란이 만족할까? 이란은 그 이상을 충분히 뽑을 정도로 많은 원유를 보유하고 있다. 2014년 기준 원유 매장량은 1,578만 배럴로 베네수엘라, 사우디, 캐나다에 이어 전 세계 4위에 해당할 정도다. 단순하게 비교하기만 해도, 사우디의 매장량은 이란에 비해 1.7배가량 더 많을 뿐인데, 산유량은 4배 가까이 차이 나고 있다.

잔가네 이란 석유장관은 증산계획에 대해서도 '점유율 회복에 초점을 맞출 것'이라는 말을 남겼다. 사우디와 똑같은 말을 하고 있는 셈이다. 그들이 어디까지 산유량을 끌어올릴지는 두고 봐야 알 일이다. 이란혁명이 발생하기 전인 1974년만 하더라도 그들의 산유량은 일산 600만 배럴을 상회했다.

또 하나 간과해서는 안 되는 국가가 바로 리비아다. 사우디의 석유황제이자 미국의 비호를 받았던 야마니를 살해하려고 했던 그들은, 2015년에 들어서는 석유를 거의 뽑아내지 못하는 상황이다. 경제적인 문제도 있었지만 일단 자국 내 정정불안이 가장 큰 문제였다. 그렇지만 이란의 제재가 풀린 것과 비슷한 시점에서 그들 역시 석유 수출 재개를 준비하고 있다고 발표했다. 우습게 볼 것이 아닌 게 2008년 그들의 산유량은 일산 180만 배럴로서 상당한 규모였다. 1970년대에는 300만 배럴을 상회한 적도 있었다. 이란과 마찬가지로 이들의 시장 복귀는 시장에 꽤나 의미가 될 수밖에 없다.

개발도상국의 경제위기가 현실화되면서 막연하게 감산을 예상한 사람들은 상당히 많았다. 그러나 앞서 살펴본 바와 같이 현실은 정반대다. 현재 경제위기에 직면한 브라질, 베네수엘라, 이란, 리비아 모두 2015년부터 본격적인 증산을 준비하고 있다. 목적은 동일하다. 증산을 통한 경기침체 탈출이라는 것이다. 그리고 베네수엘라가 계획대로 일산 300만 배럴을 늘리고, 이란과 리비아가 각각 일산 150만 배럴을 증대시켜 2008년 때 수준만큼만 회복하여 도합 300만 배럴을 늘리면 순식간에 세계 산유량은 일산 600만 배럴을 더하게 된다. 2014년 기준 전 세계 산유량이 일산 약 9,000만 배럴이기 때문에 이들이 돌아온다는 것은 6.7퍼센트의 물량이 증대되는 의미를 지닌다.

현재 세계 석유 수요 증대분이 연간 1퍼센트를 넘기 힘들다는 것을 감안한다면 심각한 공급과잉을 부를 만한 요인이다. 또한, 작금의 공급과잉 사태를 불러일으킨 주범으로 꼽히는 미국의 셰일오일(타이트오일)이 2014년 기준 약 일산 400만 배럴이 생산되고 있는 것으로 추정된다. 이 많은 물량들이 곧 석유 시장에 들이닥칠 예정이다. 석유의 공급과잉은 이미 불가피한 영역으로 접어들었다.

석유 리그 숫자가 줄면
석유생산도 정말 같이 줄어들까?

2014년 하반기 거짓말처럼 급락했던 유가는 2015년 상반기에 반등세를 보였다. 물론 100달러에 근접한 것은 아니다. WTI 기준으로 40달러까지 빠졌던 수준이 60달러 정도로 회복된 정도였다. 그렇다면 유가반등이 이뤄진 주된 이유는 무엇일까? 가격이 단기간에 과도하게 빠진 탓에 반발매수세가 유입되었고, 세계경기 회복에 대한 기대감이 작용했다는 몇몇 이유를 들 수도 있겠지만, 가장 크게 당시 시장을 지배했던 논리는 미국의 석유 리그의 수치가 줄어들고 있다는 것이었다.

미국 셰일혁명의 시작은 가스였다. 1999년 이후 개발 가능한 수준의 기술과 원가가 확보된 이후부터 가스 리그 수치가 급격하게 증대된 것을 통해서 이를 확인할 수 있다. 그에 비해서 셰일오일, 즉 타이트오일이라고 불리는 석유의 혁명은 조금 더 늦은 2008년부터 시작되었다. 석유 리그는 그렇기 때문에 1999년이 아닌 그보다 10년 정도 늦은 2008년부터 본격적으로 증대되었다. 실제 2008년 1월까지만 하더라도 316개에 불과하던 미국 석유 리그는 2014년 11월 1,578개까지 무려 5배 가까이 증가했다.

그런데 2014년 하반기, 특히 4분기부터 유가가 급격히 하락하자 동시에 석유 리그의 수도 함께 급락했다. 이는 석유 업체들의 유가가 낮게 자리 잡자 추가개발에 대한 의지를 꺾었다는 것으로 해석할 수 있는데, 결국 지속적으로 그 수가 줄어들어 2015년 6월에는 642개까지 빠졌다. 불과 반 년 만에 약 60퍼센트가 줄어든 것이었다.

이를 토대로 유수의 언론과 분석가들은 근시일 내에 미국의 석유생산이 줄어들 것이라고 예측하기 시작했다. 석유 리그 개수가 줄어드는 만큼 산유량도 하락하는 것이 불가피하다는 아주 단순한 판단에서였다. 때문에 2015년 상반기에는 원유정보 제공 업체인 베이커 휴즈Baker Hughes에서 주간으로 발표하는 석유 리그 개수 발표에 따라 유가의 등락이 결정되는 재미있는 현상이 나타나기도 했다.

이는 단순했지만 그럴 듯한 분석이었다. 그렇지만 이 모든 것은 사실이 아니었다. 많은 사람들이 기대했던 것과 달리 미국의 산유량은 줄어들기는커녕 2014년 11월 일산 900만 배럴에서 2015년 6월 961만 배럴까지 오히려 증대되었다. 2015년 6월의 수치는 사상 최대에 해당하는 것이었다. 그렇다면 대체 이 논리에는 무슨 문제가 있었기에 현실과 맞지 않았던 것일까?

가장 문제가 되었던 것은 모든 석유 리그가 동일한 산유량을 지닌다는 기본 가정 자체였다. 즉 석유 리그 수치가 줄어들면 그만큼 비례하여 산유량이 빠진다는 단순한 논리에 대해 많은 사람들은 크게 의심하지 않았다. 그러나 이 논리는 기본적으로 큰 오류를 내포하고 있다. 석유 개발에 있어서 중요한 변수인 채굴생산성 drilling productivity에 대한 고려가 전혀 없었기 때문이다.

흔히 말하는 유전이라는 곳에는 한 개의 리그만 투입되는 것이 아니다. 가장 많은 석유 혹은 가스를 확보할 수 있는 지점을 찾기 위해서는 치밀한 탐사를 통해 여러 개의 리그가 투입된다. 그러나 물량이 기대 이상으로 많이 나오는 지점, 즉 수익성이 크게 발생하는 '스윗 스팟sweet spot'을 찾는다는 건 쉬운 일이 아니다. 특히 셰일유전처럼 그동안 익숙하지 않았던 기술을 사용할 때는 더더욱 그렇다.

유가가 높게 유지되거나 경기상황이 전반적으로 좋을 때에는 그래도 많은 리그를 운영할 만한 여력이 된다. 하지만 그 반대의 상황에 놓이면 일부 리그에서는 수익을 내기 어려워지고, 기업 입장에서도 잉여현금이 줄어들기 때문에 여유 있게 운영하기가 어려워진다. 그럴 경우 하게 되는 선택이 생산성이 떨어지는 리그부터 제외시키는 것이다. 이것이 바로 우리가 2015년 상반기에 목격한 미국 석유 리그 개수의 감소 이유다.

그러나 리그의 개수와 생산은 다른 문제다. 생산성이 좋은 굴착기, 즉 스윗 스팟의 리그는 여전히 물량을 잘 뽑아내고 있기 때문이다. 없애버리는 리그는 당연히 물량을 못 뽑아내는 곳에 배치되어 있던 것이다. 어떤 기업이 물량을 잘 뽑아내는, 즉 생산성이 좋은 리그를 제외시키겠는가. 그리고 오히려 위기상황에서는 수익을 늘리기 위해 여러 가지 기술적인 부분을 이용해 생산량을 증대시키는 작업까지 진행하게 된다. 그 결과 미국의 전체 산유량은 예상과 달리 지속적으로 늘어났던 것이다.

석유 리그는 정확히 얘기하자면 석유기업의 '투자' 수준을 대변하는 것이다. 그것이 '생산'과 정확히 직결된다고 말할 수는 없다. 중간에 들어가는 '생산성'이라는 변수가 상당히 크게 작용하기 때문이다. 실제로 [그림 18]의 왼쪽과 같이 1975년 이후 미국의 에너지 관련 투자가 GDP에서 차지하는 비중과 석유·가스 리그의 개수

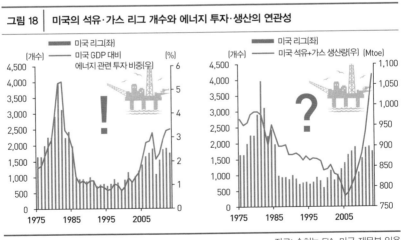

그림 18 | 미국의 석유·가스 리그 개수와 에너지 투자·생산의 연관성

자료: 수치는 EIA, 미국 재무부 인용

를 같은 차트 안에 그려보면 놀라울 정도로 똑같은 움직임을 보인
다. 반면 [그림 18]의 오른쪽과 같이 석유+가스의 생산량과 리그의
개수를 그려볼 경우에는 크게 연관성이 없는 형태를 보인다.

사실 이것은 석유가 아닌 가스를 확인해볼 경우에 바로 진위 여
부가 드러나는 부분이기도 하다. 먼저 앞서 시작된 가스혁명으로
인해 가스 리그 개수는 1999년 4월 371개에서 2008년 9월 1,585개
까지 4배 이상 수치가 올랐다. 그러나 리먼 사태 이후로 2014년 11
월까지 351개로 급락하게 된다. 만약 석유 리그 개수에 의한 시장
의 주장에 따르자면 이 기간 미국 가스 생산량은 급락을 해야 했
다. 그렇지만 그 5년간 실제 가스 생산량은 1.92tcf(조 입방피트)에서
2.73tcf로 오히려 42.2퍼센트 급증했다. 애초부터 단순히 리그의

그림 19 │ **미국 가스 리그와 가스 생산량의 관계**

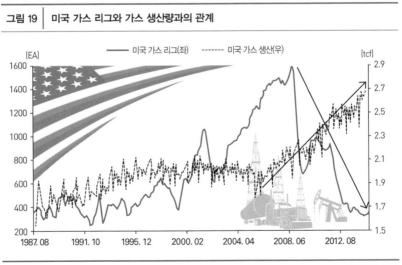

자료: EIA 인용

개수가 줄어든다고 생산량이 똑같이 빠진다는 논리는 어불성설이었다.

그뿐만이 아니다. 이것으로 확인할 수 있는 것이 한 가지 더 있다. 미국의 셰일 관련 석유기업들이 2015년 발표한 계획들을 정리해봐도 동일한 상황을 읽을 수 있다. 대상은 컨티넨탈 리소시스Continental Resources, 체사픽Chesapeake, 아파치Apache, 산체스에너지Sanchez Energy, 코노코필립스ConocoPhillips, 엑손모빌인데, 이들은 모두 동일하게 '전년 대비 투자는 줄어들되 생산은 늘어난다'라고 발표했다. 우리가 눈으로 지켜본 바와 같이 '리그의 숫자는 줄이되 스윗 스팟의 생산물량은 증대를 꾀하는' 계획을 가지고 있다는 것을 알 수 있다.

물론 장기적으로 볼 때 리그의 개수가 줄어든다는 것은 석유와 가스의 생산량이 줄어들 개연성을 만들어낸다. 당연히 추가 개발이 없다면 추가 유전의 발굴도 없는 것이나 마찬가지이기 때문이다. 하지만 하나의 유전에서 석유와 가스의 물량은 통상 10년 이상 배출된다. 단기간에는 산유량이 줄어들 우려는 하지 않아도 된다는 결론까지 어렵지 않게 도달할 수 있다.

단순한 접근이란 굉장히 중요한 부분이다. 특히 점점 복잡해지는 현대에서는 더더욱 그렇다. 이 시대의 아이콘이었던 스티브 잡스의 대표적인 철학 중 하나가 '심플simple'임을 보더라도 알 수 있다. 하지만 때로는 지나치게 심플하게 접근할 경우 현상의 본질을 간과하게 되는 경우도 더러 발생하게 된다. 2014년 하반기의 '타이트

오일 70달러 지지론'과 2015년 상반기의 '원유 리그 감소에 따른 산유량 감소론'이 그런 경우라고 할 수 있을 것 같다. 로버트 쉴러 교수는 그의 저서 『비이성적 과열』에서 다음과 같은 말을 남겼다.

> 경제학의 첫 번째 가르침 중 하나는 때때로 투기적인 가격을 설명하는 것처럼 보이는 수많은 요인들이 존재하며, 그것들은 너무 많아서 쉽게 분석하기 어렵다는 것이다. 우리는 오직 한 요인만을 골라내어 과도하게 단순화하려는 충동을 피해야 한다.

우리가 현 시대를 살아가면서 단순함을 추구하고자 하려 할수록 주의해야 할 부분이 아닐까 생각된다.

시간이 갈수록 줄어드는 석유의 생산단가

이와 연관해서 한 가지 더 살펴봐야 할 논리가 있다. 2015년 상반기 유가의 흐름에서 결정적인 역할을 했던 것이 석유 리그의 개수였다면, 그와 유사하게 2014년 하반기 석유 시장 내에서 최고의 화두로 떠올랐던 논리는 바로 '미국 타이트오일의 생산단가가 70달러이기 때문에 그 선은 지켜질 수밖에 없다'는 것이었다. 이 논리 역시 석유 리그만큼이나 만만치 않은 '거짓말'로 판명 났다.

그렇다면 대체 어떤 부분이 잘못된 것이었을까? 여러 가지 요인을 통해 이를 해석할 수 있는데, 일단 리그, 즉 투자와 연관지어 생각해보는 것이 가장 우선되어야 할 것 같다.

한 기업의 석유 생산단가가 70달러라는 것은 무엇을 의미할까? 아마 어느 한 유전만을 대입해서 얻은 결론은 아닐 것이다. 기업이 보유하고 있는 유전은 많이 있을 텐데, 그 유전들의 평균적인 단가가 이 정도라는 의미일 것이다. 꼭 기업이 아니라 지역으로 보더라도 마찬가지다. 그렇다면 이 생산단가에는 필연적으로 초기투자비용과 유지비용이 모두 포함되어 있을 것이다.

유전 개발에서는 초기 비용이 상당히 많은 부분을 차지한다. 게다가 석유는 개발한다고 해서 무조건 나오는 것이 아니다. 그 전에 탐사와 시추에 들어가는 비용도 만만치 않다. 물론 계획대로 되지 않아 큰 수익 없이 비용으로 처리되어버리는 경우도 더러 있다. 어렵게 찾으려 할 필요 없다. 우리나라 국정감사에서 심심치 않게 등장하는 내용이 해외자원개발에서 발생하게 된 손실 관련 부분이다. 금액에 대해서는 이견이 있지만 조 단위의 손실이 발생했다는 기사는 어렵지 않게 찾아볼 수 있다. 석유 개발이라는 사업이 그만큼 쉽지 않은 것이다.

기업이 유가하락이든 경기위축이든 외생변수에 의해서 추가적인 투자, 혹은 현재 진행 중인 투자를 줄이게 된다면 어떻게 될까? 당연히 비용이 줄어드는 효과가 발생하게 된다. 그뿐만이 아니다. 만약 기존에 들어갔던 초기투자비용을 한꺼번에 일회성 비용으로 처리해버린다면? 유지비용밖에 남지 않게 되는 만큼 해당 유전의 생산단가라는 수치는 급격히 떨어질 것이다.

기업의 재무제표에는 감가상각이라는 용어가 있다. 하나의 자산에 대규모의 초기투자비용이 발생했을 때, 그 비용을 재무제표상에서 한꺼번에 처리해버리는 것이 아니라, 수익 발생 시점부터 수년 혹은 수십 년간 정해진 금액만큼 서서히 비용으로 처리하는 것이다. 이 감가상각비와 함께 원재료비, 판매 및 관리 비용을 제하면서 얻게 되는 이익을 우리는 영업이익이라고 부른다. 그런데 유전 개발에 있어서는 초기투자비용이 많은 만큼 이 감가상각비라는 수치가 다른 비용들보다 영업이익을 산출하는 것에서는 상당히 크게 작용할 수밖에 없다.

예를 들어서 배럴당 70달러 정도로 해당 기업의 석유채굴비용이 산출된다고 해보자. 물론 이는 초기투자비를 포함한 모든 비용을 감안한 것이다. 이 중에서 감가상각비로 들어가는 비용이 약 35달러라고 해보자. 실제로는 그 이상일 수도, 이하일 수도 있다. 만약 70달러 이하로 유가가 하락한다면 당연히 이 기업의 영업이익은 적자로 나타나게 될 것이다. 그런데 어떤 기업도 이 상황에서 가만히 있을 리가 없다. 유가가 급락한 만큼 이 기업은 일부 비용이 높게 들어간, 즉 투입자금 대비 생산량이 형편없는 유전에 대해서는 개발을 포기하게 될 것이다. 우리가 2015년 상반기에 눈으로 목격한 석유 채굴 장비의 감소가 훌륭한 예시가 될 것이다. 그러면 어떤 일이 발생할까? 부실 자산에 대해서 일회성 비용으로 한꺼번에 처리함과 동시에 기존 35달러였던 감가상각비는 30달러, 25달러 이런 식으로 줄어들게 된다. 즉 순식간에 기업의 채굴비용이 줄어드는 효과가 발생하게 되는 것이다.

물론 이런 상황을 유도할 수 있으려면 해당 기업은 현금이 많거나, 재무안정성이 높거나, 혹은 수익을 낼 수 있는 다른 유전들이 상당히 많아야 할 것이다. 이런 기업들이 바로 2015년까지 재무구조가 안정적인 7공주파고, 반대로 감당할 수 없는 부채에 휘둘리고 있는 것이 신7공주파인 것이다.

유가가 떨어질수록 이런 과정은 반복에 반복을 더하게 된다. 결국 최악의 상황에서는 유전의 유지비용만이 기업의 비용으로 남게 될 것이다. 그렇게 된다면 우리가 흔히 눈으로 볼 수 있는 채굴비용이라는 수치는 상당한 수준까지 하락하게 된다. 따라서 어느 시점에서 기업의 채굴비용이 어떻다고 언급하는 것은 언제든지 상황에 따라서 변할 수 있다는 것이다. 특히 유가가 떨어지고 투자가 줄어드는 상황이라면 당연히 비용도 같이 떨어지는 방향으로 흐르게 된다.

물가를 환산한 실질유가 기준(BP의 산출 기준)으로 봤을 때 1980년 유가는 106달러였다. 그 이후 1985년부터 2000년까지 장기 저유가시대가 도래해 평균유가는 20달러 수준이었다. 최악의 상황에서는 몇 달러까지 빠졌을까? 기업 간의 대규모 M&A가 나오면서 사실상 망연자실한 분위기가 이어지고 있던 1998년 한때 유가는 10달러까지 하락했다. 지금으로서는 상상도 하기 어려운 수준이지만 이 10달러라는 수치는 실제 눈으로 목격되었다.

당시 모든 기업들의 채굴비용보다 더 아래로 유가가 떨어진 것이다. 하지만 7공주파를 중심으로 한 주요 메이저 기업들은 이 정도의 유가 수준도 감내했다(심지어는 그때에도 끄떡없이 순이익은 발생하고 있었다). 유가가 빠지게 되는 만큼 그들도 투자를 줄이고, 인력을 줄이는 등 자구적인 노력을 통해 지속적으로 채굴비용을 낮췄었다. 이런 경우를 볼 때 애초에 타이트오일의 생산단가가 70달러라는 것은 그 당시에는 가능했을지 모르지만 지속 불가능한 가정임을 알 수 있다.

그렇게 본다면 이번에는 석유기업들이 석유 생산단가를 어디까지 낮출 수 있을까? 특히 이미 재무적으로 안정되었고 사업 다각화도 이뤄놓은 7공주파들은 어디까지 비용을 낮춰도 견딜 수 있을까? 쉽게 파악할 수 없는 부분이다. 하지만 우리가 한 가지 찾아낼 수 있는 의미는 있다. 아직도 그들이 이익을 잘 내고 있는 것을 보면 지금 이 유가 수준은 충분히 감내가 된다는 것이다. 그리고 그만큼 그들은 추가적인 비용 감축을 통해 원가를 더 낮출 여력을 갖고 있는 셈이다.

오일의 공포에 대처하는 우리의 자세

위기의 굴뚝산업, 기회의 소비/기술

유가가 우리 경제에 미치는 영향은 일괄적으로 말할 수 없다. 제대로 분석하려면 우리나라 산업구조에서 중화학공업, 즉 흔히 말하는 2차 산업과 소비, 기술, 서비스 중심의 3차 산업이 차지하는 비중을 면밀히 살펴봐야 하고, 그에 따른 기업이익과 소득 및 가처분 소득의 영향까지 들여다봐야 한다. 그렇다면 어떤 산업이 저유가에서 위기를 맞이하고, 혹은 기회를 맞이하게 될까? 결론적으로 말하자면 소비·기술 산업에는 기회가 될 가능성이 높고 굴뚝산업에는 위기가 될 것이다.

먼저 소비·기술 업종은 B2C라고 부르는 분야다. 유통, 화장품,

음식료, 자동차, IT, 인터넷, 금융 등 실소비자들과 가까운 기업들이 여기에 속한다. 이들은 매출액 자체가 유가와 거의 연관성이 없다. 유가가 150달러든 50달러든 동네 자장면 가격은 큰 변함이 없다. 그저 물가를 반영한 만큼의 등락이 있을 뿐이다.

그렇기 때문에 이들에게는 유가하락이 이득이 되는 경우가 많다. 기업 측면에서는 유가가 하락한 만큼 이들이 사용하는 운송비, 난방비용 등 일반 비용이 감소하여 잉여현금이 증가하고 이 돈을 투자나 고용에 쓸 수 있다. 개인도 마찬가지로, 주유소의 휘발유 가격이 떨어지면 자연스럽게 가처분 소득이 증대된다. 그렇다고 이를 다시 휘발유 소비에 쓰는 사람은 별로 없을 것이다. 휘발유 가격이 떨어진다고 해서 일직선으로 출근하던 길을 굳이 돌아서 가는 일은 없기 때문이다. 여유로 생기게 된 자금은 통상 소비의 증대, 저축과 투자의 용도로 쓰일 것이다. 이는 결국 B2C 업종에게는 수익 확대의 기회로 작용하게 되는 것이다.

그렇다면 우리나라의 주력업종인 굴뚝산업은 어떨까? 굴뚝이라고 표현되는 산업은 중화학공업, 중장비산업 혹은 B2B 업종이다. 석유 개발뿐만 아니라 정유, 화학, 철강, 조선, 기계, 건설 등이 이 산업에 속한다. 앞서 말한 것처럼 유가가 빠지게 되면 기업의 탑라인top-line이라 할 수 있는 매출액이 동반하락하기 때문이다.

정유·화학·철강은 큰 타격이 불가피해 보인다. 정유는 산업 자체가 석유를 다루다 보니 당연히 그럴 수밖에 없고, 화학산업의 경우에는 원자재로 석유, 가스, 석탄이 쓰이는데 이 세 가지는 움직임이

사실상 유사하기 때문에 결국 유가 연동이라 부를 수 있다(특히 동북
아시아 같은 경우에는 사실상 석유를 원자재로 쓰는 화학산업이 대다수이기 때문에
더욱 그렇다). 철강 역시 가격이 상품에 연동되는데, 상품 시장의 대
표지수가 유가가 될 수밖에 없기 때문에 또한 같은 방향성을 보인
다. 물론 세 가지 산업이 완벽히 동행한다는 것은 아니다. 방향성
이 같음을 의미하는 것이다. 특히 중장기적으로 볼 때는 더욱 두
드러진다.

이 산업들의 공통점은 결국 제품 가격과 원재료 가격 차이에 따
른 스프레드가 이익을 결정할 때 중요한 변수라는 것이다. 기본적
으로 유가가 떨어졌다는 것은 원재료 가격과 제품 가격이 동반하
여 떨어질 수밖에 없음을 의미하는데, 수치 단위가 떨어지는 현상
인 만큼 스프레드의 절대 폭도 동시에 하락하게 된다.

영업이익률을 보면 쉽게 알 수 있다. 만약 매출액이 기존의 100
에서 영업이익률을 10퍼센트 냈다고 하면 그 기업의 이익은 10이
될 것이다. 그런데 매출액이 50으로 반 토막이 난 가운데 이익률
을 그대로 유지하게 된다면 이익은 5로 줄어들게 된다. 이익률은
유지가 되었어도 이익의 절대규모는 역시 매출액을 따라 반 토막
이 나게 되는 것이다.

혹, 이 상황에서 '그렇다면 이익률을 20퍼센트로 올리면 되지 않
는가'라는 반문을 할 수 있다. 하지만 통상 이익률은 장기적으로
볼 때는 정해진 상하단의 밴드 안에서 결정된다. 그리고 그 이익
률은 해당 제품의 수요와 공급 상황에 따라 결정되는 변수다. 매

출액이 떨어진다고 무조건 이익률을 그에 따라 올리는 경우는 거의 없다.

조선, 기계, 건설의 경우도 마찬가지다. 이들은 보통 석유 개발, 정유, 화학, 철강 같은 산업들이 초기에 대규모 투자를 할 때, 사업을 가능하게 하는 중장비들을 공급하는 행태로서 이익을 취하게 된다. 흔히 말해 수주산업이라고도 하는데, 통상 유가가 상승하면 굴뚝산업들이 이익에 대한 기대치를 높여서 대규모 발주를 할 때 동반하여 수주물량이 늘어나면서 이익을 얻지만, 반대로 유가가 하락할 경우에는 수주 자체가 줄어들면서 탑라인이 떨어지는 양상을 피할 수 없게 된다.

대표적인 것이 흔히 '부실수주'라고 부르는 경우다. 처음부터 부실수주인 것은 없다. 유가가 높고 전방산업이 호황기에 있을 때는 대다수의 기업이 최대한 수주물량을 늘리고, 혹은 위험성이 높은 발주물량까지도 큰 거부감 없이 받아들이게 된다. 그렇지만 반대로 유가가 하락할 경우에는 이 부실물량들이 발주를 취소하거나, 혹은 예상만큼의 발주가 나오지 않게 되면서 투자 당시 기대했던 것만큼의 수익을 못 내는 경우가 발생된다. 이것이 부실수주의 시작이다. 이럴 경우 기업은 필연적으로 부실자산상각을 진행하게 되는데, 지나치게 공격적으로 사업을 운영하여 부채를 대규모로 가지고 있을 경우에는 기업 자체가 위험성에 빠지기도 한다.

유가의 영향은 데이터를 통해서도 잘 드러난다. 우리나라의 대표 B2B 기업[32]의 매출액과 유가 간의 상관관계를 분석해보면 1990

년부터 2013년까지 지난 14년간 0.69의 수치가 산출된다. 통상 상
관관계는 0.5를 넘게 될 경우 높은 연관성을 보이는 것으로 판단
된다. 에너지와 직접 연관된 정유·화학 업종을 제외하고서도 0.59
라는 높은 수치가 나온다. 반대로 대표 B2C 업종[33]과 상관관계는
같은 기간 동안 0.08에 불과하다. 즉 B2B와는 다르게 전혀 유가와
의 연관성이 거의 없다는 결과가 나오는 것이다.

 이는 주가를 통해서도 확인된다. 미국의 대표 주가지수인
S&P 500을 토대로 산업을 B2B와 B2C로 나눠서 분석했을 때,
1990~1994년, 1995~1999년의 장기 저유가 구간 동안 대다수 B2B
업종이 시장 대비 수익률을 하회하는underperform 양상이 나타났다.
그런데 재미있게도 2000~2004년, 2005~2009년의 고유가시대에서

그림 20 | 유가와 B2B, B2C 업종의 상관계수

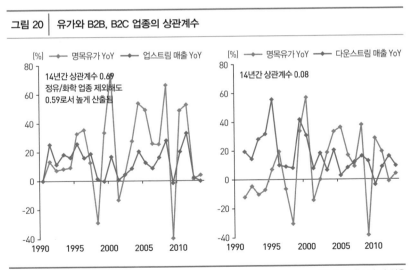

자료: 수치는 각 사 인용

는 B2B 업종이 일제히 시장수익률을 상회하기^{outperform} 시작했다. 확실히 매출액과 유가의 연동성이라는 부분에 대해서 확인할 수 있는 지점이다.

여기서 우리가 B2B 업종을 바라볼 때 한 가지 짚고 넘어가야 할 부분이 있다. 에너지 가격이 떨어지면 에너지 소비의 촉진으로 연결된다는 오해가 그것이다. 그래서 저유가는 B2B 업종에게는 '수요촉발' 요인으로 작용하기 때문에 그만큼 판매량이 늘어나면서 수혜를 본다는 추론이 상당히 많다. 그러나 단순하게 수치만 분석해보더라도 사실과 다르다는 게 금방 드러난다.

1965년 이후 에너지 소비의 연간 변동분과 세계 GDP의 연간 변동분을 그려보면 사실상 크게 다를 바 없는 양상이 나타난다. 즉 에너지의 소비는 경기에 연동된다는 것이다. 그런데 유가와 에너지 소비에는 연관성이 거의 없다. 유가가 떨어졌을 때 에너지 소비가 증대되어야 하는데 실제로는 그렇지 않다는 것이다. 장기 저유가가 유지되었던 1985~2000년에서 에너지 소비의 연누적성장율은 +1.8퍼센트에 그쳤다. 오히려 2000~2014년의 고유가시대에서 증대율이 +2.3퍼센트로 높았다.

한국은 의외로 B2B보다 B2C 업종에 대한 의존도가 높은 산업구조를 지니고 있다. 2010년을 전후로 한국을 대표하는 기업으로 떠오른 것이 삼성전자와 현대차, 즉 IT와 자동차라는 것만 봐도 그렇다. 그리고 2014년을 전후로 많이 부각되는 산업이 중국의 '소비'와 연관한 화장품과 호텔, 패션, 유통 등의 산업이 빠르게 성장하고 있다는 것도 빼놓을 수 없다. 때문에 2014년을 기준으로 한국의 GDP에서 B2C 산업(혹은 3차 산업: 대상은 MSCI 분류기준의 필수소비재, 헬스케어, IT, 금융)이 차지하는 비중은 54퍼센트로서, 전 세계의 주요 선진국들인 영국(53.0퍼센트), 일본(42.9퍼센트), 프랑스(41.8퍼센트), 독일(40.7퍼센트)보다 높다. 즉 이런 결과를 토대로 본다면 저유가라는 상황이 우리에게 절대적인 위기를 의미하는 것만은 아님을 알 수 있다.

저유가는 분명히 세계적으로 공포스러운 경제 분위기를 조성할 수 있다. 신7공주파에 속해 있는 대형 경제규모의 개발도상국들이 위험에 빠진다면 한국 역시 안심할 수 없다. 다만 우리는 네덜란드병에 걸린 국가도, 2차 산업에 지나치게 의존하고 있는 경제구조를 갖춘 국가도 아니다. 오히려 이러한 위기를 전후로 한 시점에서 새로운 소비와 기술 흐름을 주도할 수 있다면 기회를 맞이할 수도 있다.

다만 소비와 기술 업종의 특성에서 명심해야 할 부분은 저유가 상황이 모든 소비와 기술업종에 좋다는 것은 아니라는 것이다. 시대의 흐름과 소비자의 행태 변화에 대해 민감하게 파악해야 하고, 그에 미리 대비한 세밀한 조정이 선행적으로 이뤄진 기업과 산업만이 수혜를 누릴 수 있다는 것을 인지해야 한다.

특히 한국의 기술업종은 사실 소프트웨어(지식개발)보다는 하드웨어(제조생산)에 가까운 습성을 지니고 있는데, 이는 필연적으로 소프트웨어 지향적인 형태로 변해야만 할 것이다. 조셉 슘페터

Joseph Schumpeter가 남겼던 명언인 '창조적 파괴creative destruction'라는 표현은 이런 때를 위해 존재하는 것이다.

굴뚝은 어떻게 위기에서 벗어나야 할까?

그렇다면 장기 저유가 상황이 지속될 경우 2차 산업, B2B 업종, 중화학공업은 어떤 대비를 해야 할까? 그저 앉아서 위기를 지켜보다 유가가 다시 구조적으로 상승하는 다음 사이클을 기다려야 하는 걸까? 물론 그런 선택을 할 수도 있다. 흔히 말하는 사이클 산업에서는 저점에서 최대한 웅크리고 버티다가 고점에서 최대한 이익을 챙기는 것이 주요한 전략이 될 수도 있다. 혹은 이보다 좀 더 적극적인 움직임을 보인다면 저점에서 M&A나 과감한 투자를 통해서 오히려 생산능력을 증대시키는 것이다. 아무래도 저점에서는 투자비용이 낮은 만큼 상대적으로 비용 대비 외형확대가 유리한 상황이기 때문이다. 그리고 몇 년이 걸리든 간에 기다린 다음 고점에서 많은 이득을 취하고 현금을 확보하는 전략도 주효할 수 있다.

그렇지만 이런 사이클에 대한 베팅은 높은 리스크를 수반한다. 지금의 시점에서 우리가 과거를 바라보면서 그때가 저점이었다, 고점이었다, 혹은 그때가 침체기의 시작이었다, 호황기의 시작이었다 이렇게 쉽게 이야기하지만, 막상 그 상황에서 저점과 고점을 찾아낸다는 건 여간 어려운 일이 아니다. 설사 주식을 한다고 하더라도 이런 변동성 높은 주식은 적정가치 대비 할인^{discount}을 받기 마련인데, 기업을 운영함에 있어서는 오죽하겠는가.

이런 위험성에서 벗어날 수 있는 핵심적인 요소 가운데 하나이자, 과거 굴뚝산업을 다수 보유했던 선진국들이 택한 방식이기도 한데, 그것은 이 거대한 장치산업에도 기술을 장착시키는 것이다. 즉, 흔히 이르는 스페셜티^{specialty} 기업으로 방향성을 가져가는 것이다.

우리가 쉽게 떠올릴 수 있는 기업이 바로 글로벌 대표 기계 업체인 보쉬^{Bosch}다. 일반적으로 보쉬를 언급한다면 전동드릴 업체를 떠올릴 가능성이 높다. 벽에다가 못을 박을 때 보쉬의 드릴을 이용하는 경우는 우리 주변에서도 흔히 볼 수 있다. 그런데 이 기업이 여간 스페셜하게 성장한 것이 아니다. 보쉬는 이 드릴을 매우 특화적으로 발달시켜 전 세계 원유 리그 드릴을 만드는 부문에서도 메이저 업체로 등극했다.

그뿐만이 아니다. 보쉬의 전동드릴은 필연적으로 배터리를 수반해야 한다. 그렇기 때문에 배터리의 안정성과 수명을 조절하는 능력도 탁월하게 발전해왔는데, 이를 토대로 현재 그들은 BMS, 즉 배터리 관리 시스템 구축에서 세계적인 명성을 자랑한다. 일례로 BMW의 첫 전기차 i3와 i8에는 한국 기업인 삼성SDI의 배터리가 장착되었지만, 그 배터리를 관리하는 시스템과 패키지는 보쉬의 담당이었다.

이외에도 보쉬가 장악한 영역은 매우 많다. 모터에 대한 기술도 뛰어날 수밖에 없기 때문에, 지금은 전기자전거$^{e-bike}$의 기술력도 대단히 특별하다. 자동차 부품에서도 세계적인 명성을 지니고 있을 뿐 아니라 빌딩 기술에서도 뛰어난 능력을 자랑한다. 이 정도면 못하는 게 없다고 할 수 있을 정도다. 결국 그들은 분야를 따로 가리지 않고 세계적인 기술력을 바탕으로 여러 시장에서 핵심부품을 공급하는 업체로 자리 잡고 있는 셈이다. 출발은 전동기라는 기계 업체였을지 모르지만, 궁극에는 스페셜티 기업의 전형이 된 모범적인 케이스라 할 수 있다.

어떻게 보자면 이는 우리나라 모든 중장비산업의 숙명이라고도 할 수 있다. 왜냐하면 끊임없이 개발도상국으로부터 도전을 받는 상황에 놓여 있기 때문이다. 따라서 기술을 장착하냐, 못하냐는 선택의 문제가 아니다. 도태되느냐, 살아남느냐의 문제로 연결되는 사안이기 때문이다. 왜 그럴 수밖에 없는지는 이제부터 역사를 통해서 살펴보자. 에너지업종 내에서도 가장 기술력 싸움이 치열한 화학업종을 그 대상으로 삼아보자.

화학이라는 산업은 물론 과거에도 있었지만, 본격적으로 발달한 것은 20세기를 전후로 미국에서 2차 산업혁명이 태동하는 순간부터였다. 석유를 기반으로 유기화학이 본격적으로 발전하면서 화학의 시초 격이라 할 수 있는 뒤퐁^{DuPont}(1802) 이후 다우케미칼^{Dow} ^{Chemical}(1897)을 중심으로 많은 기업들이 탄생하였다. 유럽에서도 독일을 중심으로 바이에르^{Bayer}(1863), 바스프^{BASF}(1865)와 같은 기업이 유사한 시점에서 창설되었다. 이들 역시 시작은 유기화학이었다. 석유를 토대로 플라스틱을 만들어내는 것이 이들에게 주어진 가장 큰 임무였다. 그리고 이 기술력을 토대로 이들은 20세기 초반에 큰 발전을 이루었다.

그렇지만 이들은 큰 도전에 직면하게 된다. 1940년대를 전후로 무서운 경제성장세를 보인 일본이 세계 시장에 등장한 것이다. 일본 기업들은 국가의 철저한 보호무역주의를 바탕으로 성장할 수 있는 기회를 많이 제공받았기 때문에 그만큼 산업의 성장속도도 빨랐다. 게다가 특유의 국민성을 바탕으로 제품의 품질은 미국과 유럽 이상이라는 평가를 듣기도 했다. 그중에서 가장 위협적이었던 것은 낮은 임금과 지대를 바탕으로 한 가격경쟁력이었다. 게다가 대규모로 신규 설비를 지은 만큼 규모의 경제도 이뤘기 때문에 원가경쟁에서는 미국과 유럽 업체들이 따라잡을 수 없는 수준에까지 이르렀다. 이때 등장한 일본 기업이 바로 미쓰이 케미칼Mitsui Chemical(1892), 스미토모 케미칼Sumitomo Chemical(1913), 신에츠 케미칼Shin-Etsu Chemical(1926), 도레이 케미칼Toray Chemical(1926) 등으로 요약할 수 있다.

그렇다면 기존의 선진 업체인 미국과 유럽의 선택은 어땠을까? 필연적인 방향성이었다. 그들이 일본보다 나을 수 있는 것은 수십 년간의 기술력과 경험이었다. 이를 토대로 조금은 더 비싸도 더 나은 제품을 공급할 수 있음을 내세우기 시작했고, 이때부터 북미와 유럽 다수의 화학기업들이 스페셜티로서 전진하기 시작했다.

혹은 일부는 아예 기존 화학사업부를 포기하고 제약(바이오) 혹은 농자재 쪽으로 전업하는 경우가 나오기도 했다. 그 상황에서 기술력으로 살아남은 기업들이 바로 우리가 알고 있는 북미와 유럽의 화학 업체들이다.

일본도 마냥 좋아할 수 있는 상황이 그리 오래가지 않았다. 그들에게 위기는 1970년대를 전후로 한 시점에서 나타났다. 한국과 대만이 등장한 것이다. 이들 모두 일본과 마찬가지로 국가 주도를 기반으로 한 대규모 산업 형태로 시장에 진입했는데, 특히 한국은 콤플렉스complex(산업단지) 내에서 특정 대기업들이 투자를 통해 집중적으로 육성된 만큼 기술의 발전 속도가 매우 빨랐다. 전략은 일본과 같았다. 낮은 지대와 임금, 그리고 대규모 신식 설비를 바탕으로 한 원가경쟁력이다. 이를 토대로 일본 업체들을 사정없이 압박하기 시작했다.

일본도 별수 없었다. 그들 역시 선택은 미국, 유럽과 같았다. 기술 산업을 장착하는 것이다. 특히 일본은 당시 자국 내 IT 업체들이 세계를 잠식하는 상황이었기 때문에 특히 IT 스페셜티로 진출하는 기업이 꽤 많았다. 현재 스미토모, 니토덴코Nitto Denko와 같은 경우는 사실상 IT 소재 기업으로 변신해 있을 정도다. 재미있는 상황이다. 불과 몇 년 만에 자신들이 미국과 유럽에 가했던 '도전'을, 이제는 완전히 반대되는 상황 속에서 한국과 대만을 상대로 '응전' 해야 하는 입장에 놓인 것이다.

근대 국가의 발전을 보면 대다수 유사한 단계를 거친다. 첫 단계는 '정치'적인 부분이다. 초기 단계에는 자본주의/공산주의, 혹은 최근에는 포퓰리즘을 바탕으로 한 정치적인 내홍을 한 번쯤은 거치는 모습을 보인다. 두 번째 단계는 '수출' 산업의 성장이다. 대다수 개발도상국들은 낮은 지대와 임금을 바탕으로 하기 때문에 초반에는 단순노동에서 조립 후 수출 형태로서 수익을 창출해내는데, 이후로 가게 될 경우에는 조금 더 기술과 자본을 필요로 하는 중장비산업으로 진출해 수익을 창출해낸다. 다만 변함없는 사실은 수출 중심의 산업구조를 갖추게 된다는 것이다. 그리고 세 번째 단계에서는 수출 산업을 통해 국가경제가 성장하고, 이를 통해 임금과 지대가 상승하는 만큼 추가 경쟁력을 확보하기 위해 '기술' 산업의 성장이 필연적으로 따르게 된다. 화학산업 역시 이와 똑같은 역사를 20세기를 전후로 한 시점에서부터 100년 가까이 유지해 왔던 것이다.

그런데 이제는 우리도 똑같은 위기를 맞이하고 있다. 한국은 더 이상 낮은 임금과 지대가 강점인 나라가 아니다. 울산과 여수 등 주요 산업 콤플렉스의 임금은 우리나라에서도 가장 높은 수준에 이를 정도로 상승했다. 그뿐 아니라 지대, 흔히 말하는 땅값도 투기적인 성격이 섞이면서 만만치 않게 높게 형성되었다. 그런데 이 상황에서 우리보다 원가경쟁력이 강한 중국과 중동이, 더 큰 규모의 새로운 설비를 바탕으로 우리를 압박하기 시작한 것이다.

이처럼 산업은 '도전과 응전'의 연속이다. 미국/유럽에서 일본, 한국/대만, 중국/중동으로 거쳐오는 과정은 모두 동일했다. 그렇기 때문에 우리의 선택도 어느 정도는 필연적일 수밖에 없다. 이제는 기술이 장착되어야만 한다. 더 이상 원가경쟁력에서는 상대를 앞설 수 없다. 게다가 중국과 중동은 기본적인 '자본'의 규모 자체가 우리와 비교도 안 되기 때문에, 사실상 M&A 등을 통한 경쟁력 확보도 쉽지 않을 것이다.

고부가, 즉 스페셜티 산업으로 가야 하는 당위성은 수치적으로도 입증이 된다. 순수하게 화학만 하는 순수 케미칼pure chemical, 기술적인 부분이 가미된 스페셜티 케미칼specialty chemical, 아예 업종을 바꾼 하이브리드 케미칼hybrid chemical 이렇게 세 가지의 화학산업으로 분류해서 2004년부터 2014년까지 그들의 이익을 분석해보면 재미있는 결과물이 나온다. 조사한 항목은 세 가지다. 평균 영업이익률, 이익률의 변동성(CV: Coefficient of Variation), 이익률과 유가와의 상관관계이다. 이를 통해서 얻은 결론은 '순수 화학 업체들은 상대적으로 평균이익률이 낮고, 변동성은 높으며, 유가와의 상관관계도 높게 나타난다'는 것이다.

바꿔서 이야기해 왜 스페셜티 기업은 각광을 받는가? 그들은 상대적으로 이익률도 높은 것이, 변동성은 적고, 유가와의 상관관계는 0으로 수렴해간다는 특징이 있다. 즉 선진형 업체의 전형으로, 주식상으로는 마진이 높고 베타beta, 즉 변동성이 낮기 때문에 프리미엄 가치를 부여받을 만한 조건을 갖출 수 있게 되는 것이다. 그렇기 때문에 우리는 스페셜티 기업을 선진형 기업이라 부른다.

물론 이는 쉬운 이야기가 아니다. 산업에서 신기술을 장착한다는 것은 단순한 선언만으로는 실현되지 않기 때문이다. 일부 업체는 마케팅팀과 기술팀을 같은 자리에 둔다고 한다. 결국 마케팅팀들이 고객의 필요점을 확인해오면 그를 기술적으로 해결하는 부분을 기업의 핵심적인 과정으로서 정착시키겠다는 의지의 표현이라고 이해할 수도 있을 것이다. 그 정도로 많은 고민과 노력, 그리고 시간이 필요한 것이다.

한국의 중화학공업은 이미 중국과 중동 업체들 때문에 위기를 맞고 있다. 그리고 시간이 갈수록 이런 양상은 더욱 짙어질 것이다. 이 상황에서 선택은 둘 중에 하나가 될 수밖에 없다. 그들만큼의 자본력을 바탕으로 M&A 내지 투자를 지속적으로 이어가면서 매머드급 업체로 우뚝 서던지, 아니면 기술 장착을 통해 앞선 선진국들이 그랬던 것처럼 스페셜티 기업으로 나아가야만 한다.

전자의 선택은 쉽지 않을 것이다. 자금력으로 승부를 걸려고 한다면 중국 정부를 등에 업은 페트로차이나, 시노펙이 그 상대여야 하고, 중동에서는 역시 오일머니를 한가득 주머니에 차고 있는 아람코, 이란 국영석유회사(NIOC) 등이 상대가 될 것이기 때문이다. 이에 대응코자 설사 한국 정부가 지원을 한다고 하더라도 쉽지 않은 싸움이 될 가능성이 높다. 그렇다면 우리의 선택은 아마도 후자가 되어야 할 것이다. 그리고 시대적 흐름으로 볼 때, 이는 선택의 문제가 아니라 생존의 문제다.

아시아 LNG 사업이
안전할 수 있을까?

　　　　　　　　에너지산업에서 또 한 가지 중요한 의미가 부여될 수 있는 것은 중장기적으로 LNG 사업의 존속 여부이다. 미국의 셰일가스가 본격적으로 해외 시장으로 나올 준비를 하고 있고, 엄청난 수요자가 될 것이라 생각했던 중국 또한 중앙아시아로부터 PNG 혹은 셰일가스를 통해 가스 수급을 준비하고 있다. 이런 현상들이 모두 결국은 LNG를 피한다는 공통점을 지닌다. 위기설은 여기서부터 시작된다.

　사실 LNG 사업은 태생적으로 큰 문제가 하나 있다. '배보다 배꼽이 큰' 산업이기 때문이다. 즉 가스가 기본적으로 석유보다 가격이 저렴함에도 불구하고, 가스를 해외로 내보낼 때 액화시킨 다음 특수한 배에 실어야 하기 때문에 그러한 운송 과정에서 비용이 더 많이 드는 모순적인 현상이 일어난다.

　비용은 지역과 운송 상황에 따라 모두 다르다. 다만 아시아 지역으로 본다면, 통상 가격은 4달러/mmbtu(원유 기준 배럴당 30달러 이하임)에서 체결되는데 액화비용이 약 3달러/mmbtu, 운송비용이 2달러/mmbtu 정도이다. 최근 유가가 떨어지면서 천연가스 가격은 동반하락한다고 할지라도 액화와 운송비용은 크게 변하지 않는다. 즉 배꼽이 더욱 커지는 현상은 더욱 심해진다. 그렇기 때문에 장기 저유가 상황으로 갈수록 일단 LNG의 효용성은 떨어질 수밖에 없다.

LNG를 많이 수입하는 지역은 유럽과 동북아시아(한국/중국/일본)
다. 2013년 기준으로 전 세계 LNG 수입에서 가장 많은 비중을 차
지하는 국가로서는 일본으로 36.6퍼센트이고, 그다음으로 한국
(16.7퍼센트), 유럽(15.8퍼센트), 중국(7.5퍼센트) 순서이다. 문제는 2010
년을 전후로 전 세계 에너지 패러다임의 지각변동이 시작되면서
이들이 지금까지 에너지를 수급해오던 기존의 루트를 변화시킬
움직임을 보이고 있다는 것이다.

먼저 LNG 수입에서 가장 핵심이 되는 일본은 미국의 셰일가스
에 대한 의존도를 높일 준비를 하고 있다. 사실 일본은 세계 LNG
수입의 3분의 1을 차지하는 국가이기 때문에 이들의 변화는 어떤
형태로든 주목할 수밖에 없다. 그중에서도 가장 의미 있는 움직임
은 파나마 운하의 확장공사에 주력하고 있는 동시에, 자국 내 발
전 인프라는 전면 교체하려는 공격적인 계획들이다.

파나마 운하가 핵심이 되는 이유는 미국의 셰일가스 때문이다.
미국은 이미 2013년 5월 FTA를 체결하지 않은 국가 중에서 유일
하게 일본한테만큼은 가스 수출을 허용하겠다는 계획을 발표한
바 있다. 일본 주부전력Chubu Electric Power과 오사카가스Osaka Gas에 연간
22.5bcm를 차후 20년간 공급한다는 내용이었다. 2014년 기준 일
본의 LNG 소비량은 연간 약 112.5bcm이다. 즉, 이 한 번의 계약으
로 일본은 자국 내 주요 에너지원 소비에서 20퍼센트 가까이 되
는 물량을 얻어오는 계약을 체결한 것이었다. 셰일가스의 낮은 가
격을 감안할 때 일본 경제로서는 에너지 수입물가를 크게 낮출 수

있는 호재를 맞이한 것이다.

그런데 파나마 운하 확장공사가 마무리되지 않는다면 이 모든 계획은 수포로 돌아갈 가능성이 높다. 기존의 운송 루트를 그대로 사용한다면 막대한 운송비를 지불해야 하는 만큼 그다지 저가의 이점이 부각되지 않기 때문이다. 가스는 매우 큰 배(VLGC: Very Large Gas Carrier)를 통해서 운송해야 하기 때문에 좁은 해협은 통과할 수 없다. 걸프 지역을 통과한 뒤 아프리카 희망봉을 돌아오는 긴 길을 선택할 수밖에 없는데, 그럴 경우 운송 기간만 무려 40일이 걸린다. 운송비가 높을 수밖에 없다. 차라리 남아시아에서 수입해오는 기존 루트가 나을지도 모른다.

파나마 운하는 육지 사이에 끼어 있는 좁은 해수로인데, 가스를 운송하는 큰 배들은 드나들 수가 없다. 그렇지만 이는 인위적인 공사를 통해, 즉 폭을 넓히고 깊이를 더 판다면 가능해질 텐데, 그것이 바로 수년째 이어지고 있는 파나마 운하 확장공사다. 그리고 급한 쪽이 먼저 달려들 수밖에 없듯이 현재 파나마 운하 확장공사의 외국인 투자금의 대다수는 일본이 담당하고 있다. 외국인 총 투자금액 23억 달러 중 40퍼센트에 가까운 약 9억 달러가 일본의 자금이다. 2014년에는 확장공사를 조기 마무리하기 위해 1억 달러를 추가 투입하기도 했다. 총 투자금액 52억 달러의 20퍼센트에 육박하는 대단한 규모다.

일본의 미국 셰일가스 수입은 2017년부터로 계획되어 있다. 그리고 이미 일본의 도쿄발전은 기존 화력발전소 3곳을 경질 가스용 발전소로 교체하여 셰일가스를 곧바로 투입할 수 있게 한다는 내용을 2014년 8월에 발표하기도 했다. 그렇기 때문에 이 기한 내에 파나마 운하 확장공사를 마무리하는 것이 중요할 수밖에 없는 상황이다.

넘쳐나는 재고 때문에 셰일가스를 수출해야 하는 미국과 이를 반드시 수입해야만 하는 일본. 이 두 경제대국이 기한 내에 확장공사를 마무리하고 실제로 2017년부터 계획된 수출을 진행한다면 어떤 일이 발생하게 될까? 지금까지 일본에게 LNG를 수출하던 남아시아, 중동, 호주, 아프리카의 국가들은 큰 낭패를 겪을 수밖에 없다.

어디 일본뿐이겠는가. 중국의 거대 계획도 지나칠 수 없다. 얼핏 생각하기에는 그들이 가스시대를 꿈꾸는 만큼 남아시아, 중동의 LNG 수출국들에게 추가 수혜가 있을 것처럼 보이지만, 중국은 이미 액화와 운송비용이 없다시피 한 PNG를 중앙아시아와 러시아로부터 수입하는 계획을 마친 상황이다. 그 물량도 170bcm에는 이를 것으로 예상되고 있다. 오히려 일본보다도 더 큰 규모의 교역량이다.

남은 하나의 동북아시아 국가인 한국에도 변화의 움직임은 있다. 이미 중국에 가스 수출을 시작하면서 에너지 남하정책을 펼치고 있는 러시아가 지속적으로 우리에게도 러브콜을 보내고 있다. 2014년 국내외의 언론들은 러시아가 북한을 관통해 한국으로 들어오는 PNG 루트를 성사시키기 위해 노력 중이라는 보도를 여러 번 했다. 실제로 한국가스공사와 러시아의 가즈프롬은 2011년 9

월 PNG 도입 로드맵을 체결했다. 도입규모는 연간 약 10bcm이다. 한국의 연간 가스 수입량인 47bcm의 20퍼센트가 넘는 큰 규모다. 물론 이는 기본적으로 북한이 연루된 만큼 정치적 문제가 크기 때문에 아직 큰 진전이 없는 상황이지만, 경제적으로만 본다면 일본처럼 에너지 수입가격을 크게 줄일 수 있어 한국으로서는 매력적인 제안이 아닐 수 없다.

2013년을 기준으로 봤을 때 동북아시아 3국이 '남쪽 나라들', 즉 남아시아, 중동, 호주, 아프리카로부터 수입하는 LNG 물량은 180bcm 정도였다. 그런데 근시일 내에 일본은 미국으로부터 20bcm을 수입할 예정이고, 중국 역시 기존 27bcm의 수입물량이 충분히 다른 쪽으로 대체될 수 있는 PNG를 확보해둔 상황이다. 그리고 차후에도 이 LNG가 대체될 만한 움직임이 추가적으로 있을 가능성이 농후하다. 중국의 셰일가스도 주목해야 하고, 일본 역시 미국으로부터 추가물량 수입이 가능하다. 한국 역시 미국의 셰일가스든 러시아의 PNG든 대체물량을 찾아낼 가능성이 높다. 그렇게 된다면 결국 동북아시아로 LNG를 수출해 많은 이득을 취했던 남쪽 나라들은 어려움에 봉착하게 될 가능성이 높다.

다른 곳으로 수출하는 것도 여의치 않다. 러시아와 교역량이 줄어드는 유럽을 타깃으로 삼을 수 있지만, 유럽 역시 미국으로부터 셰일가스를 받는 계약을 빠르게 체결하고 있다. 또한 중앙아시아의 가스가 신규 파이프라인을 타고 유입될 가능성도 적지 않다. 그렇기에 장기적으로 보더라도 가장 가격이 비싼 LNG를 이들이 원하게 될 가능성은 그다지 높아 보이지 않는다.

만약 이런 식으로 남쪽 나라들의 LNG 루트가 점점 줄어들게 된다면, 이는 단순히 그들의 수익 부재로만 연결되고 상황이 마무리되지는 않을 것이다. 동북아시아의 조선·건설·기계 업체들에게는 또 한 번의 위기로 다가올 수 있다. 수주 물량 자체가 줄어들 수 있기 때문이다. 또한 발주 취소 등이 발생된다면 부실수주 이슈가 다시 한 번 불거질 개연성이 높다. 저유가의 고통까지 생각해야 하니 설상가상의 상황에 직면할 수도 있다.

리스크는 무지에서 온다
: 새로운 에너지 패러다임에 직면한 대한민국

2012년 11월 KBS에서 특집 다큐멘터리로 〈21세기 골드러시, 셰일가스〉라는 프로그램을 방영했다. 당시 셰일가스에 대해 한국에는 알려진 바가 많지 않았기 때문에 흥미로운 반향을 불러일으켰다. 그런데 당시 이 프로그램의 결론은 '셰일가스가 미국 경제에 도움이 되기는 하지만, 환경오염과 기업체의 수익성 저하라는 문제 때문에 불분명한 부분도 있다'라는 쪽으로 향했다.

2012년 당시 정작 셰일가스를 개발하고 있던 미국은 어땠을까? 그들은 셰일혁명으로 인해 파생된 저가의 가스를 토대로 산업체에 낮은 전기가격을 제공하며 경제적으로 큰 이득을 얻고 있었다.

그뿐만 아니라 개발 지역의 경기활성화에 기여하며 미국 전체 실업률을 끌어내렸다. 물가와 실업률 두 가지의 중요한 변수에 큰 영향을 미친 것이다. 아직까지도 미국 연준이 가장 중시하는 지표가 이 두 가지라는 점을 감안할 때 셰일가스가 미국 경제에 미친 긍정적 파급효과는 실로 엄청나다.

어디 그뿐인가. 이제 셰일가스는 수출을 통해서 외화를 벌어들일 계획도 세워두고 있다. 넘쳐나는 가스 재고는 수출 당위성을 높여주고 있다. 이뿐만 아니라 글로벌 저유가전쟁에서도 그들은 우위를 점하면서 다시 한 번 석유 시장에서의 패권을 잡기에 이르렀다. 셰일가스가 미국에 준 경제적·정치적 영향은 실로 막강했다.

그런데 미국이 이미 그와 관련된 모든 개발을 마무리하고 산업이 성숙된 2012년 시점에, 한국은 이제 막 셰일가스에 대해 관심을 가지는 정도에 머무르고 있다. 게다가 개발 여부에 대해서는 여전히 회의적인 입장을 일부 취하고 있다. 미국이 1999년 셰일가스를 개발했고 2005년부터 상용화했던 것을 고려하면 10년 이상 뒤처진 상황임에도 불구하고 여전히 기반 지식이 없는 상태인 것이다.

문제는 셰일가스가 단순히 '미국의 부활'이라는 측면의 변화만 이끌어낸 것이 아니라는 점이다. 그보다는 탈석유시대 혹은 새로운 가스시대, 석유 시장의 '큰손(7공주파)'들에 의한 저유가전쟁, 전기차 시장의 활성화, 개발도상국(신7공주파)들을 노린 '오일의 공포'라는 상황, 아시아 LNG 시장의 위기에 이르기까지 굵직굵직한 현상의 변화들을 연쇄적으로 일으켰다는 사실이 더욱 중요하다. 이는 우리가 셰일가스를 '새로운 에너지 패러다임'이라고 부르는 근본적인 이유이기도 하다.

결국 이 모든 큰 흐름의 변화를 우리는 한 발 뒤처진 상황에서 바라보고 대응할 수밖에 없었다는 것은 큰 아쉬움으로 남을 수밖에 없다. 하지만 더욱 걱정하고 고민해야 할 점은 이 같은 변화는 아직 끝나지 않았으며 여전히 현재 진행형이라는 것이다. 에너지 패러다임의 변화라는 큰 물결 속에서 아직까지도 새로운 산업과 기술이 태동하고 있다는 사실에 주목해야 한다.

지금이라도 이 큰 흐름의 태동에 기민하게 대응해야만 한다. 에너지는 항상 정치적인 부분과 결부된다. 즉 국제정세의 변화에 있어서 에너지의 흐름을 정확히 이해하고, 그를 통해서 경제·산업적인 부분에까지 접목시키는 거시적인 시각이 반드시 필요하다.

투자의 대가인 워런 버핏은 "위기는 자신이 무엇을 하는지도 모르는 상황일 때 온다"고 했다. 우리가 이미 몇 발짝 뒤처진 것은 분명한 사실이다. 우리가 감지하지도 못하는 사이에 에너지 세상은 너무도 빠르게 변화를 맞이했다.

더욱 걱정인 것은, 이 위기가 무슨 위기인지 모르는 상태가 아직도 우리 사회에 만연해 있다는 것이다. 절망적일 필요는 없다. 늦었다고 생각했을 때가 빠른 것일지도 모른다. 다만 더 이상 지체해서는 안 될 만큼 이미 충분히 늦었다는 것만큼은 확실해 보인다. 그렇기 때문에 더 이상은 모르는 것도, 대응하지 않는 것도 큰 위험으로 연결될 가능성이 높다.

세상은 지금까지 '진화'의 연속으로 이뤄져왔다. 그러나 진화는 아름다움만 남기는 것이 아니다. 그 와중에는 필연적으로 '도태'라는 현상을 수반한다. 대한민국이 다시 한 번 휘몰아치는 산업혁명의 큰 파도에서 도태의 대상이 되지 않기 위해서는 진화의 큰 흐름을 읽고 미리 준비해야 한다. 대한민국의 미래가 여기에 달렸다 해도 과언이 아니다.

주석

1_ BP Statistical review of world energy 2015.

2_ 앤써니 심슨, 『석유를 지배하는 자들은 누구인가』, 김희정 옮김, 책갈피, 2000.

3_ 제프리 로빈슨, 『석유황제 야마니: 야마니를 알면 석유전쟁의 실체가 보인다』, 유경찬 옮김, 이라크네, 2003.

4_ 앤써니 심슨, 『석유를 지배하는 자들은 누구인가』, 김희정 옮김, 책갈피, 2000.

5_ BP Statistical review of world energy 2015.

6_ 앤써니 심슨, 『석유를 지배하는 자들은 누구인가』, 김희정 옮김, 책갈피, 2000.

7_ 제프리 로빈슨, 『석유황제 야마니: 야마니를 알면 석유전쟁의 실체가 보인다』, 유경찬 옮김, 이라크네, 2003.

8_ 제프리 로빈슨, 『석유황제 야마니: 야마니를 알면 석유전쟁의 실체가 보인다』, 유경찬 옮김, 이라크네, 2003.

9_ BP Statistical review of world energy 2015.

10_ 제프리 로빈슨, 『석유황제 야마니: 야마니를 알면 석유전쟁의 실체가 보인다』, 유경찬 옮김, 이라크네, 2003.

11_ 레이쓰하이, 『G2 전쟁』, 허유영 옮김, 부키, 2014.

12_ Marin Katusa, The colder war, NJ: Wiley, 2014.

13_ 앤써니 심슨, 『석유를 지배하는 자들은 누구인가』, 김희정 옮김, 책갈피, 2000.

14_ BP Statistical review of world energy 2015.

15_ BP Statistical review of world energy 2015.

16_ BP Statistical review of world energy 2015.

17_ IMF(WEOdata).

18_ IMF(WEOdata).

19_ Financial Times, 2014.12.22.

20_ BP Statistical review of world energy 2015.

21_ CNPC, Gazprom, Petrobras, PDVSA, Pemex, CNOOC, Lukoil.

22_ BP Statistical review of world energy 2015.

23_ BP Statistical review of world energy 2015.

24_ BP Statistical review of world energy 2015.

25_ The Oil Drum.

26_ The Oil Drum.

27_ BP Statistical review of world energy 2015.

28_ 개발 지역은 콜로라도, 미시건, 뉴욕, 노스다코다, 오클라호마, 펜실베니아, 텍사스, 유타, 와이오밍으로 산정함.

29_ BP Statistical review of world energy 2015.

30_ 이장규·이석호, 『카스피해 에너지전쟁』, 올림, 2006.

31_ 한국무역협회 통계.

32_ 롯데케미칼, 한화케미칼, S-Oil, POSCO, 현대제철, 현대중공업, 삼성중공업, 현대건설, 한국전력. 분석상의 편의를 위해 장기 시계열 데이터 수집 가능한 기업 위주로 선정하였음.

33_ 삼성전자, SK하이닉스, 현대차, KT&G, 오리온, 호텔신라, 신세계, 삼성화재, 아모레G. 분석상의 편의를 위해 장기 시계열 데이터 수집 가능한 기업 위주로 선정하였음.

찾아보기